U0610103

公路桥梁施工与维修养护研究

杨光耀　杨　新　郑胜利　著

吉林科学技术出版社

图书在版编目（CIP）数据

公路桥梁施工与维修养护研究 / 杨光耀，杨新，郑胜利著 . -- 长春：吉林科学技术出版社，2022.8

ISBN 978-7-5578-9354-5

Ⅰ．①公… Ⅱ．①杨… ②杨… ③郑… Ⅲ．①公路桥－桥梁施工－研究②公路桥－维修－研究③公路桥－养护－研究 Ⅳ．① U448.14

中国版本图书馆 CIP 数据核字（2022）第 113571 号

公路桥梁施工与维修养护研究

著	杨光耀　杨　新　郑胜利
出 版 人	宛　霞
责任编辑	程　程
封面设计	刘婷婷
制　版	张　冉
幅面尺寸	185mm×260mm
开　本	16
字　数	350 千字
印　张	16
印　数	1～1500 册
版　次	2022 年 8 月第 1 版
印　次	2022 年 8 月第 1 次印刷

出　版	吉林科学技术出版社
发　行	吉林科学技术出版社
地　址	长春市南关区福祉大路 5788 号出版大厦 A 座
邮　编	130118
发行部电话/传真	0431-81629529　81629530　81629531
	81629532　81629533　81629534
储运部电话	0431-86059116
编辑部电话	0431-81629510
印　刷	廊坊市印艺阁数字科技有限公司

书　号	ISBN 978-7-5578-9354-5
定　价	48.00 元

前　言

随着我国改革开放的深入和经济的高速发展，我国的公路建设进入了高速发展时期，公路工程质量越来越受到有关部门和社会的广泛关注和重视。改革开放以来建筑业蓬勃发展，现代公路工程建设的复杂性和综合性使得工程建设实践中出现了很多需要解决的问题，新的管理方法不断推陈出新，逐步淘汰陈旧的管理模式。因此，必须在实践中研究和采用现代化的新理论，应用新方法和手段，以问题为导向，不断总结经验教训，提高公路工程项目的管理水平，这就要求公路工程项目管理者是有战略眼光并且懂技术和管理的复合型人才。这既取决于公路工程项目管理人员的经验积累，也取决于项目管理人员对工程项目管理理论与方法掌握和理解的深度，所以，系统的理论学习有重要意义。通过了解可以知道，公路工程项目管理是一种具有特定目标、资源及时间限制和复杂的专业工程技术背景的一次性管理事业，是对工程项目全过程进行的高水平的、科学的、系统的管理活动。

随着国家大力发展经济，运输业变得尤为重要，特别是公路工程和公路桥梁建设这部分占据了其中很大的比例，随着中央明确"将加快交通运输发展作为事关国民经济全局的战略性和紧迫性任务"，公路工程建设迎来了大发展的历史机遇。公路桥梁工程与项目管理对有效提升工程质量、综合效益有重要意义。本书以"公路桥梁工程施工与维修养护"为课题，针对公路和桥梁工程施工与维修养护应用问题展开分析，采取有效的针对措施，完善项目管理的模式，确保公路桥梁项目体系的健全和国家经济运作环境的稳定开展，有效协调促进其内部的各个应用环节。

本书主要以道路桥梁专业、公路与桥梁工程、公路路面及桥梁维修养护等方面为出发点，介绍了道路、公路及桥梁的概念，让读者从基本概念、特点、发展等方面更深刻透彻地了解，为桥梁工程的设计、维护养修奠定扎实的基础；并在桥梁的养护管理、检查与评定、桥梁应急处置管理、桥梁的维修与加固、危及桥梁安全的重要病害成因分析、桥梁突发事件处置方案等相关内容上进行重点讲述。讲求理论与实践相结合，通俗易懂，易于应用。可供从事公路桥梁养护管理、维修加固设计和施工的工程技术人员借鉴参考，亦可供相关专业师生学习使用。

另外，本书在写作过程中，参阅了许多相关的文献资料，借此向所参阅文献资料的作者表示最衷心的感谢。由于笔者时间及水平有限，书中难免存在错误或不足之处，肯请专家、读者批评指导。

目录

第一章 公路桥梁的认知与价值

第一节 公路桥梁的重要性简析

一、公路的分类及其工程组成

公路工程是供各类无轨车辆和行人等通行的基础设施。公路是一种带状构筑物，它的中心线是一条空间曲线，它具有高差大、曲线多且占地狭长的特点。公路工程施工图的表现方法与其他工程图有所不同。公路工程施工图由平面图、纵断面图、横断面图及构造详图组成（图1-1）。

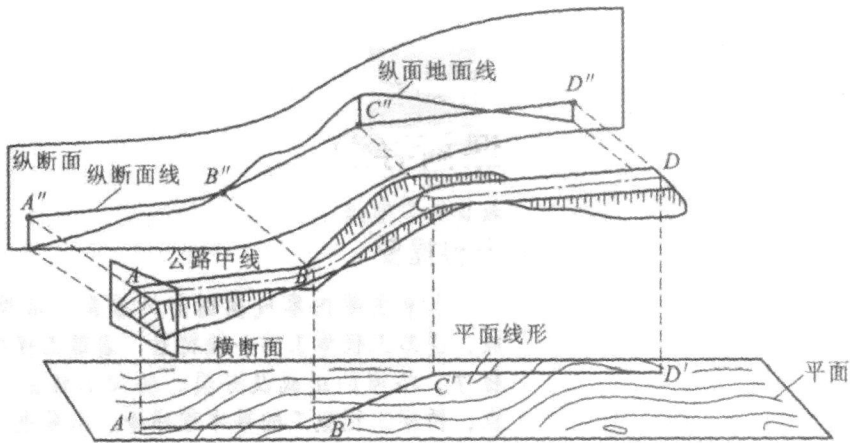

图1-1 公路平面、纵断面及横断面图

（一）公路的分类

公路作为一个总称，它可分为城市公路、公路、农村公路、专用公路。

1. 城市公路

城市公路是在城市范围内，联系各组成部分，并供车辆及行人通行的、具备一定技术条件和设施的公路。按在公路系统中的地位、交通功能与对沿线建筑物的服务功能等来划分，城市公路可分为快速路、主干路、次干路与支路。

（1）快速路

快速路是为较高车速的长距离交通而设置的重要公路。快速路对向车道之间应设中间带以分隔对向交通，当有自行车通行时，应加设两侧带。快速路与高速公路、快速路、主干路相交时，必须采用立体交叉；与交通量较小的次干路相交时，可采用平面交叉；与支路不能直接相交。在过路行人集中地点应设置过街人行天桥或地下通道。

（2）主干路

主干路是城市公路网的骨架，为连接城市各主要分区的交通干路，以交通功能为主。自行车交通多时，宜采用机动车与非机动车分流形式，如三幅路或四幅路。

（3）次干路

次干路是城市的交通干路，兼有服务功能。次干路配合主干路组成公路网，起广泛连接城市各部分与集散交通的作用。

（4）支路

支路是次干路与街巷路的连接线，解决局部地区交通，以服务功能为主。街巷内部公路，作为街巷建筑的公共设施组成部分，不列入等级公路以内。

2.公路

公路是指在城市以外，连接相邻市县、乡村、港口、厂矿和林区等，主要供汽车行驶，且具备一定技术条件和交通设施的公路。根据其功能、使用任务和远景交通量等综合因素可分为5个等级：高速公路、一级公路、二级公路、三级公路和四级公路。

（1）高速公路

高速公路是为专供汽车分向、分车道行驶，并应全部控制出入的多车道公路，一般能适应将各种汽车折合成小客车的远景设计年限年平均昼夜交通量25 000辆以上（四车道：25 000～55 000辆；六车道：45 000～80 000辆；八车道：60 000～100 000辆）。

（2）一级公路

一级公路是为供汽车分向、分车道行驶，并可根据需要部分控制出入及部分立体交叉的多车道公路，一般能适应将各种汽车折合成小客车的远景设计年限年平均昼夜交通量15 000～55 000辆（四车道：15 000～30 000辆；六车道：25 000～55 000辆）。

（3）二级公路

二级公路是为供汽车行驶的双车道公路，一般能适应将各种汽车折合成小客车的远景设计年限年平均昼夜交通量7 500～15 000辆。

（4）三级公路

三级公路是为主要供汽车行驶的双车道公路，一般能适应将各种汽车折合成小客车的远景设计年限年平均昼夜交通量2 000～6 000辆，为沟通县及县以上城市的一般干线公路。

（5）四级公路

四级公路是为主要供汽车行驶的双车道或单车道公路，一般能适应将各种汽车折合成小客车的远景设计年限年平均昼夜交通量2 000辆（单车道400辆）以下，为沟通县、镇、乡的支线公路。

公路按其重要性和使用性质又可分为国家干线公路（国道）、省级干线公路（省道）、县级公路（县道）和乡级公路（乡道）。

3.农村公路

农村公路一般是指在农村中联系乡、村、居民点的主要公路，其交通性质、特点、技术标准要求等均与公路不同。

4.专用公路

专用公路包括厂矿公路和林区公路。厂矿公路是指修建在工厂、矿区内部以及厂矿到公路、城市公路、车站、港口衔接处的对外连接段，主要为工厂、矿山运输车辆通行的公路。林区公路是指修建在林区，主要供各种林业运输工具通行的公路。

（二）公路工程的组成

公路工程的基本组成部分包括路床、路基、路面、桥梁、涵洞、隧道、防护与加固工程、排水设施、山区特殊构造物，城市公路还包括各种管线等，以及为保证汽车行驶的安全、畅通和舒适的各种附属工程，如公路交通安全设施、路用房屋、综合服务区（加油站、维修站、餐饮、宾馆等）及绿化栽植等。此外，还包括为防止路基填土或山坡土体坍塌而修筑的承受土体侧压力的挡土墙，以及为保持路基稳定和强度而修建的地表和地下路基排水设施，包括边沟、截水沟、排水沟、急流槽、渗沟、渗水井等。

二、公路工程施工的一般特点

新建、改造或扩建的公路工程，其施工都不同程度地呈现出以下特点：

①公路工程是固定在土地上的构筑物，而施工生产是流动的，所以公路工程施工组织是复杂的，这是区别于工业生产的最根本的特点。由于公路工程的流动性，就需要把众多的劳力、施工机具、材料，在时间和空间上加以合理的组织，从而使它们在线性的施工现场按照科学的施工顺序流动，不致互相妨碍而影响施工，这是施工组织的重要内容。

②公路工程施工规模大、周期长，施工组织工作十分艰巨。由于公路工程往往工程量较大，需要消耗大量的人力和物力，施工组织工作不仅要做好统筹部署，还要考虑各种不同工种之间的开竣工的衔接，只有这样，才能保证公路工程施工生产连续且有序地进行。

③公路工程施工是在室外进行的，受气候和自然条件的影响与制约，决定了公路施工组织工作的特殊性和不能全年连续均衡地进行施工生产。因此，在施工组织中，要对雨季、冬季和高温季节采取特殊的技术措施和施工方法，在高空和地下作业则要采取必要的防护措施，并尽可能连续而均衡地进行施工，注意避免气候、自然条件对施工生产所产生的不利影响，以确保工程质量和施工安全以及工期要求。

综上所述，公路工程施工的特点集中表现在施工条件复杂多变，给施工生产活动带来了很大的困难，故要求针对公路工程的不同对象、不同的施工条件，从实际出发，充分做好准备工作，包括施工管理和组织计划工作。施工中实行流水作业，严格施工管理，健全岗位责任制，加强质量保证体系工作，每道工序都要严格把关，前一道工序未经验收不得进行下道工序，稳妥而科学地做好施工组织工作。

三、公路工程施工的基本程序

公路工程施工的基本程序是指施工单位从接受施工任务到工程竣工阶段必须遵守的工作程序。

（一）施工准备工作

施工准备工作是为拟建工程的施工建立必要的技术和物质条件，统筹安排施工力量和现场。施工准备工作也是施工企业搞好目标管理、推行技术经济承包的依据。

为了保证施工的顺利进行，在施工准备阶段，建设主管部门应根据计划要求的建设进度指定一个企业或事业单位组织基建管理机构，办理登记及拆迁，做好施工沿线有关单位和部门的协调工作，抓紧配套工程项目的落实，组织施工范围内的技术资料、材料、设备的供应；勘测设计单位应按照技术资料供应协议，按时提供各种图纸资料，做好施工图纸的会审及发放工作；施工单位应组织机具、人员进场，进行施工测量，修筑便道及生产、生活等临时设施，组织材料、物资采购、加工、运输、供应、储备，做好施工图纸的接收工作，熟悉图纸的要求。

（二）组织施工

施工准备就绪后，施工单位向上一级单位提交开工申请，主管技术部门报监理工程师，由总监下达开工命令。施工单位要遵照施工程序和施工组织计划中所拟定的施工方法合理组织施工。施工过程中应严格按照设计要求和施工规范施工，确保工程质量，安全施工。推广应用新工艺、新技术，努力缩短工期，降低造价，同时应注意做好施工记录，建立技术档案。

组织施工应具备的文件有：①设计文件；②施工规范和技术操作规程；③各种定额；④施工图预算；⑤施工组织设计；⑥公路工程质量检验评定标准和施工验收规范。

（三）竣（交）工验收、交付使用

竣（交）工验收阶段的主要工作是检查施工合同的执行情况，评价工程质量，对各参建单位工作进行初步评价。各合同段的设计、施工、监理等单位参加竣（交）工验收工作，由项目法人负责组织。公路工程竣（交）工验收工作一般按合同段进行，并应具备以下条件：合同约定的各项内容已全部完成；施工单位按《公路工程质量检验评定标准》及相关规定对工程质量自检合格；监理单位对工程质量评定合格；质量监督机构按"公路工程质量鉴定办法"对工程质量进行检测；竣工文件按要求完成，施工单位、监理单位完成本合同段的工作总结报告。

竣（交）工验收阶段的主要工作是对工程质量、参建单位和建设项目进行综合评价，并对工程建设项目做出整体性的综合评价。竣（交）工验收时成立竣工验收委员会，由交通运输主管部门、公路管理机构、质量监督机构、造价管理机构等单位代表组成。公路工程竣（交）工验收应具备以下条件：通车试运营 2 年以上；竣（交）工验收提出的工程质量缺陷等遗留问题已全部处理完毕，并经项目法人验收合格；工程决算编制完成，并经交通运输主管部门或其授权单位认定；档案、环保等单项验收合格；各参建单位完成工作总结报告；质量监督机构对工程质量检测鉴定合格，并形成工程质量鉴定报告。

四、公路工程施工准备工作

公路工程施工前施工单位的准备工作，是为了保证施工正常进行而必须做好的一项重要工作。它之所以重要，是因为公路施工是一项非常复杂的生产活动，需要处理一系列复杂的技术问题，耗用大量的物资，使用众多人力和动用机械设备资源，所遇到的条件也是多种多样的，因而，施工前准备工作考虑的影响因素越多，准备工作做得越充分，则施工越顺利。

施工企业在投标时应成立工程项目部，施工单位在获得工程任务并与建设单位签订工程施工承包合同后，应按照合同的要求着手进行施工准备工作。施工准备工作分为组织准备、技术准备、物资准备和施工现场准备等几个方面。

（一）组织准备工作

组织准备工作主要是建立和健全施工组织管理机构，制定施工管理制度，明确施工任务，确立施工应达到的目标。施工组织管理机构是为完成公路工程施工而设置的负责现场指挥、管理工作的组织机构，一般由项目经理部及下设各职能部门组成。建立严格的责任制，按计划将责任预先落实到有关部门甚至个人，同时明确各级技术负责人在施工准备工作中所负的责任，从而充分调动各部门和技术人员的积极性，使他们的责任、权利相统一。建立完善的施工管理制度是公路施工管理的核心。施工管理制度包括施工计划管理制度、工程技术管理制度、工程成本管理制度、施工质量安全管理制度等。

（二）技术准备工作

技术准备工作，即通常所说的"内业"工作，它是工程顺利实施的基础和保证。技术准备工作的好坏，直接影响着工程的进度、质量和经济效益，因此必须高度重视。技术准备工作的内容主要包括熟悉设计文件、现场调查核对、设计交桩和技术交底及建立工地试验室。

1. 熟悉和审核图纸，深化施工组织设计

项目负责人组织有关人员对施工图纸和资料进行学习和自审，如有疑问，应做好统计，在业主召开的设计交底和图纸会审中提出，请上级部门给予解答。

施工组织设计是全面安排施工生产的技术经济文件，是指导施工的主要依据。施工组织设计是以一个建设施工项目为编制对象，用以规划整个拟建工程施工活动的技术经济文件。它是整个项目施工任务总的战略性部署安排，主要内容包括工程概况、施工布置与施工方案、施工总进度计划、施工准备工作及各项资源需要量计划、施工总平面图、主要技术组织措施及主要技术指标。

2. 设计交桩和技术交底

建设单位负责人召集设计、施工、监理、科研人员参加图纸会审会议。设计人员向施工方做图纸交底，讲清设计意图和对施工的主要要求，并对设计桩点进行复测交接。施工人员应对图纸和有关问题提出质询。最终由设计单位对图纸会审中提出的合理化建议，按程序进行变更设计或做补充设计。

3. 建立工地试验室

工地试验室是为施工现场提供直接服务的试验室，主要任务是配合路基、路面、桥涵等工程施工，对工地使用的各种原材料、加工材料及结构性材料的物理力学性能，以及施工结构体的几何尺寸等进行检测。工地试验室的作用是通过各种材料试验，选用合适的材料及其性能参数，以保证工程结构物的强度和耐久性，并有利于掌握各种材料的施工质量指标，保证结构物的施工质量。工地试验室的试验检测人员必须是具有试验检测资质的检测机构的正式持证注册人员。

施工前的准备工作带有全局性，它是组织施工的第一步，没有这项工作，工程就不能顺利开工，更不能连续施工。没有准备的施工或准备不充分的施工，均会使以后的施工难以顺利进行。

（三）物资准备工作

物资准备工作是指施工中必需的劳动手段和施工对象的准备。它是根据各种物资需要量计划，分别落实货源、组织运输和安排储备，以保证连续施工的需要。物资准备是各种材料与机具设备购置、采集、调配、运输和储存，临时便道及工程房屋的修建，供水、供电、必需生活设施等的安装及建设等工作。

在公路施工前，各种生产、生活需用的临时设施，如各种仓库、搅拌站、预制构件厂（站、场）、各种生产作业棚、办公用房、宿舍、食堂、文化设施等均应按施工组织需要的数量、标准、面积、位置等在施工前修建完毕。修建完毕各种生产、生活需用的临时设施后，应及时根据施工组织设计确定的材料、半成品、预制构件的数量、品种、规格以及施工机具设备，编制好物资供应计划，按计划订货和组织进货，按照施工平面图要求在指定地点堆存或入库；对砂子、碎石、钢材等材料应提前做各种试验，确定其是否满足设计要求；对各种标号的混凝土提前做好其配比；对施工将用的施工机械和机具需用量进行计划，按计划进场安装、检修和试运转。

施工队应提早调整，健全和充实施工组织机构，进行特殊工种、稀缺工种的技术培训和持证上岗，提前预招临时工和合同工，落实具有相应资质的专业施工队伍和外包施工队伍。同时，根据地理位置、气候条件，夏、冬、雨期施工也应做些适当准备。

（四）施工现场准备工作

1. 恢复定线测量

恢复定线测量的主要程序为：①检查工程原测设的所有永久性标桩；②复测；③将施工中所有的标桩进行加固保护，并对水准点、三角网点等设立易于识别的标志；④向监理工程师提供全部的测量标记资料；⑤完成全部恢复定线、施工测量设计和施工放样；⑥各合同段衔接处的测量应在监理工程师的统一协调下由相邻两合同段的承包人共同进行，将测量结果协调统一在允许的误差范围内。

2. 建造临时设施

①工地临时房屋设施包括行政办公用房、宿舍、文化福利用房及作业棚等。其需要量根据职工与家属的总人数和房屋指标来确定。

②仓库用来存放施工所需要的各种物资器材，按物资的性质和存放量要求其形式可以是露天、敞棚、房屋或库房。仓库物资贮存量应根据施工条件通过计算确定。

3. 临时交通便道

在工地布设临时交通便道时应遵循下列原则：

①临时交通公路以最短距离通往主体工程施工场所，并连接主干公路，使内外交通便利；

②充分利用原有公路，对不满足使用要求的原有公路，应在充分利用的基础上对其进行改建，节约投资和施工准备时间；

③在本工程的施工与现有的公路、桥涵发生冲突和干扰之处，承包人都要在本工程施工之前完成改道施工或修建临时公路；

④利用现有的乡村公路作为临时公路，应将该乡村公路进行修整、加宽、加固及设置必要的交通标志，并经监理工程师验收合格后方可通行；

⑤工程施工期间，应配备人员对临时公路进行养护，以保证临时公路的正常通行；

⑥尽量避开洼地和河流，不建或少建临时桥梁。

4. 工地临时用电

施工现场用电，包括生产用电和生活用电。其中，生活用电主要是照明用电，生产用电包括各种生产设施用电、主体工程施工用电、其他临时设施用电。临时供电总用量按式（1-1）计算：

$$P = \eta \cdot \left(\frac{K_1 \sum P_1}{\cos \varphi} + K_2 \sum P_2 + K_3 \sum P_3 + K_4 \sum P_4 \right) \qquad （1-1）$$

式中：

P——供电设备总需要容量，kW；

η——用电不均衡系数，一般取 1.05 ~ 1.20；

K_1——全部动力同时用电系数，视电动机台数而定；

P_1——动力设备用电额定功率，kW；

$\cos \varphi$——动力用电设备功率因数；

K_2——电焊机同时用电系数，视台数而定；

P_2——电焊机用电额定功率，kW；

K_3、K_4——分别为室内与室外同时照明时室内与室外的用电系数；

P_3、P_4——分别为室内与室外照明用电量，kW。

5. 工地临时用水

根据施工现场平面布置图中的临时用水、临时用电设计方案，做好施工现场的正常施工、生活和消防的临时用水管线铺设工作。

五、公路工程施工常用机械

（一）土石方机械

1. 推土机

推土机是一种多用途的自行式土方工程建设机械，它能铲挖并移运土壤。例如，在公路建设施工中，推土机可完成：路基基底的处理；路侧取土横向填筑高度不大于

2 m 的路堤；沿公路中心线铲挖移运土壤的路基挖填工程；傍山取土修筑半堤半堑的路基。推土机还可用于平整场地、局部碾压、给铲运机助铲和预松土、堆集松散材料、清除作业地段内障碍物，以及牵引各种拖式土方机械等作业。

推土机按行走装置的不同分为履带式和轮胎式，按工作装置的不同分为固定式铲刀（直铲）和回转式铲刀（斜铲），按操纵方式的不同分为钢丝绳机械操纵和液压操纵等类型。对工程量较为集中的土石方工程一般采用液压操纵的履带式推土机。推土机适用的经济运距为 50 ~ 100 m，不宜超过 100 m。

2. 铲运机

铲运机是一种利用铲头在随机械一起行进中依次完成铲削、装载、运输和铺筑的铲土运输机械。它广泛用于公路、铁路、水利、港口及大规模的建筑等施工中的土方作业。铲运机按行走方式的不同分为有牵引式（拖式）和自行式，按操纵方式的不同分为机械传动、液压传动、电力传动和静压传动等类型。在施工作业时，铲运机作业的卸土有强制式、半强制式、自行式卸土三种。铲运机的特点是能独立完成铲土、运土、卸土、填筑、压实等工作。铲运机对行驶公路要求较低，常用于坡角在 20° 以内的大面积场地平整，开挖大型基坑、沟槽，以及填筑路基等土方工程。

一般来说，铲运机可在 Ⅰ ~ Ⅲ 类土中直接挖土、运土，适宜运距为 600 ~ 1 500 m，当运距为 200 ~ 350 m 时效率最高。铲运机的经济运距和行驶公路坡度是铲运机选型的重要依据。如果运距短、坡度大、路面松软，以选择拖式铲运机为宜；如果运距较长、坡度大，宜采用双发动机驱动的自行式铲运机比较经济；如果路面较平坦，则选用单发动机驱动的自行式铲运机较为经济。铲运机适用于中等运距（100 ~ 200 m）和公路坡度不大条件下的大量土方转移工程。如果运距太短（100 m 以内），采用铲运机是不经济的。这时采用推土机或轮胎式自装自运较为适宜，运距特长（200 m 及 200 m 以上）则采用自卸汽车较为经济。

3. 单斗挖掘机

单斗挖掘机是一个刚性或挠性连续铲斗，以间歇重复式循环进行工作，是一种周期作业自行式土方机械。当场地起伏高差较大、土方运输距离超过 1 000 m，且工程量大而集中时，可采用单斗挖掘机挖土，配合自卸汽车运土，并在卸土区配备推土机平整土堆。

单斗挖掘机有内燃驱动、电力驱动、复合驱动的装置，挖斗有正铲挖掘机、反铲挖掘机、拉铲挖掘机、抓铲挖掘机等形式。正铲挖掘机的特点是"前进向上，强制切土"，能开挖停机面以上的 Ⅰ ~ Ⅳ 级土，适用在地质较好、无地下水的地区工作。反铲挖掘机的特点是"后退向下，强制切土"，能开挖停机面以下的 Ⅰ ~ Ⅲ 级土，适宜开挖深度 4 m 以内的基坑，对地下水位较高处也适用。拉铲挖掘机的特点是"后退向下，自重切土"，能开挖停机面以下的 Ⅰ ~ Ⅱ 级土，适宜大型基坑及水下挖土。抓铲挖掘机的特点是"直上直下，自重切土"，特别适于水下挖土。

4.装载机

装载机具有轮胎式及履格式的全回转式、半回转式和正回转式三种形式。它的优点是兼有推土机和挖掘机两者的工作能力，适应性强、作业效率高、操纵简便。

装载机常用于公路建设中的土石方铲运，以及推土、起重等多种作业，在运距不大或运距和公路坡度经常变化的情况下，如采用装载机与自卸车配合使用装运作业，会使工效下降，费用增高。在这种情况下，可单独采用装载机作为自铲运设备使用。

5.平地机

平地机是用装在机械中央的铲土刮刀进行土壤的切削、刮送和整平连续作业，并配有其他多种辅助作业装置的轮式土方施工机械。当配置推土铲、土耙、松土器、除雪犁、压路辊等附属装置、作业机具时，平地机可进一步扩大使用范围，提高工作能力或完成特殊要求的作业。

平地机主要用于修筑路基路面横断面、路基边坡整理工程的刷坡作业，开挖边沟及路槽，平整场地等；还可用来在路基上拌和路面材料、摊铺材料，修整和养护土路基路面，推土，疏松土壤，清除杂物、石块和积雪等。

（二）压实机械

压路机一般分为光轮压路机、轮胎压路机和振动压路机三种。光轮压路机的自重可以在一定范围内调整以改变单位线压力，一般用于整理性压实工作，对于容重要求较低的黏性土、砂砾料、风化料、冲击砾质土较为适合。轮胎压路机具有弹性，在碾压时与土体同时变形，其碾压作用力主要取决于轮胎的内压力。接触面积与压实深度有着密切关系，为了得到较大的接触面积，又增加压实深度，在轮胎允许范围内尽可能增加轮胎碾的负荷。一般地，刚性碾轮由于受土壤极限强度的限制，机重不能太大，而轮胎碾则没有这个缺点，所以轮胎碾适合于压实黏性土及非黏性土，如壤土、砂壤土、砂土、砂砾料等土质，同时对于路面施工也常常采用。振动压路机俗称振动碾，其主要优点有：一是单位面积压力大，可适当增加压实厚度，碾压遍数也可适当减少；二是结构重力小，外形尺寸小。其最大缺点就是振动及噪声大，易使机械手过度疲劳。

六、公路工程现场施工安排

公路施工是一项非常复杂的生产活动，它不仅需要有诸如进度计划、质量和成本等实际管理和劳动力、建设物资、工程机械、工程技术及财务资金等诸要素管理，而且要为完成施工目标和实现组织施工要素的生产事务服务，否则就难以充分地利用施工条件，发挥施工要素的作用，甚至无法进行正常的施工活动，实现施工目标。

（一）现场施工管理的基本任务

现场施工管理的基本任务是根据生产管理的普遍规律和施工的特殊规律，以每一个具体工程和相应的施工现场为对象，正确地处理好施工过程中的劳动力、劳动对象和劳动手段的相互关系及其在空间布置上和时间安排上的各种矛盾，做到人尽其才、物尽其用，安全地完成施工任务。

（二）现场施工管理的基本内容

现场施工管理包括以下基本内容：

①编制施工作业计划并组织实施，全面完成计划指标；②做好施工现场的平面布置，合理利用空间，创造良好的施工条件；③做好施工中的调度工作，及时协调施工工种和专业工种之间，以及总包与分包之间的关系，组织交叉施工；④做好施工过程中的作业准备，为连续施工创造条件；⑤保护施工环境，节约社会资源，建设优良工程；⑥科学合理地设置管理机构，保证现场管理全面协调运作；⑦认真填写施工日志、施工记录及施工影像资料，为交工验收和技术档案积累资料。

（三）公路施工组织管理内容

公路工程施工要多快好省地完成施工生产任务，必须有科学的施工组织，并合理地解决好一系列问题，其具体任务如下：

①确定开工前必须完成的各项准备工作；

②计算工程数量，合理部署施工力量，确定劳动力、机械台班、各种材料、构件等的需要量和供应方案；

③确定施工方案，选择施工器具；

④安排施工顺序，编制施工进度计划；

⑤确定工地上的设备停放场、料场、仓库、办公室、预制场地等的平面布置。

此外，公路工程的施工总方案可以是多种多样的，应该依据公路工程的具体特点、工期需求、劳动力数量及技术水平、机械设备能力、材料供应以及构件生产、运输能力、地质、气候等自然条件及技术经济条件进行综合分析，进行方案比选，选择最理想的施工方案。

把上述各项问题加以综合考虑，并做出合理的决定，形成指导施工生产的技术经济文件——施工组织设计。施工组织设计本身是施工技术准备工作，是指导施工的准备工作，是全面布置施工生产活动、控制施工进度、进行劳动力和机械调配的基本依据，对是否能多、快、好、省地完成公路工程的施工生产任务起着决定性作用。

七、公路工程安全文明施工和环境保护

（一）安全施工措施

在建筑安装施工生产中，有近 80% 的生产安全事故都是由于职工自身的不安全行为造成的。从构成事故的三因素，即人、机械、环境的关系分析，"机械设备""环境"相对比较稳定，唯有"人"是最活跃的因素，而"人"又是操作机械设备、改变环境的主体，因而，紧紧抓住"人"这个活跃因素，通过科学的管理、有效的培训和教育、正确的引导和宣传，以及合理、及时的班组安全活动，不断提高员工的安全素质，是做好安全生产管理工作的关键。

具体的安全保证措施有以下几点：

①建立健全项目安全生产保证体系，实施安全生产责任制，确保各专业项目负责人及技术负责人对劳动保护和安全生产的工作负责。工程项目经理部必须建立安全生产领导小组，各班组设安全员，各作业点应有安全监督岗，并将安全生产责任制层层落实。

②组织工程项目施工的安全教育和技术培训考核，对管理人员和施工操作人员，按其各自的安全职责范围进行教育，并建立安全生产奖惩制度，认真落实。

③确保必需的安全投入。购置必备的劳动保护用品、安全设备及设施，确保完全满足安全生产的需要。另外，积极做好安全生产检查，发现事故隐患要及时整改。

④所有工程在开工前必须编制有安全技术的施工组织设计（包括施工用电组织设计）及技术复杂的专项方案，必须严格审核批准手续、程序。必须逐级进行安全技术交底，技术交底应有书面资料或有作业指导书（或操作细则）。技术交底的针对性要强，并履行签字手续，保存资料。项目经理部安全员负责监督检查，严格按照安全技术交底的规定要求进行作业。

⑤施工现场应实施机械安全管理及安装验收制度。使用的施工机械、机具和电气设备，在安装前，应当按照规定的安全技术标准进行检测，经检测合格后方可安装，机械安装要按平面布置进行。在投入使用前，应按规定进行验收，并办好验收登记手续。经验收，确认机械状况良好，能安全运行的，才准投入使用。所有机械操作人员都必须培训合格，持证上岗。机械操作人员要进行登记存档，按期复验。使用期间，应当指定专人负责维护、保养，保证机械设备的完好率和使用率以及安全运作。

⑥安全检查由项目经理或主管施工生产负责人主持，项目经理部有关人员参加。对查出的隐患，要建立登记、整改、验证、消项制度，要定人、定措施、定经费、定完成日期，在隐患没有消除前，必须采取可靠的防护措施，如有危及人身安全的紧急险情，应立即停止作业。

⑦施工现场临时用电要有施工组织设计或方案，应按《施工现场临时用电安全技术规范》（JGJ 46—2005）的要求进行设计、验收和检查。临时用电还要有安全技术交底及验收表，要有变更记录，健全安全用电管理制度和安全技术档案。临时用电应落实四项技术措施：a.防止误触带电体的措施；b.防止漏电措施；c.实行安全电压措施；d.采用三相五线制。所有接地和重复接地电阻值，经检验应符合规范要求。

此外，在做好工地内安全工作的同时应对沿线居民做好安全宣传工作，提高广大行人的安全意识，确保在整个施工过程中无安全事故发生。

（二）文明施工措施

文明施工能够展示施工单位的形象，体现施工队伍的素质。施工的文明性主要包括场容场貌、料具管理以及综合治理。

1.场容场貌

施工现场进出口大门外应悬挂"六牌二图"，即工程概况牌、管理人员名单及监督电话牌、现场出入制度牌、安全生产牌、消防保卫牌、文明施工牌和现场平面布置图、建筑物效果图。工地设有施工总平面图及安全生产、消防保卫、环境保护、文明施工等制度牌，施工危险区域或夜间施工均有醒目的安全警示标志，各类标牌整齐、规范。施工现场应将工程项目名称，建设、监理及施工单位名称，工程开、竣工时间等内容标注在醒目位置。

2.料具管理

施工现场外临时存放的施工材料，须经有关部门批准，并应按规定办理临时占地手续。材料要码放整齐，符合要求，不得妨碍交通和影响市容，堆放散料时应进行围挡。料具和构配件应按施工平面布置图指定位置分类码放整齐。预制圆管、预制板等大型构件和大模板存放时，场地应平整夯实，有排水措施，码放应符合规定。施工现场的材料保管，应依据材料性能采取必要的防雨、防潮、防晒、防冻、防火、防爆、防损坏等措施。贵重物品、易燃、易爆和有毒物品应及时入库，专库专管，加设明显标志，并建立严格的领退料手续。

3.综合治理

首先，要加强职工教育，应经常对参与施工过程的职工（包括新入场的工人）进行文明施工的教育。除对全体职工进行文明施工教育外，还应分工种进行文明施工教育以及根据施工进度部位对职工进行有针对性的文明施工教育。此外，要加强对职工宿舍卫生的管理，生活污水要及时处理，做到卫生区内无污水、无污物，不得出现废水乱流等现象。

（三）环境保护措施

依照国家、地方环境及相关法规，确定施工过程中要做的环境保护工作及具体的工作安排，使施工期的环境保护工作有序、有效进行，减少施工过程中对周围环境造成的不利影响。环境保护的目标是：在工程施工期间，对废水、废气和固体废弃物进行全面控制，尽量减少这些污染排放所造成的影响，文明施工，保护农田和农作物。

施工中的环境污染问题，主要包括水污染、大气污染、噪声污染及固体废弃物污染等。针对这几种问题，有以下几种处理方法：

①在开工前完成工地排水和废水处理设施的建设，保证工地排水和废水处理设施在整个施工过程中的有效性，做到现场无积水、排水不外溢、不堵塞、水质达标。

②对易产生粉尘、扬尘的作业面和装卸、运输过程，制定操作规程和洒水降尘制度，在旱季和大风天气适当洒水，保持湿度。合理组织施工，优化工地布局，使产生扬尘的作业、运输尽量避开敏感点和敏感时段（人群活动的时段），运输车辆应设有有效的封闭措施。易飞扬细颗粒散体物料尽量安排库内存放，堆土场、散装物料露天堆放场要压实、覆盖。此外，尽量使用清洁能源。

③施工中各种临时设施和场地，如堆料场、加工厂、轧石厂、沥青厂等距居民区不宜小于 300 m，而且应设于居民区主要风向的下风处。使用机械设备的工艺操作，要尽量减少噪声、废气等污染，施工场地的噪声应遵守当地有关部门对施工场地的具体规定。

④回填土方时，减少回填土方的堆放时间和堆放量，堆土场周围加护墙或护板，保证回填土的质量，不将有毒有害物质和其他工地废料、垃圾用于回填。制订泥浆和废渣的处理方案，选择有资质的运输队伍，及时清运施工弃土和渣土，建立登记制度，防止中途倾倒事件的发生并做到运输途中不撒落。剩余料具、包装即时回收、清退。对可利用的废弃物尽量回收利用，各类垃圾及时清扫、清运，不随意倾倒，一般要求每班清扫，每日清运。施工现场无废弃砂浆和混凝土，运输公路和操作面落地料及时清用，砂浆、混凝土倒运采取防撒落措施。

第二节　桥梁的基本组成和分类

当公路遇到江河湖泊、山谷深沟及其他线路（铁路或公路）等障碍时，为了保持公路的连续性，充分发挥其正常的运输能力，就需要建造专门的人工构造物——桥梁来跨越障碍。桥梁一方面要保证桥上的交通运行，另一方面要保证桥下泄洪及船只的通航要求。

一、基本组成

桥梁由五个大部件（图 1-2）和五个小部件组成，五个大部件是桥跨结构、支座系统、桥廊、桥台和基础。

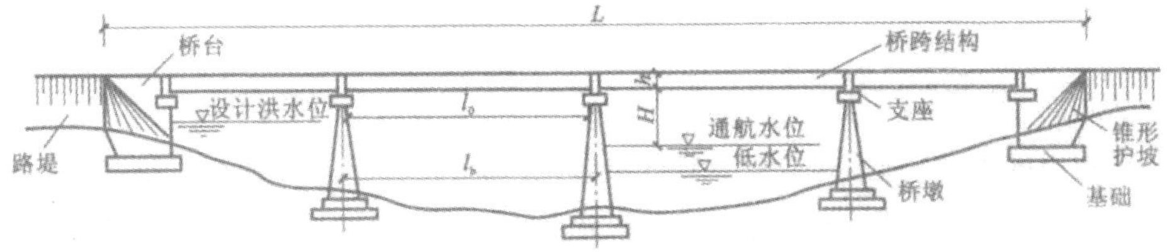

图1-2　桥梁的基本组成

（一）桥跨结构（或称为桥孔结构）

其是线路遇到障碍（如江河、山谷或其他路线等）时，跨越这类障碍的主要承载结构。

（二）支座系统

其支承上部结构并传递荷载于桥梁墩台上，应满足上部结构在荷载、温度或其他因素作用下所预计的位移功能。

（三）桥墩

其为在河中或岸上支承两侧桥跨上部结构的建筑物。

（四）桥台

其位于河道两岸，一端与路堤相接，防止路堤滑塌；另一端支承桥跨上部结构。

（五）基础

其为保证墩台安全并将荷载传至地基的结构部分。基础工程在整个桥梁工程施工中是比较困难的部分，而且常常需要在水下施工，因此遇到的问题很复杂。

桥跨结构和支座系统是桥梁上部结构，桥墩、桥台和基础为桥梁下部结构。在路堤与桥台衔接处，一般在桥台的两侧设置锥形护坡，以保证迎水部分路堤边坡的稳定。

五个小部件是桥面铺装（或称为行车道铺装）、排水防水系统、栏杆（或称为防撞护栏）、伸缩缝和灯光照明。这五个小部件均为与桥梁服务功能有关的部件，总称为桥面构造，在桥梁设计中往往没有受到足够重视，因而使桥梁服务质量降低，外观粗糙。随着经济建设的发展，人类的文明水平得到了极大的提高，人们对桥梁行车的舒适性和结构物的观赏性要求越来越高，因而国外很多桥梁的设计很重视这五个小部件。目前，国内桥梁设计工程师也越来越感受到这五个小部件的重要性。

二、名词术语

（一）水位

河流中的水位是变动的。枯水期的最低水位称为低水位，洪水期的最高水位称为高水位。在桥梁设计中，按规定的设计洪水频率计算所得的高水位称为设计洪水位。在各级航道中，能保证船舶正常航行的水位称为通航水位（图 3-1）。

（二）净跨径

对于梁桥，净跨径是指设计洪水位上相邻两个桥墩或桥墩与桥台之间的净距离，用 l_0 表示（图 1-3）；对于拱桥，净跨径是指两拱脚截面最低点之间的水平距离（图 1-4）。

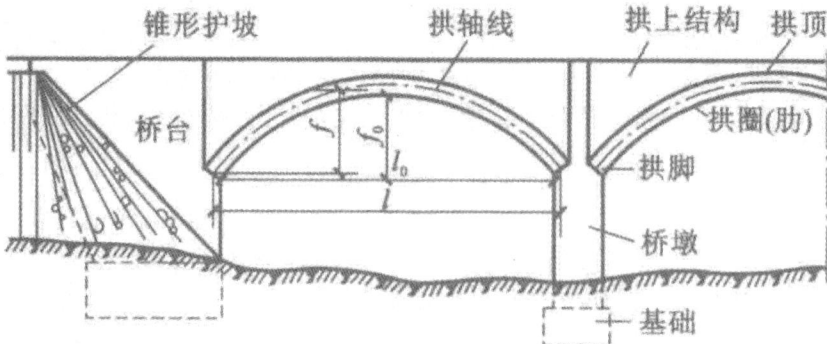

图1-3　拱桥概貌

（三）总跨径

其为多孔桥梁中各孔净跨径的总和，也称为桥梁孔径，它反映了桥下泄洪的能力。

（四）计算跨径

对于有支座的桥梁，计算跨径是指桥跨结构相邻两个支座中心间的距离，用 l 表示；对于拱桥，计算跨径是指相邻两拱脚截面形心点之间的水平距离。桥跨结构的力学计算是以计算跨径为依据的。

（五）标准跨径

对于梁桥，标准跨径是指两相邻桥墩中心线之间的距离，或桥墩中心线至桥台台背前缘之间的距离；对于拱桥，其是指净跨径。我国《公路桥涵设计通用规范》（JTG D60—2015）中规定，对于标准设计或新建桥涵跨径在 50m 及 50m 以下时，宜采用标准跨径。我国规定的公路桥涵标准跨径为 0.75m、1.0m、1.25m、1.5m、2.0m、2.5m、3.0m、4.0m、5.0m、6.0m、8.0m、10m、13m、16m、20m、25m、30m、35m、40m、45m 和 50m，共 21 种。

（六）桥梁全长（简称桥长）

其是指桥梁两端两个桥台的侧墙或八字墙后端点之间的距离，以 L 表示。对于无桥台的桥梁，其为桥面系行车道的全长（图 1-4）。在一条线路中，桥梁和涵洞总长的比重反映了它们在整段线路建设中的重要程度。

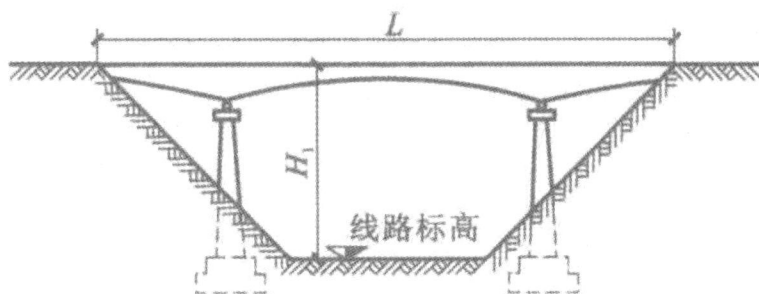

图1-4 带悬臂的桥梁

（七）桥梁高度（简称桥高）

其是指桥面与低水位之间的高差，或为桥面与桥下线路路面之间的高差，桥高在某种程度上反映了桥梁施工的难易程度。

（八）桥下净空高度

其是指设计洪水位或通航水位至桥跨结构最下缘之间的距离，以 H 表示。它应能保证桥下安全泄洪，并不得小于该河流通航所规定的净空高度。

（九）通航净空

其是指在桥孔中垂直于流水方向所规定的空间界限，任何结构构件或航运设施均不得伸入其内。

（十）建筑高度

其是指桥上行车路面（或轨顶）标高至桥跨结构最下缘之间的距离中的 h。它不仅与桥梁结构的体系、跨径大小有关，还因行车部分在桥上的布置而异。公路（或铁路）定线中确定的桥面（或轨顶）标高与桥下设计洪水位加超高或通航净空顶部标高之差，称为容许建筑高度。桥梁的建筑高度不得大于其容许建筑高度。

（十一）净矢高

其是指拱顶截面下缘至相邻两拱脚截面下缘最低点连线的垂直距离，以 f_0 表示。

（十二）计算矢高

其是指拱顶截面形心至相邻两拱脚截面形心连线的垂直距离，以 f 表示。

（十三）矢跨比

其是指拱桥中拱圈（或拱肋）的计算矢高与计算跨径之比（f/l），又称为拱矢度。它是反映拱桥受力特性的一个重要指标。

第三节　桥梁的总体规划与设计要点

一、桥梁设计的基本原则及基本资料

（一）桥梁设计的基本原则

桥梁是公路、铁路和城市公路的重要组成部分，特别是大、中型桥梁的建设对当地的政治、经济、国防等都具有重要的意义。因此，桥梁工程必须遵照安全、耐久、适用、环保、经济和美观的基本原则进行设计，设计时要充分考虑因地制宜、就地取材、便于施工和养护等因素进行全寿命设计。桥梁设计应该遵循的各项基本原则分述如下。

1. 安全性

①桥梁的全部构件及其连接构造在强度、刚度、稳定性和耐久性方面应有足够的安全储备。

②防撞栏杆应有足够的高度和强度。人行道与机动车道之间应做好防护栏，以防止车辆撞入人行道或撞坏栏杆而跌落桥下。

③对于交通流量大的桥梁，应设好照明设施，设置明确的交通标志；两端引桥坡

度不宜太大，以避免发生车辆碰撞等交通事故。

④在地震区修建的桥梁，应按抗震要求采取防震措施；对于河床易变迁的河道，应设计好导流设施，防止桥梁基础底部被过度冲刷；对于通航大吨位河道，除了按规定加大跨径外，还必须设置防撞构筑物等。

2. 适用性

①桥面宽度应能满足当前及规划年限内的交通流量（包括行人通行）。

②桥梁结构在设计荷载作用下不出现超过规定的变形和裂缝。

③桥跨结构的下方应有利于泄洪、通航（跨河桥）或车辆和行人的通过（旱桥）。

④桥的两端应方便车辆的进入和疏散，不致产生交通堵塞现象等。

⑤考虑综合利用，方便各种管线（水、电、气、通信等）通过。

3. 经济性

①桥梁设计应遵循因地制宜、就地取材和方便施工的原则。

②桥梁应选择造价和使用年限内养护费用综合最省的方案，设计时应该尽量使维修费用最少，维修时尽量不中断交通或中断交通时间最短等。

③桥位应选在地形、地质、水文条件较好的区域，尽量缩短桥梁长度。

④尽可能地缩短运距，促进地方的经济发展，以产生最大的经济效益。对于过桥收费的桥梁，应吸引更多的车辆通过，以达到尽快回收投资的目的。

4. 美观性

一座桥梁应外形优美，结构布置简洁，在空间结构尺寸上有着和谐的比例。桥梁应与周围环境相协调，城市桥梁和旅游地区的桥梁可较多地考虑建筑艺术上的要求。合理的结构布局和流畅的外观轮廓是保证美观的主要因素，结构细部的美学处理也十分重要。另外，施工质量对桥梁美观也有很大的影响。

5. 耐久性

其指在设计确定的环境作用和养护、使用条件下，结构及其构件在设计使用年限内保持其安全性和适用性的能力。

6. 环保

桥梁建设必须考虑环境保护和可持续发展的要求，包括生态、水土保持、空气、噪声等几方面；应从桥位选择、桥跨布置、基础方案、墩身外形、上部结构施工方法、施工组织设计等方面全面考虑环境保护要求，采取必要的工程控制措施，建立环境监测保护体系，使其对环境的不利影响降至最低。桥梁施工完成后，应将两岸植被恢复或进一步美化桥梁周边的景观。

（二）桥梁设计的基本资料

桥梁设计时需要进行调查，对于跨越河流的桥梁一般包括下列几个方面的内容。

①调查桥梁的具体任务。其具体包括桥上的交通种类和要求，如桥梁的荷载等级、实际交通量和增长率、需要的车道数、行车道的宽度及人行道宽度的要求等。

②选择桥位。一般来说，大、中桥桥位的选择应服从路线的总方向，路、桥方面综合考虑。一方面，从整个路线或路线网的角度来看，既要力求降低桥梁的建设和养护费用，又要避免或降低因车辆绕道而增加的运输成本。另一方面，从桥梁的经济性和稳定性出发，应尽量选择在河道顺直、水流稳定、河面较窄、地质较好、冲刷较小的河段上，以降低造价和养护费用，并避免因冲刷过大而发生桥梁倒塌的危险。此外，应尽量避免桥梁与河流斜交，否则会增加桥梁长度，从而引起工程造价的提高。

大、中桥一般选择 2 ~ 4 个桥位后进行综合比较，然后选择合理的桥位。对于小桥涵的位置，应服从路线走向。当遇到不利的地形、地质和水文条件时，应采取适当的技术措施，不应因此而改变路线。

③测量桥位附近的地形，并绘制地形图，供设计和施工使用。

④通过钻探调查桥位的地质情况，并将钻探资料制成地质剖面图，作为基础设计的重要依据。为使地质资料更接近实际情况，可以根据初步拟定的桥梁分孔方案，将钻孔布置在墩台附近。

⑤调查和测量河流的水文情况，为确定桥梁的桥面标高、跨径和基础埋置深度提供依据，其内容包括以下几个方面。

a. 河道性质。了解河道是静水河还是流水河，有无潮水，河床及两岸的冲刷和淤积情况，以及河道的自然变迁和人工规划的情况，北方地区还要了解季节性河流的具体性质。

b. 测量桥位处河床断面。

c. 调查了解洪水位的多年历史资料，通过分析推算设计洪水位。

d. 测量河床比降。调查河槽各部分形态的标高和糙率等，计算流速、流量等有关参数，通过计算确定设计洪水位下的平均流速和流量；结合河道性质，可以确定桥梁所需的最小总跨径，选择通航孔的位置、墩台基础形式及埋置深度。

e. 向航运部门了解和协商确定设计通航水位和通航净空，根据通航要求与设计洪水位确定桥梁的分孔跨径和桥跨底缘的设计标高。

f. 对于大型桥梁工程，应调查桥址附近风向、风速及桥址附近有关的地震资料。

g. 调查了解其他与建桥有关的情况，如当地建筑材料的来源，水泥、钢材的供应情况；调查附近旧桥使用情况，了解有关部门和当地群众对新桥有无特殊的要求，如桥上是否需要铺设电缆或输气管道等；调查施工场地的情况，是否需要占用农山，桥头有无需要拆除或迁移的建筑物，要尽可能地避免损失或将这些损失降低至最低限度；调查当地及附近的运输条件。这些情况对桥梁施工起着重要的作用。另外，还需要了解桥梁施工机械、动力设备和电力供应等情况，这些因素将直接影响设计与施工方案的确定。

上述各项野外勘测与调查研究工作，有的可同时进行，有的则需相互交错进行。例如，为进行桥位地形测量、地质钻探和水文调查，需要先确定桥位；为选择桥位，又必须有一定的地形、地质和水文资料等。因此，有的工作必须互相渗透，交错进行。

根据调查、勘测所得的资料，可以拟订几个不同的桥位比较方案。方案比较项目可以包括不同的桥位、不同的材料、不同的结构体系和构造、不同的跨径和分孔、不同的墩台和基础形式等，通过综合比较进行方案优选。

二、桥梁的平、纵、横断面设计

（一）平面设计

桥梁设计时首先要确定桥位。按照《公路工程技术标准》（JTG B01—2014）的规定，小桥和涵洞的位置和线形一般应服从线路的总走向，为满足线路要求，可设计为斜交桥或弯桥。对于公路上的特大桥、大桥、中桥的桥位，原则上应符合线路的走向，桥、路综合考虑，尽量选择在河道顺直、水流稳定、地质条件良好的河段上。桥梁的平曲线半径、平曲线超高和加宽、缓和曲线、变速车道设置等，均应满足相应等级线路的规定。桥梁的线形及桥头引道要保持平顺，使车辆能顺利通过。小桥涵的线形及其与公路的衔接可按线路的要求布置。大、中桥梁的线形一般为直线。当桥面受到两岸地形限制时，允许修建曲线桥，曲线的各项指标应符合线路的要求；也允许修建斜桥，其交角（桥墩沿水流方向的轴线与河道水流方向间的夹角）一般不大于45°，通航河流上不宜大于5°。

（二）纵断面设计

桥梁纵断面设计包括桥梁总跨径的确定、桥梁的分孔、桥面标高与桥下净空、桥上及桥头引道纵坡的布置等。

1. 桥梁总跨径的确定

桥梁总跨径一般参照水文计算来确定。由于桥梁墩台和桥头路堤压缩了河床横断面面积，使桥下过水断面减小，流速加大，加强了河流对河床的冲刷。因此，桥梁总跨径必须保证桥下有足够的泄洪面积，使河床不致受到过大的冲刷。山区河流流速较大，应尽可能地少压缩或不压缩河床；而对于平原地区的宽滩河流（流速较小），虽然允许压缩，但是必须注意壅水对上游河堤、地下水及附近农田等可能产生的危害。

2. 桥梁的分孔

桥梁的总跨径确定以后，还需进行单孔布置。一座较大的桥梁可以分成多孔。各孔的跨径有多大，有几个河中桥墩，哪些是通航孔，哪些不是通航孔，这些问题要根据通航要求、地形和地质条件、水文情况及经济技术和美观的需求来加以确定。桥梁的分孔关系着桥梁的总造价。跨径和孔数不同时，上部结构和墩台的总造价是不同的。跨径越大，孔数越少，上部结构的造价就越大，而墩台的造价就越小。最经济的跨径是使上部结构和下部结构总造价最低的跨径。因此，当桥墩较高或者地质不良，基础工程复杂而造价较高时，桥梁的跨径可得大一些；反之，当墩台较矮或地质良好时，桥梁的跨径就可以选得小一些。在实际工程中，可对不同的跨径布置进行粗略的方案比较，选择最经济的跨径和孔数。

对于通航河流，当通航净宽大于按经济造价确定的跨径时，一般按通航净宽来确定通航孔跨径，其余桥孔跨径则采用经济跨径。但对于变迁性河流，考虑航道可能发生变化，则需多设几个通航孔。

桥梁的分孔是个非常复杂的问题，各种各样的条件和要求往往互相矛盾。例如，跨径在100m以下的公路桥梁，为了尽可能地符合标准跨径，不得不放弃采用按经济要求确定的孔径；某些应急工程为了便于抢修和互换，常需要将全桥各孔跨径做成统一的，并且跨径不要太大；有时因为工期很紧，为减少水下工程，需要减少桥墩而增加跨径。有些体系中，为了使结构受力合理和用材经济，布置时要考虑跨径比例的合理性。例如，在连续梁设计中，其中跨与相邻边跨的比值：对于三跨连续梁，一般取1.0：0.8；对于五跨连续梁，一般取1.0：0.9：0.65。孔数不多时最好布置成奇数跨，以免将桥墩正置河道中央。

在有些情况下，为了避免在河中搭设脚手架和修建临时墩，可以加大跨径，采用悬臂浇筑法进行施工；在山区建桥时，往往采用单孔跨越深谷的大跨径桥梁，以避免建造中间桥墩。跨径的选择还与施工能力有关，有时选用较大跨径虽然在经济上和技术上是合理的，但是由于缺乏足够的施工技术能力和施工机械设备，也不得不改用较小跨径。

总之，对于大、中型桥梁来说，桥梁分孔问题是设计中最基本、最复杂的问题，必须进行深入、全面的分析，才能制订出比较完美的方案。

3.桥面标高与桥下净空

桥面标高在线路纵断面设计中已做规定，或根据设计洪水位及桥下通航需要的净空结合桥梁的建筑高度来确定。桥面标高的抬高会引起桥头引公路堤土方量的增加；而在修建城市桥梁时，则可能使引道布置困难。因此，必须根据设计洪水位、桥下通航（或通车）净空等的要求，结合桥型、跨径综合考虑，以确定合理的桥面标高。

对于非通航河流，梁底一般应高出设计洪水位（包括壅水和浪高）至少0.5m，高出最高流冰水位至少0.75m；支座底面应高出设计洪水位至少0.25m，高出最高流冰水位至少0.5m。对于无铰拱桥，拱脚允许低于设计洪水位，但设计洪水位一般不应超过拱圈矢高的2/3，拱顶底面至设计洪水位的净高不应小于1.0m。对于有漂流物或易淤积的河床，桥下净空应视情况适当加高。

4. 桥梁的纵坡设置

桥面标高确定后，就可根据桥头两端的地形和线路要求来设计桥梁的纵断面线形。一般小桥通常做成平坡桥；对于大、中型桥梁，为了利于桥面排水和降低引公路堤高度，往往设置从中间向两边倾斜的双向坡道，桥上纵坡不宜大于 4%，桥头引道纵坡不宜大于 5%。对位于城镇交通量大处的桥梁，桥上纵坡和桥头引道纵坡均不得大于 3%。桥上或引道处纵坡发生变化的地方，均应按规定设置竖曲线。

（三）横断面设计

一般来说，在高速公路或一级公路上，多数修建上、下行两座独立桥梁。各级公路上的涵洞和二、三、四级公路上跨径小于 8m 单孔小桥的桥面宽度，应与路基同宽。城市桥梁的桥面宽度应考虑城市交通的规划要求予以适当加宽。桥上如通行电车和汽车时，一般将电车道布置于桥梁中央，汽车道在它的两旁。位于弯道上的桥梁，应按线路要求予以加宽和设置超高。

桥上人行道和慢车道的设置应根据需要而定，并与前后线路的布置相匹配。慢车道与行车道之间必要时应设置分隔设施。人行道宽 0.75m 或 1.0m，大于 1.0m 时可按 0.5m 的倍数增加，且人行道宜高出行车道 0.25 ~ 0.35m。

三、桥梁的设计与建设程序

各国根据桥梁建设长期积累的经验，各自形成了一整套与本国管理体制相适应的严密而有序的工作程序。我国根据国家基本建设程序的要求，逐步形成了包括技术、经济及组织工作在内的桥梁建设程序。它分为前期工作及设计阶段。前期工作包括编制预可行性研究报告和可行性研究报告。设计阶段按"三阶段设计"进行，即初步设计、技术设计与施工图设计。各阶段设计文件完成后的上报和审批都由国家指定的行政主管部门负责。批准后的文件是各建设程序实施的依据，也是下一阶段设计文件编制的依据。

（一）前期工作

预可行性研究报告和可行性研究报告均属于建设的前期工作。两者应包括的内容及目的基本一致，只是研究的深度不同。预可行性研究报告是在工程可行的基础上，着重研究建设上的必要性和经济上的合理性；可行性研究报告则是在预可行性研究报告审批后，在必要性和合理性得到确认的基础上，着重研究工程上和投资上的可行性。这两阶段的研究都为科学地进行项目决策提供依据，避免盲目决策带来的严重后果。前期工作的重点在于论证建桥的必要性、可行性，并确定建桥的地点、规模、标准、投资控制等一系列宏观问题。因此，本阶段的工作是非常重要的。这两阶段的内容主要有以下几个方面。

1. 工程必要性论证

工程必要性论证是评估桥梁建设在国民经济中的作用。

2. 工程可行性论证

本阶段工作的重点在于选择好桥位，确定桥梁的建设规模，同时需协调好桥梁与河道、航运、城市规划及已有设施的关系。工程可行性论证主要包括以下几个方面的内容。

（1）桥梁标准制订问题

首先确定车道数、桥面宽度及荷载标准，其次是选取允许车速、桥梁坡度和曲线半径，最后应考虑桥梁抗震标准和航运标准等。

（2）自然条件及周围环境问题

本阶段的地质工作以搜集资料为主，辅以在两岸适当布置钻孔进行验证。要探明覆盖层的性质、岩面高程、岩性及构造，确定有无大的构造断层，并从地质角度对各桥位做出初步评价。本阶段的水文工作也十分重要，一般要求提供设计流量，调查历史最高、最低水位，以及设计洪水频率的洪水位，掌握常水位情况及流速资料。此外，还要对一些特殊水文条件进行研究，如沿海地区的潮汐问题等。

（3）桥位问题

进行桥位方案比较的目的在于评估方案的可行性，特别是基础工程的可行性。为此，应该采取比较成熟的方案，以提高评估的可信性，并应至少提出两个以上的桥位方案进行比选。遇到某些特殊情况时，还需要在大范围内提出多个桥位方案进行比选。

桥位比较的内容可以包括下面一些因素。

①桥位对路网布置是否有利；比较造价时，要把各桥位桥梁本身的造价与相应附属工程的造价加在一起进行比较；桥梁建在城市范围内时，要使桥梁建设满足城市规划的要求，还要比较各桥位的航运条件；在进行自然条件的比较时，要考虑地质条件对基础工程的设计、施工难度及工程规模有无直接的影响。

②外部条件的处理能否落实，桥梁在不同桥位时对周围设施的影响程度如何，以及不能拆迁的设施对桥梁的影响程度如何等；对环境保护的评估也是必不可少的。

经综合比较，选定一个桥位作为推荐桥位。

3. 经济可行性论证

（1）造价及回报问题

收取车辆过桥费是公路桥梁取得回报的主要方式。但从宏观角度出发，桥梁建设是推动社会经济发展的重要因素。尤其是公路干线上特大桥的经济效益和社会效益更是全国性的，因此特大桥、大桥的投资者主要是国家或地方政府。

（2）资金来源及偿还问题

资金来源在预可行性研究阶段应有所计划，在可行性研究阶段则必须予以落实。若想通过国外贷款、发行债券、民间集资的渠道筹措资金，必须得到有关部门的批准。

（二）设计阶段

1. 初步设计

由政府计划部门下达的设计任务书是进行初步设计的依据。设计任务书应就桥位、建桥标准、建桥规模等控制性要求做出规定。在进行进一步勘测工作时，如发现选定的桥位确属地质不良，并将造成设计和施工困难，则可以在选定桥位的上、下游附近不影响桥梁总体布置的范围内，通过地质条件的比较，推荐一个新的桥位。初步设计阶段的主要内容有以下几点。

（1）进一步开展水文、勘测工作

在初步设计阶段，要通过进一步的水文工作提供基础设计和施工所需要的水文资料，如施工期间各月可能出现的高、低水位和相应的流速，以及河床可能的最大冲刷深度、施工中可能引起的局部冲刷等。

本阶段的勘测工作称为初勘，要求在以桥位中心线为轴线的上、下游适当布置一些钻孔，以探明岩层构造及其变化情况。根据钻探取得的资料，确定岩性、强度及基岩风化程度、覆盖层的厚度、力学指标，以及地下水位情况等。

（2）桥型方案比较

桥型方案比较是初步设计阶段的工作重点，一般要进行多个方案比较。各方案均要求提供桥型布置图，图上必须标明桥梁纵、横断面结构布置，主要部位高程，上、下部结构的结构形式及工程量。对于推荐方案，还要提供上、下部结构的结构布置图，以及一些主要及特殊部位的构造处理。各类结构都需经过验算并提供可行的施工方案。

（3）科研项目

在初步设计阶段，要提出设计、施工中需要进一步通过试验或理论研究来解决的技术难题，立项并做经费计划，待主管部门审批初步设计文件时一并审批，批准后方能实施。

（4）施工组织设计

对推荐桥型方案要编制施工组织设计，包括主体结构的施工方案、施工工序、施工投入机械设备清单、主要工程量清单、砂石料来源、施工安排及工期计划等。

（5）概算

根据工程量、施工组织设计及标准定额编制概算。各桥型方案都要编制相应的概算，以便进行不同方案工程费用的比较。按照规定，初步设计概算不能超过前期工作已审批估算的10%，否则应重新编制方案。根据具体情况对概算做适当调整，可将其作为招标时的标底。当主管部门审批初步设计文件时，如对推荐方案提出必须修改的意见，则需根据审批意见另外编制、修改初步设计文件报送上级主管部门批准。

2. 技术设计

技术设计应根据批准的初步设计中存在的重大、复杂技术问题及新技术、新材料的应用问题，通过进一步的科学试验、专题研究及分析论证予以解决，落实技术措施，提出可行的施工方案，经批准后作为编制施工图设计的依据。

3. 施工图设计

在施工图设计阶段，要进一步根据施工需要进行补充钻探。特别是对于重要的基础，要探明岩面高程的变化。根据批准的初步设计文件和技术设计文件，绘制让施工人员能按图施工的施工详图。根据施工图编制工程预算。

（三）桥梁的方案比较及桥梁美学设计

1. 方案比较

为了获得经济、适用和美观的桥梁设计方案，设计人员必须根据自然和技术条件，因地制宜地在综合应用专业知识，了解、掌握国内外新技术、新材料、新工艺的基础上，进行深入细致的研究和分析对比工作，才能编制出完美的设计方案。桥梁设计方案的比选和确定可按下列步骤进行。

（1）明确各种标高

在桥位纵断面图上，按比例绘出设计洪水位、通航水位、堤顶标高、桥面标高、通航净空、堤顶行车净空位置图。

（2）桥梁分孔，初拟桥型方案草图

在确定了上述各种标高的纵断面图上，根据泄洪总跨径的要求做桥梁分孔和桥型方案草图。做草图时思路要开阔，只要基本可行，就应尽可能多做一些方案草图，以免遗漏可能的桥型方案。

（3）方案初筛

对各桥型方案草图做技术和经济上的初步分析和判断，筛去弱势方案，从中选出2～4个构思好、各具特点的方案，做进一步研究和比较。

（4）详绘桥型方案

根据不同桥型、不同跨度、不同宽度和施工方法，拟订主要结构尺寸，并尽可能细致地绘制出各个桥型方案的尺寸详图。对于新结构，应做初步的力学分析，以确定主要尺寸。

（5）编制估算或概算

依据方案详图，计算上、下部结构的主要工程数量，依据各地区或行业的估算定额或概算定额，编制出各方案的主要材料（钢、木、混凝土等）用量、劳动力数量和全桥总造价。

（6）方案选定和文件汇总

综合考虑建设造价、养护费用、建设工期、营运适用性、美观性等因素，阐述各方案的优缺点。经分析论证，选定一个最佳的方案作为推荐方案。在深入比较过程中，应当及时发现并调整方案中不尽合理之处，确保最后选定的方案是强中选强的方案。

上述工作全部完成之后，着手编写方案说明书。方案说明书应阐明方案编制的依据和标准，各方案的主要特色、施工方法、设计概算及方案比较的综合性评述。对推荐方案应作较详细的说明。各种测量资料、地质勘察和地震烈度复核资料、水文调查与计算资料等应按附件载入。

2. 桥梁美学设计

"美学"一词来源于希腊语，原意为感觉、感性认识，因此美学可定义为研究感性认识的科学。建筑美学只是其中的一种。一座桥梁从满足功能要求角度而言，是工程结构物；从观赏角度而言，应该是一件建筑艺术品。尤其是大桥，它的雄伟壮观和千姿百态不仅可显示出一个国家的先进技术与生产工艺水平，更能反映出时代精神和当代人的创造力，往往是一个国家、一个地区、一个城市的标志，成为地标性建筑。

桥梁建筑艺术是桥梁美学的表现，它是通过桥梁建筑实体与空间的形态美及其相关因素的美学处理，形成的一种实用与审美相结合的造型艺术，或者说是一种创造桥梁美观的技术。这一技术的研究与发展，可以使桥梁建筑艺术发展壮大。

桥梁美学与桥梁技术不可分割，它追求工程方面和精神方面的统一。它的基本观点是：充分满足工程规范，外观形貌尽量完美并与环境协调。桥梁的技术美包括形式美、功能美及与环境协调美三个要素。具备了形式美和功能美的桥梁，必须与环境和谐统一，才能实现技术美。

（1）形式美

桥梁各构件相互之间取得充分协调，才能创造出桥梁的形式美。这种协调主要借助比例、匀称、平衡、韵律、重复、交替、层次等手法完成。

（2）功能美

功能美是遵循力学理论，在取得平衡并有紧张感的结构中求得内在美，在外观上体现一种力动感。

（3）环境协调美

桥梁建筑与桥位周围的自然景物、人工景物一起，构成了人们生活空间中的整体景观。它不仅影响原有环境，还改善了景观，给人们生活带来了景观上的变化。桥梁建筑对生活环境的影响及建桥后的景观效果是该地区人民极为关注的。因此，桥梁除了形式美、功能美外，与周围环境的协调也是桥梁技术美中很重要的因素。

桥梁建筑美的基本原则为统一和谐、均衡发展、比例协调、韵律优美及建筑风格具有时代性和民族性。它们在桥梁工程中的应用主要体现在：桥梁必须与周围环境相融合，成为自然整体的一个协调部分；桥梁本身的造型必须比例适当，匀称和谐；桥梁造型应结构简单，线条流畅；桥梁建筑应当表现出清新、雅洁的风格等。

综上所述，现代桥梁建筑的美学特征主要表现为简洁明快，轻巧纤细和连续流畅。

第四节　桥梁设计荷载

桥梁结构除了承受直接施加于其上的荷载（如车辆、人群、结构自重等）作用外，还受地震、基础变位、混凝土收缩和徐变、温度变化等的作用。由于桥梁结构处在自然环境之中，故还要经受气候、水文等多种复杂因素（作用）的影响。下面介绍我国《公路桥涵设计通用规范》（JTG D60—2015）中有关公路桥涵设计荷载的一些规定。

一、作用分类、代表值和效应组合

（一）作用分类

作用是指施加在结构上的一组集中力或分布力，或引起结构外加变形或约束变形的原因。前者称为直接作用，后者称为间接作用。结构作用的分类方法有多种。

1. 按照空间位置的变异性

按照空间位置的变异性，作用可以分为如下两类。

①固定作用。其为在结构空间位置上具有固定位置的作用，但其量值是随机的，如恒荷载、固定的设备等。

②自由作用。其为在结构空间一定范围内可以改变位置的作用，如车辆荷载、人群荷载等。

2. 按照结构的反应

按照结构的反应，作用可以分为如下两类。

①静态作用。其为在结构上不产生加速度或产生的加速度可忽略不计的作用，如结构自重。

②动态作用。其为在结构上产生不可忽略加速度的作用，如汽车荷载、地震力等。

按时间的变异性，作用可以分为四类，即永久作用、可变作用、偶然作用和地震作用。我国现行的《公路桥涵设计通用规范》（JTG D60—2015）采用的就是该种分类方法。

（二）作用代表值

作用代表值是指结构设计时，针对不同设计目标所采用的各种作用规定值。它是根据作用统计得到的概率分布模型，是按照概率统计的方法确定的。设计要求不同，采用的作用代表值也不同。这样可以更确切、合理地反映在不同设计要求下作用对于结构的特点。作用代表值一般可分为标准值、组合值、准永久值和频遇值。

（三）作用效应组合

作用效应组合原则为：公路桥涵结构设计时应考虑结构上可能同时出现的作用，按承载能力极限状态和正常使用极限状态进行作用效应组合，取其最不利作用效应组合进行设计。

①只有在结构上可能同时出现的作用，才能对其进行效应的组合。当结构或结构构件需作不同受力方向的验算时，应以不同方向的最不利作用效应进行组合。

②当可变作用对结构或结构构件产生有利影响时，该作用不应参与效应组合。实际不可能同时出现的作用或同时参与效应组合概率很小的作用则按规定不考虑其作用效应的组合。

③施工阶段作用效应的组合应按计算需要及结构所处条件而定，结构上的施工人员和施工机具设备均应作为临时荷载加以考虑。对于组合式桥梁，当把底梁作为施工支撑考虑时，作用效应宜分为两个阶段进行组合，底梁受荷为第一个阶段，组合梁受荷为第二个阶段。

④多个偶然作用不同时参与组合。

⑤地震作用不与偶然作用同时参与组合。

二、永久作用

永久作用是指在结构使用期间，其量值不随时间发生变化或其变化值与平均值相比较可忽略不计的作用。

（一）结构重力

结构自重、桥面铺装、附属设备及附加重力等均属于结构重力，结构重力可按照结构物的实际体积或设计的体积、材料的重力密度来计算，桥梁结构的自重往往占全部设计作用的很大比例，采用轻质高强度材料对减轻桥梁自重，增强跨越能力有着十分重要的意义。

（二）预加力

在结构进行正常使用极限状态设计和使用阶段构件应力计算时，预加力应作为永久作用计算其主效应和次效应，并计入相应阶段的预应力损失，但不计由于预加力偏心距增大而引起的附加效应。在结构进行承载能力极限状态设计时，预加力不作为作用，而将预应力钢筋作为结构抗力的一部分，但在连续梁等超静定结构中仍需考虑由预加力引起的次效应。

（三）水的浮力

其是指由地表水或地下水通过地基土的间隙传递给建筑物的水压力，一般可按下列规定采用：

①对于基础位于透水性地基上的桥梁墩台，当验算稳定性时，应考虑设计水位的浮力；当验算地基应力时，可仅考虑低水位的浮力，或不考虑水的浮力。

②基础嵌入不透水性地基的桥梁墩台，设计时不考虑水的浮力。

③作用在桩基承台底面的浮力，应考虑全部底面积。对于桩嵌入不透水性地基并灌注混凝土封闭者，不应考虑桩的浮力；在计算承台浮力时，应扣除桩的横截面面积。

④当不能确定地基是否透水时，应以透水和不透水两种情况与其他作用进行组合，取其最不利者。

（四）基础变位作用

当考虑由于地基压密等引起的长期变形影响时，超静定结构应根据最终位移量计算构件的永久作用效应。

三、可变作用

可变作用是指在结构使用期间，其量值随时间发生变化且其变化值与平均值相比不可忽略的作用。

（一）汽车荷载

公路桥涵设计时，汽车荷载的计算图式，荷载等级及其标准值，加载方法和纵、横向折减等应符合下列规定。

①汽车荷载分为公路-Ⅰ级和公路-Ⅱ级两个等级。各级公路桥涵设计的汽车荷载等级应满足规定。

②汽车荷载由车道荷载和车辆荷载组成。车道荷载由均布荷载和集中荷载组成。桥梁结构的整体计算采用车道荷载，桥梁结构的局部加载、涵洞、桥台和挡土墙土压力等的计算采用车辆荷载。车辆荷载与车道荷载的作用不得叠加。

③公路-Ⅰ级车道荷载和公路-Ⅱ级车道荷载应按均布荷载加一个集中荷载计算。均布荷载和集中荷载的标准值应按桥梁的荷载等级和计算跨径确定，见表1-2。

表1-1 各级公路桥涵的汽车荷载等级

公路等级	高速公路	一级公路	二级公路	三级公路	四级公路
汽车荷载等级	公路-Ⅰ级	公路-Ⅰ级	公路-Ⅰ级	公路-Ⅱ级	公路-Ⅱ级

注:

1. 二级公路作为集散公路且交通量小,重型车辆少时,可采用公路-Ⅱ级汽车荷载;

2. 对交通组成中重载交通比较大的公路桥涵,宜采用与该公路交通组成相适应的汽车荷载模式进行结构整体与局部验算。

表1-2 车道荷载标准值

荷载等级	计算跨径t/m	集中荷载Pk/kN		均布荷载qk/(kN/m)
		计算弯矩时	计算剪力时	
公路-Ⅰ级	≤5	270	324	10.500
	≥50	360	432	
公路-Ⅱ级	≤5	202.5	243	7.875
	≥50	270	324	

桥梁计算跨径为 5 ~ 50m 时,Pk 值采用线性内插法求得。车道荷载的均布荷载标准值应满布于使结构产生最不利效应的同号影响线中一个最大影响线峰值处。

④车辆荷载的立面、平面布置图如图1-6所示,主要技术指标规定见表1-3。公路-Ⅰ级和公路-Ⅱ级汽车荷载采用相同的车辆荷载标准值。

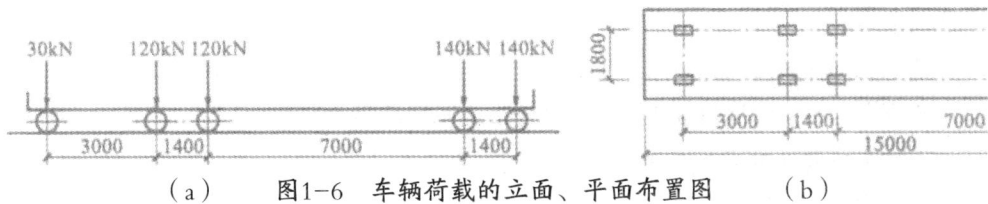

(a) 图1-6 车辆荷载的立面、平面布置图 (b)

(a)立面布置;(b)平面布置

表1-3 车辆荷载的主要技术指标

项目	单位	技术指标	项目	单位	技术指标
车辆重力标准值	kN	550	轮距	m	1.8
前轴重力标准值	kN	30	前轮着地宽度及长度	m×m	0.3×0.2
中轴重力标准值	kN	2×120	中、后轮着地宽度及长度	m×m	0.6×0.2
后轴重力标准值	kN	2×140	车辆外形尺寸(长×宽)	m×m	15×2.5
轴距	m	3+1.4+7+1.4			

⑤车道荷载横向分布系数应按设计车道数布置车辆荷载进行计算(图1-7)。

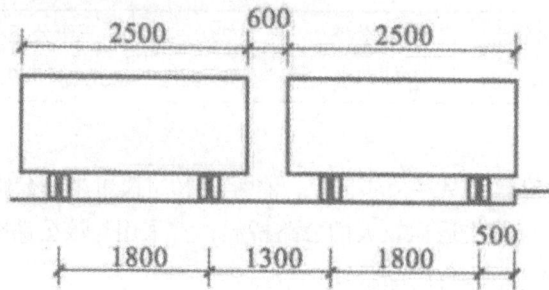

图1-7　车辆荷载横向布置

（二）汽车冲击力

车辆以一定速度在桥上行驶时，桥面不平整、车轮不圆及发动机振动等原因会使桥梁发生振动，产生动力作用。这种动力作用会使桥梁的内力和变形较静荷载作用时更大，这种现象称为冲击作用。

汽车冲击力应按下列规定考虑。

①钢桥、钢筋混凝土及预应力混凝土桥、圬工拱桥等上部构造和钢支座、板式橡胶支座、盆式橡胶支座及钢筋混凝土柱式墩台，应计算汽车荷载的冲击作用。

②填料厚度（包括路面厚度）大于或等于0.5m的拱桥、涵洞及重力式墩台不计汽车冲击力。

③支座的冲击力按相应的桥梁取用。

④汽车冲击力标准值等于汽车荷载标准值乘以冲击系数。

⑤冲击系数 μ 可按下式计算：

$$\left.\begin{aligned}
\mu &= 0.05\,(f<1.5Hz)\\
\mu &= 0.1767\ln f - 0.0157\,(1.5Hz \le f \le 14Hz)\\
\mu &= 0.45\,(f>14Hz)
\end{aligned}\right\} \tag{1-2}$$

式中：

f——结构基频，Hz。

结构基频宜采用有限元法计算。对于简支梁桥，结构基频可采用下式计算：

$$f = \frac{\pi}{2l^2}\sqrt{\frac{EI_c}{m_c}}, m_c = \frac{G}{g} \tag{1-3}$$

式中：

l——结构的计算跨径，m；

E——结构材料的弹性模量，N/m²；

I_c——结构跨中截面的截面惯性矩，m⁴；

mc——结构跨中处的单位长度质量，kg/m，当换算为重力计算时，其单位应为 N·s²/m²；

G——结构跨中处每延米结构重力，N/m；

g——重力加速度，其值为 9.81m/s。

⑥汽车荷载的局部加载及在 T 形梁、箱形梁悬臂板上的冲击系数取 1.3。

（三）汽车离心力

当弯道桥的曲线半径小于或等于 250m 时，应计算由汽车荷载引起的离心力。汽车离心力标准值为车辆荷载（不计冲击力）标准值乘以离心力系数 C。离心力系数按下式计算：

$$C = \frac{v^2}{127R} \tag{1-4}$$

式中：

C——离心力系数；

v——设计速度，km/h，应按桥梁所在路线的设计速度采用；

R——曲线半径，m。

（四）汽车荷载引起的土侧压力

其为车辆荷载在桥台或挡土墙后填土的破坏棱体上引起的土侧压力，可按下式换算成等代均布土层厚度计算：

$$h = \frac{\sum G}{Bl_0\gamma} \tag{1-5}$$

式中：

γ——土的重力密度，kN/m；

$\sum G$——布置在面积内车轮的总重力，kN，车辆外侧车轮中线至路边缘的最小距离为 0.5m，计算中涉及多车道加载时，车轮总重力应按规定进行折减；

l_0——桥台或挡土墙后填土的破坏棱体长度，m，对于墙顶以上有填土的路堤式挡土墙为破坏棱体范围内的路基宽度部分；

B——桥台横向全宽或挡土墙的计算长度，m。

（五）人群荷载

人群荷载标准值按下列规定采用：

①当桥梁计算跨径小于或等于 50m 时，人群荷载标准值为 3.0kN/m² 当桥梁计算跨径大于或等于 150m 时，人群荷载标准值为 2.5kN/m²；当桥梁计算跨径为 50～150m 时，可由线性内插法得到人群荷载标准值。对于跨径不等的连续结构，以

最大计算跨径为准。

对于城镇郊区行人密集地区的公路桥梁，人群荷载标准值取上述规定值的1.15倍。对于专用人行桥梁，人群荷载标准值为 3.5kN/m²。

②人群荷载在横向上应布置在人行道的净宽度内，而在纵向上应布置于使结构产生最不利荷载效应的区段内。

③人行道板（局部构件）可以一块板为单元，按标准值4.0kN/m²的均布荷载计算。

④计算人行道栏杆时，作用在栏杆立柱顶上的水平推力标准值取0.75kN/m，作用在栏杆扶手上的竖向力标准值取1.0kN/m。

四、偶然作用

偶然作用是指在设计基准期内不一定出现，但一旦出现其值很大且持续时间很短的作用。

（一）船舶或漂流物的撞击作用

位于通航河流或有漂流物河流中的桥梁墩台，设计时应考虑船舶或漂流物的撞击作用。

（二）汽车撞击作用

桥梁结构必要时可考虑汽车撞击作用。汽车撞击力标准值在车辆行驶方向取1000kN，在垂直于车辆行驶方向取500kN。两个方向的撞击力不同时考虑，撞击力作用于行车道以上1.2m处，直接分布于撞击涉及的构件上。

对于设有防撞设施的结构构件，可视防撞设施的防撞能力对汽车撞击力标准值予以折减，但折减后的汽车撞击力标准值不应低于上述规定的1/6。

高速公路上桥梁的防撞护栏应按现行《公路交通安全设施施工技术规范》（JTG/T 3671—2021）中的有关规定执行。

五、地震作用

在地震动峰值加速度等于0.10g、0.15g、0.20g、0.30g地区的公路桥涵应进行抗震设计。地震动峰值加速度大于或等于0.40g地区的公路桥涵，应进行专门的抗震研究和设计。地震动峰值加速度小于或等于0.05g地区的公路桥涵，除有特殊要求外，可采用简易设防。做过地震小区划的地区，应按主管部门审批后的地震动参数进行抗震设计。

公路桥涵地震作用的计算及结构设计应符合现行《公路工程抗震规范》（JTG B02—2013）的规定。

第二章　桥梁工程基础施工

第一节　桥梁工程概述

任何结构物都建造在一定的地层之上，结构物的全部荷载最终都是由地层来承担的，人们将地层中直接感受到结构物荷载的那一部分称为地基，将地基与结构物接触的那一部分称为基础。基础与地基示意图如图2-1所示。

桥梁分为下部结构和上部结构，上部结构是指桥跨部分，下部结构则包含桥墩、桥台和基础，桥梁结构各部分示意图如图2-2所示。

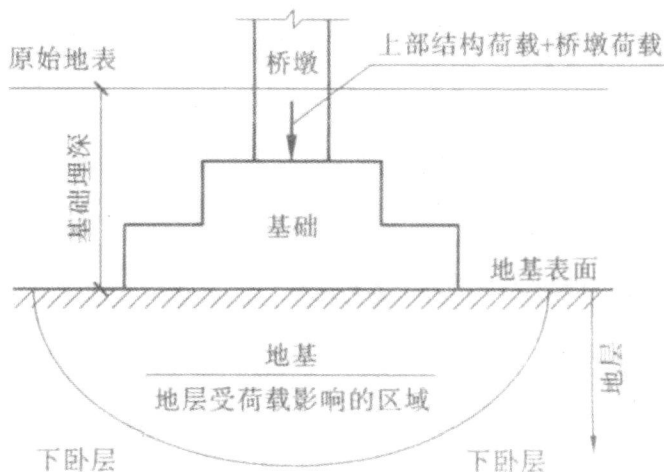

图2-1　基础与地基示意图

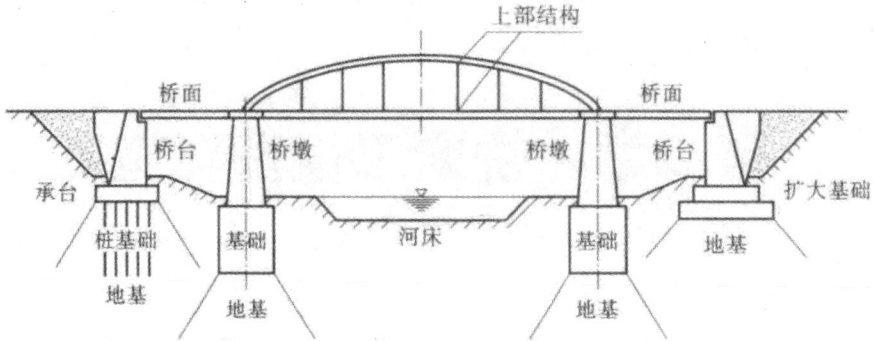

图2-2 桥梁结构各部分示意图

桥梁基础工程的设计和施工涵盖了桥梁的基础与地基两个方面。

地基和基础受上部荷载和周围其他荷载作用后将产生附加变形和应力。为了保证结构物的使用安全，地基和基础必须具备一定的强度和稳定性，变形也应在允许范围内。

基础工程是桥梁结构的重要组成部分，对于桥梁结构的安全、稳定和正常使用都起着举足轻重的作用，往往在整个桥梁的工程造价中占有很大的比例。

一、地基分类

地基可分为天然地基与人工地基。

（一）天然地基

其指可直接放置桥梁基础的天然土层。

（二）人工地基

若天然土层强度不够，则在桥梁荷载作用下容易发生较大的变形；或者天然土层有其他不良工程地质问题，需要通过人工处理或加固之后才能修筑桥梁基础，这种地基称为人工地基。

二、基础分类

根据埋置深度，基础可分为浅基础和深基础。浅基础可分为刚性基础和柔性基础，深基础可分为桩基础、沉井基础、地下连续墙基础和组合基础等。桥梁结构最常见的两种基础形式如图 2-3 所示。

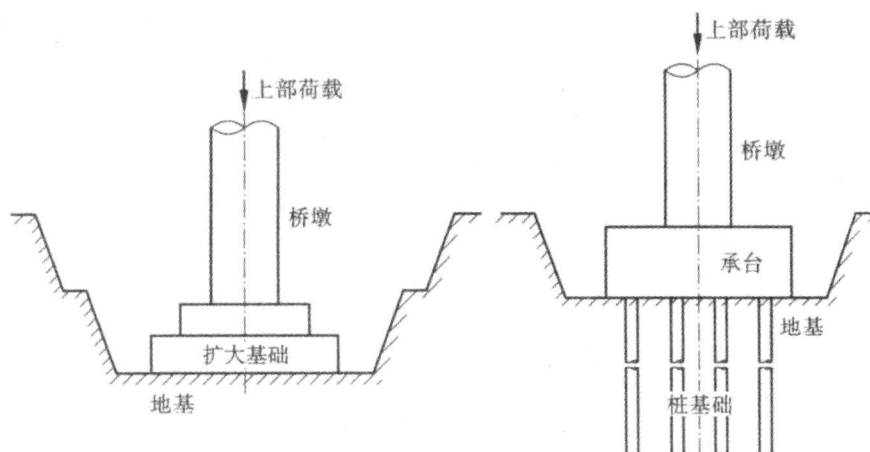

图2-3　桥梁结构最常见的两种基础形式

深基础的基本特征如下：

①由于浅层土质不良，需将基础埋置于土质良好的深层土中，因此施工较为复杂，施工难度较大。

②由于基础埋深较大，往往部分或全部基础将置于地下水位以下，成为深水基础。

③我国桥梁工程的基础绝大部分为深基础，基础形式主要是"承台＋桩基础"，特殊情况下采用沉井基础。

④桥梁深基础的结构主要是钢筋混凝土结构。

三、基础工程的重要性

基础工程的重要性表现在以下三个方面：

①基础工程属于隐蔽工程，如有缺陷难以发现，也难以弥补和修复。而这些缺陷往往直接影响着整个桥梁工程的正常使用，甚至安全。

②桥梁基础绝大部分为深基础，甚至是深水基础，施工难度大，经常控制了整个桥梁工程的施工进度。

③在复杂地质（包括深水）条件下，桥梁基础的施工成本非常高，经常在整个桥梁工程的造价中占据很高的比例。

第二节　浅基础

浅基础可直接将桥梁结构的荷载传递给地基,并且构造简单、受力明确、施工方便。在场地土质提供的承载能力允许和施工可行的条件下,浅基础是桥梁结构基础中应用较为广泛的基础形式。

浅基础施工的主要特点如下:

①埋置深度较浅（通常为数米以内）,施工比较简单。

②由于浅基础一般采用明挖法进行施工,故又称为明挖基础或明挖扩大基础。明挖基础最重要的特点是不需要桩基,只要地基承载力能够达到设计要求就可以进行基础的施工。

按照建筑材料和受力特点,浅基础可分为刚性基础和柔性基础两大类。

（1）刚性基础

刚性基础通常采用砖、石、灰土、混凝土等抗压强度大而抗弯、抗剪强度小的材料建造,因此适于建造在刚度较大、变形较小的地基之上。

刚性基础承受荷载后均匀沉降,不能扩散应力,因此基底反力的分布与作用于基础上荷载的分布几乎完全一致。

（2）柔性基础

柔性基础通常采用抗拉、抗压、抗弯、抗剪性能均较好的钢筋混凝土材料建造,适用于地基承载力较差、上部荷载较大、基础埋深较大的情况。

柔性基础抗弯刚度较小,可随地基的变形而变形。通常,柔性基础采用钢筋混凝土建造,在混凝土基础底部配置受力钢筋,利用钢筋耐拉的性质使得基础可以承受弯矩作用,因此柔性基础不受刚性角的限制。

一、浅基础的构造形式

（一）刚性扩大基础

由于地基强度一般较墩台强度低,因而需要将基础平面尺寸扩大,以适应地基强度的要求;同时,相对于地基而言,基础类似于一个强大的刚体,故常被称为刚性扩大基础。

作为刚性基础,其每边的最大尺寸应受其自身材料刚性角的限制。当基础较厚时,可以利用刚性角将基础做成阶梯状,这样既可减少基础的圬工量,又可发挥基础的承载作用。

刚性角是材料的一种性质。由于刚性角的存在，因此在设计基础时应当根据刚性角的限定范围将基础按照阶梯形状逐步放大，以便让放大的尺寸尽可能地与刚性角保持一致，所以基础的高度与底边宽度不得随意设定，在充分考虑材料刚性角的前提下进行基础的施工，既可以较好地扩散基底应力，又可以节省基础建造材料，刚性扩大基础及刚性角如图 2-4 所示，图中 α 为刚性角。

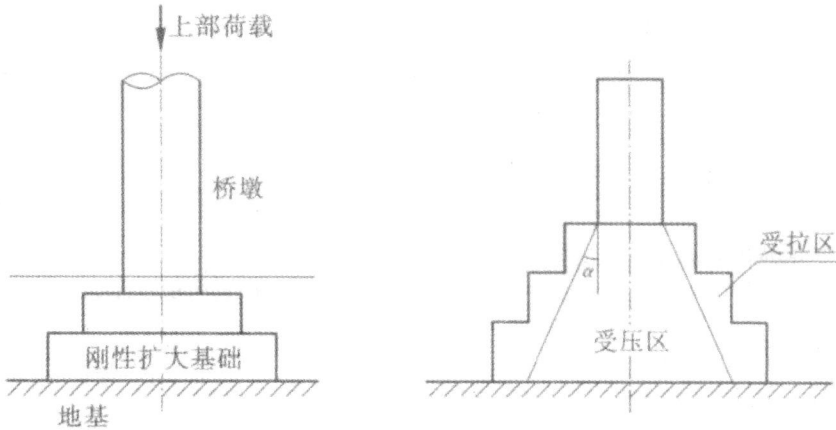

图2-4 刚性扩大基础及刚性角示意图

（二）单独基础和联合基础

单独基础是立柱式桥墩中常用的基础形式之一，它的纵、横剖面均可砌筑成台阶式。但当两个立柱式桥墩相距较近，每个单独基础为了适应地基强度的要求而必须扩大基础平面尺寸时，有可能导致相邻的单独基础在平面上相接甚至重叠，此时可将基础扩大部分连在一起，形成联合基础。

（三）条形基础

条形基础可分为墙下条形基础和柱下条形基础两种。墙下条形基础是挡土墙下或涵洞下基础的常用形式。其横剖面可以是矩形，也可以将一侧筑成台阶形。如果条形基础很长，为了避免沿长度方向因沉降不均匀而导致基础开裂，可将基础适当分段并设置沉降缝。有时为了增强立柱下基础的承载力，可将同一排若干立柱的基础联系起来，使之成为柱下条形基础。这种基础可以设计成刚性基础，也可以设计成柔性基础。

二、基础埋置深度的确定

确定基础的埋置深度是浅基础设计中很重要的步骤，这关系着桥梁结构的稳定及正常使用等问题。在确定基础的埋置深度时，必须综合考虑以下因素：①地基的地质条件；②河流的冲刷深度；③当地的冻土深度；④上部结构的形式；⑤保证持力层稳定所需的最小设置深度。同时，还要考虑现有的施工技术条件和造价等因素。

三、地基、基础验算

当基础埋置深度和构造尺寸确定以后，应根据荷载的最不利情况对地基和基础进行验算，以确保结构物的安全和正常使用。

地基、基础验算的主要内容包括：①地基承载力验算；②基底合力偏心距验算；③基础和地基稳定性验算；④基础沉降验算。

（一）地基承载力验算

地基承载力验算主要是验算地基允许承载力是否满足荷载要求。为此，应首先确定地基的允许承载力。除了须对持力层强度进行验算以外，还应特别注意持力层以下是否存在软弱下卧层。

（二）基底合力偏心距验算

桥墩、桥台基础设计时，必须控制基底合力偏心距，其目的是尽可能地使基底应力分布比较均匀、以免基底两侧应力分布相差悬殊，致使基底产生较大的不均匀沉降，从而导致桥墩、桥台倾斜，影响其正常使用。另外，当基底某一侧出现拉应力时会使基底应力重分布，从而使基底应力与设计值间出现较大偏差。

（三）基础和地基稳定性验算

基础和地基稳定性验算包括基础抗滑稳定性验算、基础抗倾覆稳定性验算及地基土抗滑稳定性验算。

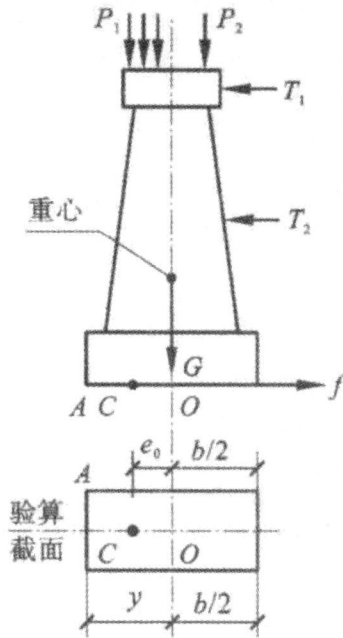

图2-5　稳定性计算图示

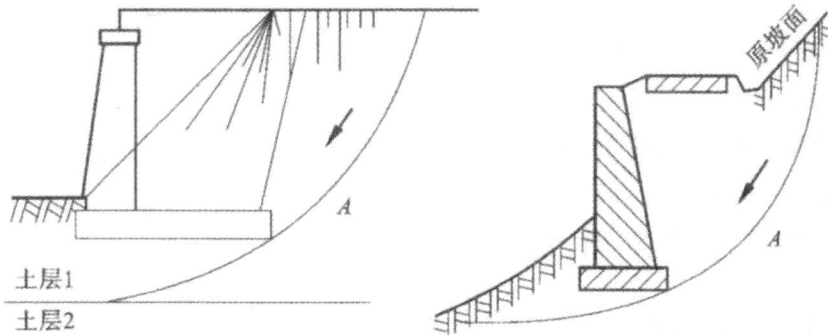

图2-6　地基土抗滑稳定性验算图示

1. 基础抗滑稳定性验算

基础抗滑稳定性验算是验算基础在水平推力作用下沿基础底面滑动的可能性，其本质上是计算基底与地基土之间的摩擦力，它是由基底与地基土之间的摩擦系数和基底以上结构的质量决定的。基础抗滑稳定性是用抗滑稳定系数 K_c 来表示的，K_c 就是摩阻力 f 与水平推力 $\sum T$ 的比值，即 $K_c = \dfrac{f}{\sum T}$（图2-5）。

2. 基础抗倾覆稳定性验算

基础抗倾覆稳定性与基底合力偏心距 e_0 及基底截面重心到截面边缘之间的距离 y

有密切关系。基底合力偏心距越大，则基础抗倾覆的安全储备就越小，通常将 y 与 e_0 的比值称为抗倾覆稳定系数 K_0（图 2-5）。

3. 地基土抗滑稳定性验算

当面临如下情况时，地基在外力作用下可能沿滑移面滑动：①墩台位于软土地基上；②地基下方不太深的地方存在软弱土层；③基础位于土质斜坡上，这时，可采用滑坡分析中的圆弧法对地基土的抗滑稳定性进行验算，如图 2-6 所示。

（四）基础沉降验算

基础沉降主要是在竖向荷载的作用下，由基础下方的土层被压缩变形引起的。如果沉降量过大，势必影响结构的正常使用，甚至危及结构的安全。

基础沉降验算的内容包括最终沉降量、相邻基础的沉降差验算。

（五）柔性基础的计算要点

柔性基础一般为在软土地基上的柱下条形基础。当有外荷载作用时，对于柔性基础的内力分析，应考虑上部结构、基础和地基的协调变形。此时，应采用弹性地基梁或厚板的分析方法，以此精确求得基础的内力，进而完成柔性基础的设计。但由于这种方法比较繁琐，因此设计中常用简化方法进行计算，倒梁法便是其中一种常用的简化计算方法。

所谓倒梁法，就是将柱下条形基础假设为以柱脚为固定铰支座的倒置连续梁，以线性分布的基底净反力作为初始荷载，基础按倒置的多跨连续梁计算内力。显然，倒梁法特别适合刚性柱体系下条形弹性基础的内力分析。实践表明，应用倒梁法时柱间距不宜过大，并应尽量等间距排列，若地基比较均匀，基础或柱结构刚度较大且条形基础高度大于 1/6 的柱距，则倒梁法的计算结果更可靠。

四、浅基础施工

浅基础都是采用基坑开挖的方式进行施工的，基坑开挖环境主要有两种：①陆地上基坑开挖；②水中基坑开挖。

在陆地上开挖基坑时，根据开挖的深度和地下水位的高低，可以将开挖施工划分为四种状态：①浅基坑无水开挖；②深基坑无水开挖；③浅基坑渗水开挖；④深基坑渗水开挖。针对上述四种开挖状态，产生了很多开挖工艺。这里应注意，此处的深基坑是相对概念，其仍然属于浅基础的范畴。

在水中进行浅基础开挖时，通常可采用钢板桩围堰或土石围堰作为基坑开挖的防护手段。

（一）陆地上基坑开挖

1. 浅基坑无水开挖

显然，浅基坑无水开挖属于陆地深水位地层中的开挖。由于基坑浅而水位深，开挖是在无水或渗水很小的情况下进行的，基坑壁的稳定性不受水的影响，因此基坑开挖比较简单，通常不需要考虑护壁。坑壁形态可根据土质情况灵活选择，可选择竖直状、斜坡状、阶梯状，如图 2-7 所示。

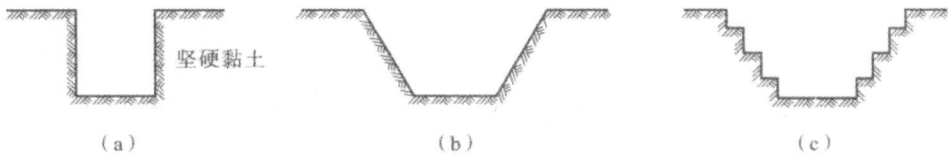

图2-7 浅基坑无水开挖坑壁形态示意图

2. 深基坑无水开挖

首先，地下水位于基坑底面以下，虽基坑开挖较深，但坑内渗水较少，通常在坑底设置几个集水坑抽水即可。基坑壁的稳定性基本不受水的影响，主要由土层性质控制。此时，若条件允许，可以采用坑壁放坡或修筑台阶的方式进行开挖；若条件不允许全方位大尺度扩口，则应当采取适当的护壁措施进行开挖，以防止坑壁发生坍塌。通常采用的护壁措施有插打钢板桩围堰、钢轨、木桩，也可以采用挂网喷射混凝土、地下连续墙、钻孔搅拌桩连续墙等防护措施。

3. 浅基坑渗水开挖

有些浅基础虽然基坑开挖不深，但因处在水中而无法正常开挖；或者基坑位于地下水位很浅的陆地上，开挖后渗水严重，甚至出现涌水。针对上述两种情况，如不消除水的影响，基坑开挖将难以开展。目前可采用的排水方法主要有以下三种：①降水井抽水排水法；②钢板桩围堰封闭排水法；③地下连续墙封闭排水法。其中，方法①适用于陆地高水位环境；方法②既适用于水中基坑开挖，又适用于陆地高水位环境；方法③适用于陆地高水位环境。在水中环境和陆地高水位环境中，采用集水坑抽水排水的方法是难以奏效的。

4. 深基坑渗水开挖

在水中开挖深基坑是浅基础施工中难度最大的。根据长期的工程实践经验，利用钢板桩围堰封闭开挖空间，使之与外围水源隔绝，在无渗水、无坑壁坍塌的环境中进行水中深基坑的开挖是值得推荐的方法。

（二）水中基坑开挖

1. 钢板桩围堰

钢板桩围堰适用于在较深的水中进行深基坑开挖时的防护。钢板桩围堰一般适用于砂土、碎石土和半干硬性黏土。钢板桩的特点是自身强度高，刚度大，抗插打能力强，在土层中有很强的穿透能力。

钢板桩之间以锁口扣接。扣接后既加强了钢板桩的整体刚度，扣接处又具有很好的抗渗性能。

在深水处可采用双层钢板桩围堰，层间可填黏土。这一方面可增强围堰的抗侧压能力，另一方面可增强围堰的抗渗水能力。在基坑开挖过程中，暴露出来的钢板桩悬臂过长时，可在围堰内增设水平横向支撑，以增加钢板桩的侧向抗弯刚度，从而适应较深的基坑开挖支护。

采用钢板桩围堰支护方式以后，基坑开挖过程始终是在钢板桩支护下进行的。当基础施工完成后，钢板桩还可以回收。

2. 土石围堰

在水流较浅（2 m 以下）、流速缓慢、渗水量较小的河床中修建浅基础时，可以采用堆积土石袋填筑黏性土芯墙来构筑土石围堰。利用土石围堰隔离河水，围出基坑开挖的空间，然后进行基坑开挖和浅基础施工。土石围堰的芯墙宜采用黏性土填筑；当缺少黏性土时，也可用砂土类填筑。为了增强芯墙的防渗能力，应加大堰身芯墙的填筑厚度，以加长渗流的路径，增加渗流阻力。

第三节　桩基础

随着桥梁跨径的增大，桥梁荷载的不断增加，对于基础承载能力的要求越来越高，基础的承载能力来自基础下方地基的支撑，但由于各种条件的限制（包括基础底面的面积、基础建造材料的力学性能、持力层的埋深程度以及土层自身的力学性能等），桥梁基础必须从更深、更厚的持力层中获取支撑力，从而促使了桩基础的出现。因此，桩基础属于深基础中的一个类型。

桩基础是由基桩和桩顶承台共同组成的一种基础形式。若桩身全部埋于土中，承台底面与地基接触，则称为低承台桩基础；若承台底面位于地面以上而桩身上部露出地面，则称为高承台桩基础。桥梁结构大多采用低承台桩基础，特殊情况下（如跨海大桥）会用到高承台桩基础。按照其受力原理，基桩大致可分为摩擦桩和端承桩（也称为柱桩）。

①摩擦桩的受力原理：利用基桩周围地层与基桩的摩擦力来支撑上部结构的质量。通常情况下，当地层中缺少坚硬地层或坚硬地层埋深较深时，适于采用摩擦桩。

②端承桩的受力原理：该原理是使基桩底部置于坚硬地层（如岩层）上，利用坚硬地层和基桩的承压能力来支撑上部结构的质量。

一、摩擦桩的施工

摩擦桩依靠基桩与周围土层间的摩擦产生支撑上部结构质量的摩擦力，所以摩擦桩不仅要与四周土体紧密接触，还应该有足够大的接触面积，只有这样才能够获得足够大的摩擦力。

紧密接触意味着摩擦桩的施工应尽可能减少对桩体周围土层的扰动，而且桩的尺寸必须与桩孔尺寸完全吻合。满足这种条件的施工方法有将预制桩体打入地层内，或者在地层中钻孔，然后浇筑混凝土利用第一种施工方法的基桩称为打入桩，利用第二种施工方法的基桩称为钻孔桩。

由于摩擦力的大小与接触面积成正比，为了让桩体获得足够大的摩擦力以支撑上部结构的质量，因此必然要求桩与土层之间有足够大的接触面积，这意味着桩体应该有足够的长度。所以，通常情况下摩擦桩都比较长，深入到了很深的土层之中，这也会给施工造成很多困难。

采用群桩将大大提高桩基础与地基间的接触面积，从而大大提高地基对基础的支撑力度，进而可大大提高桥梁基础的承载能力。群桩如图 2-8 所示。

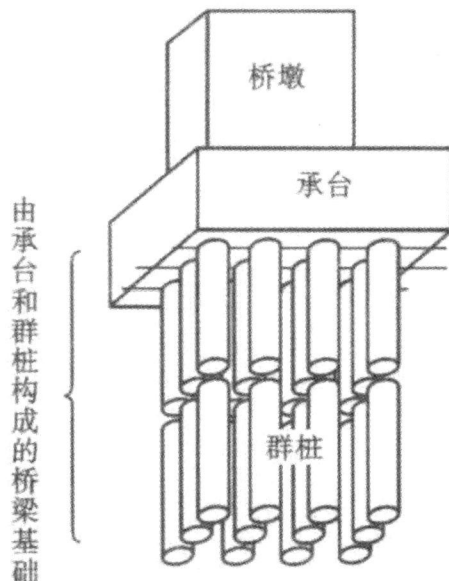

图2-8 群桩

（一）打入桩

打入桩是依靠专用设备将预制钢筋混凝土桩或预应力混凝土管桩强行打入土层之中的一种基础形式。

受自身强度和打入设备所限，预制钢筋混凝土桩的单桩承载能力较低；如果有接桩，则接头容易在打入过程中成为折断点，而且桩顶在打入过程中易破碎。由于存在上述种种缺陷，预制钢筋混凝土桩已基本被弃用，取而代之的是更先进的预应力混凝土管桩，通常人们也将其简称为管桩。由管桩构成的基础称为管桩基础。

预应力混凝土管桩的生产采用工厂化先张预应力混凝土离心成形工艺。其产品种类多，强度高，能够适应多种施工环境。可以说，预应力混凝土管桩体现了当代混凝土技术的进步与混凝土制品的高新工艺水平。

由于预应力混凝土管桩具有优良的插打性能、稳定的承载能力及显著的经济效益，因而越来越被重视，应用范围越来越广泛。

预应力混凝土管桩的沉桩施工方法主要有锤击沉桩法、振动沉桩法、射水沉桩法及静力压桩法。

预应力混凝土管桩基础具有以下优点：

①单桩承载能力高；

②应用范围广；

③对持力层起伏较大的地质环境适应性强；

④实现单桩承载能力的成本低；

⑤运输吊装方便，接桩快捷；

⑥成桩长度不受施工机械的限制；

⑦施工速度快，效率高，工期短。

1. 锤击沉桩法

导杆式柴油锤是锤击沉桩法中应用最为广泛的一种桩锤，它以轻质柴油为燃料。锤头落下时点燃油料使压缩空气发生爆炸，对桩帽产生冲击力，同时驱动锤头上跳，当锤头再次落下时，既可冲击桩帽，又可同时引燃油料并引爆压缩空气。如此反复，完成打桩。

2. 静压沉桩法

抱夹式液压静力压桩机（简称抱压桩机）主要以桩机自身的质量加配重作为反作用力来克服压桩过程中的桩侧摩阻力和桩端阻力。压桩机的设计压力已经达到了6000 ~ 12000 kN（即为 6 ~ 12 t）。

（二）钻孔桩

钻孔桩是利用各种钻孔设备在设计桩位就地钻成一定直径和深度的孔井，在孔井内放入钢筋笼，然后灌注混凝土所形成的桩基础，因此也称为钻孔灌注桩。

我国桥梁工程中，钻孔桩基础的应用始于 20 世纪中期，随着钻孔技术和钻孔工艺的不断成熟与完善以及钻孔设备的不断发展，钻孔直径由初期的 0.25 m 发展到目前的 4.0 m 以上，成桩长度也由初期的几米、十几米发展到现在的几十米，甚至上百米。

与管桩相比，钻孔桩有很多优点，比如造价低、节省钢材、施工设备简单、不需要在桩体内施加预应力、操作方便、适用于各种黏性土和砂性土、也适用于含砾石较多的土层及岩层。但是，钻孔桩也存在以下缺点：①在钻孔过程中，容易发生孔壁坍塌、卡钻、掉钻；②当护壁泥浆处理不当时易造成环境污染等；③在混凝土灌注过程中容易发生缩径、断桩等；④在遇到流砂地层或者有承压水的地层时，孔壁极易坍塌，成孔难度较大。

钻孔桩施工应根据土质情况、桩径大小、入土深度和机具设备等条件选用适当的钻机设备和钻孔方法，以保证能顺利达到预定的孔深，然后清孔，吊放钢筋笼，灌注水下混凝土。

钻孔桩施工时，必须首先对场地的工程地质条件和水文地质情况有充分的了解。除应仔细阅读场地工程地质报告外，对场地工程地质不清楚的方面还应进行施工前的钻探勘察。

钻孔桩施工过程中应关注以下施工流程及施工要点。

1. 埋设护筒

护筒的作用：①固定桩位；②引导钻头；③保护孔口，防止孔口土层坍塌；④隔离孔内外表层水；⑤保持孔内水位高出地下水位，增加孔内静水压力，稳定孔壁，防止坍孔。

护筒一般采用钢材料制成，要求坚固耐用，可以反复使用且不漏水，其内径应比钻孔直径稍大。护筒长度应根据场地表层土的性质来确定：如果是黏性土，护筒长度取 2 m 即可；如果是容易坍塌的砂性土，则应当采用长护筒，护筒长度应穿过砂土层。

2. 制备泥浆

泥浆在钻孔过程中的作用主要有以下几点：①在孔壁内侧产生较大的静水压力，防止孔壁坍塌；②因泥浆的静水压力较大，泥浆可以渗进孔壁土层表面，使孔壁形成胶状泥层，从而起到护壁作用；③孔壁胶状泥层可以隔断钻孔内外水的交换，稳定孔内水位上升；④泥浆具有较大的比重，具有浮渣作用，有利于钻孔过程中的排渣。

3. 钻孔

目前，我国经常使用的钻孔设备有旋转钻、冲击钻、旋挖钻。

（1）旋转钻

旋转钻利用钻具的旋转切割土体钻进，在钻进的同时常采用循坏泥浆护壁与排渣，最终钻进成孔。

我国现用的旋转钻按泥浆的循环程序分为正循环钻机与反循环钻机两种，其具体作业原理可以通过图2-9来理解，一般情况下，反循环钻机的钻进与出渣效率要高一些。

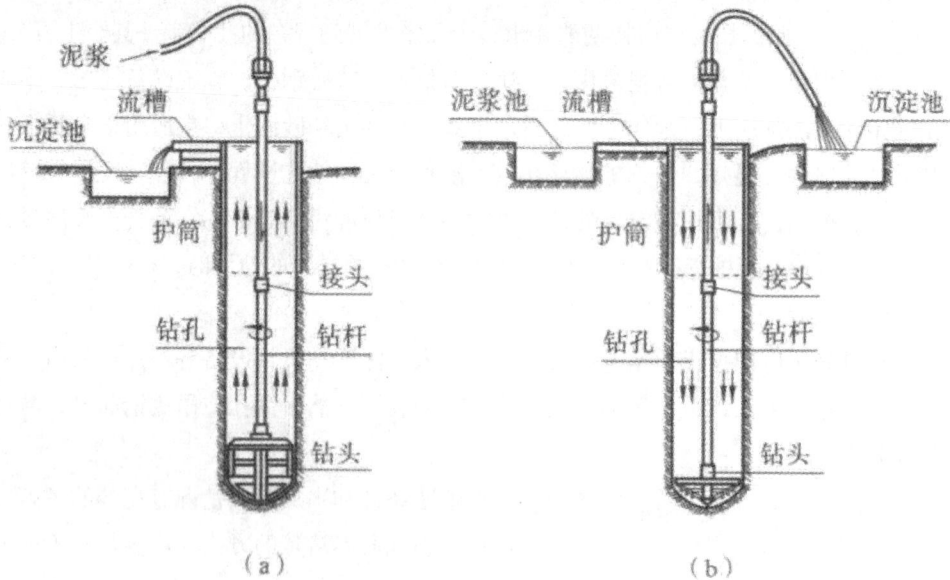

图2-9 正循环钻机和反循环钻机钻孔作业示意图

（2）冲击钻

冲击钻的钻头为质量较大的钻锥。在钻孔过程中，卷扬机不断将钻锥提起，然后让其自由坠落，利用钻锥落下时的冲击力将土层中的泥砂、石块打成碎渣，然后使碎渣随泥浆的流动排出孔外，最终冲击成孔。

（3）旋挖钻

旋挖钻是一种适用于基础工程中成孔作业的施工设备。其广泛用于市政工程、桥梁工程、高层建筑物等基础工程的施工。配合不同的钻具，其可适应干式（短螺旋）、湿式（回转斗）及岩层（岩心钻）的成孔作业。旋挖钻具有装机功率大，输出转矩大，轴向压力大，机动灵活，施工效率高及功能多的特点，目前旋挖钻已被广泛推广并用于各种钻孔桩的施工中。

旋挖成孔时，首先通过底部带有进土孔的桶式钻头的回转来破碎岩土，然后将破碎后的岩土压入钻头桶内，最后由钻孔机提升装置和伸缩式钻杆将钻头提出孔外，卸除桶内岩土。如此循环往复，不断地取土和卸土，直至钻至设计深度。

对于黏结性好的岩土层，可采用干式或清水钻进工艺，无须泥浆护壁；对于松散易坍塌的地层或有地下水分布、孔壁不稳定的地层，则必须采用静态泥浆护壁的钻进工艺方可确保成孔。

4. 清孔，放置钢筋笼

清孔的目的是清除孔底沉淀的钻渣，使沉渣的厚度满足规范的要求，以保证灌注的混凝土与持力层之间无夹层。清孔既可以减小对单桩承载力的影响，又可以避免基桩发生过大的沉降。清孔一般需做两次，第一次是在孔底标高达到设计值后、安装钢筋笼之前，第二次是在钢筋笼安装到位后、灌注混凝土之前。第一次清孔完成后应检查钢筋笼的加工质量，并及时吊装和安放钢筋笼，以避免因延时过长而引起坍孔或沉渣厚度过大。钢筋笼安放完成后需再次清孔，达到要求后方可灌注水下混凝土。

5. 灌注水下混凝土

灌注水下混凝土是形成钻孔桩的最后一道工序，也是非常重要的一道工序。混凝土的灌注质量将直接影响钻孔桩的承载力，灌注质量不好时甚至会造成废桩。灌注水下混凝土时应注意以下几点：

①为保证水下混凝土的质量，设计混凝土配合比时，应在设计强度的基础上提高 15%。如果桩的设计强度为 C25，则其生产配合比应达到 C30，坍落度宜为 180 ~ 220 mm，以保证混凝土具有良好的和易性和流动性，避免灌桩过程中发生断桩。

②首批灌注的混凝土数量应保证将导管内和孔底泥浆全部压出，并保证导管端部埋入孔底混凝土内的深度为 1 ~ 1.5 m。良好的灌注过程应该使得首批灌注的混凝土始终被后续灌注的混凝土托浮在顶面，最终成为桩头混凝土的主要部分而被凿除。

③混凝土的灌注过程应保持连续。灌注过程中应经常测量混凝土的灌注标高和导管埋深。记录混凝土的灌注数量，通过提升导管保证其埋入深度始终为 4 ~ 6 m，避免因埋深过大导致管口压力超过灌注压力，使得导管内混凝土无法压出而孔内混凝土不能顶升，甚至导致导管无法提升，从而造成废桩。

正常提升导管时，应防止因提速过快而造成柱身混凝土夹泥或断桩。

④灌注混凝土最终的顶面标高应在设计桩顶标高的基础上预加一定的高度（翻浆高度），预加高度的部分称为桩头。桩头范围内的浮浆和混凝土应凿除，以保证桩顶混凝土的质量。

桩头凿除后，留下的钢筋作为与承台连接的接荐钢筋。接荐钢筋的长度不得小于1 m。

二、钻孔桩的质量标准

（一）钻孔桩成孔的质量标准

钻孔桩在终孔和清孔后，应使用仪器对成孔的孔位、孔深、孔形、孔径、竖直度、泥浆相对密度、孔底沉渣厚度等指标进行检测，检测标准应符合《公路桥涵施工技术规范》（JTG/T 3650—2020）、《铁路桥涵工程施工质量验收标准》（TB 10415—2018）或《高速铁路桥涵工程施工质量验收标准》（TB 10752—2018）的要求。

验收标准是工程建设各方（业主、设计方、施工方、监理方）对钻孔桩的成孔质量进行评判的共同标准，必须掌握。

（二）钻孔桩水下混凝土的质量标准

钻孔桩水下混凝土的质量标准如下：

①桩身混凝土强度符合设计要求。

②桩身无断层或夹层。

③桩底不高于设计标高，桩底沉渣厚度不大于质量验收标准的规定。

④凿除桩头后，无残余松散层和薄弱混凝土层。

⑤需嵌入承台内接茬钢筋的长度应符合要求。

第四节　沉井基础

沉井基础是桥梁工程施工中经常用到的基础形式，因沉井在最初制作时无底无盖，形似筒状，故又称为井筒。

沉井通常采用钢材、混凝土或钢筋混凝土制成，具有强度高、质量大、外形庞大、容易下沉的特点。当采用合适的方式将其沉降到稳定地层中时，沉井将因其稳定的状态和较大的支撑截面为建造在其顶面上的结构物提供强大而稳定的支撑。因此，在软土沉积很厚的地方常选择沉井作为桥墩基础。

沉井主要由井壁、刃脚和隔墙等组成。沉井既是基础结构的组成部分，又在下沉过程中起着挡土和挡水的围护作用，不需再另设坑壁支护结构，施工工艺简单，技术稳妥可靠，不需特殊的专业设备。此外，其可做成补偿性基础，既节省了材料又简化了施工，因而在深基础或地下结构中被广泛应用。

一、沉井的类型

（一）按平面外形分类

按照平面外形分类，沉井可分为圆形沉井、矩形沉井和圆端形沉井，如图2-10所示。

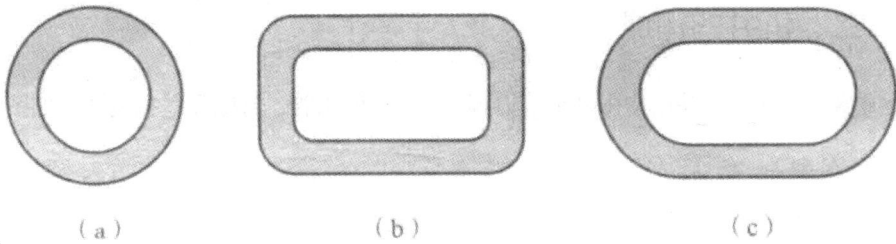

图2-10　沉井按平面外形分类

（a）圆形沉井；（b）矩形沉井；（c）圆端形沉井

1. 圆形沉井

圆形沉井易控制下沉方向，取土方便，在水压力作用下井壁只承受环向压力。

2. 矩形沉井

矩形沉井制造简单，基础受力有利。其四角一般做成圆角，以减小井壁的摩阻力和取土清底的困难。但其阻水面积大，易造成严重冲刷，井壁承受的挠曲弯矩较大。

3. 圆端形沉井

圆端形沉井介于上述两者之间，在控制下沉、受力状态、阻水冲刷方面较矩形沉井有利，但制造相对复杂。

（二）按仓室分布分类

当沉井平面尺寸较大时，往往根据井壁侧向承受的弯矩、施工要求及上部结构的需要，在沉井中设置隔墙，将沉井平面分成多格，沉井内部空间被分成多个仓室。按照仓室的分布，沉井可分为圆形单仓沉井和矩形三仓沉井，如图 2-11 所示。

（a）圆形单仓沉井；（b）矩形三仓沉井

图2-11　沉井按仓室分布分类

二、沉井的构成

通常情况下，沉井结构由井壁、刃脚、隔墙、射水管、封底和盖板构成，如图2-12所示。

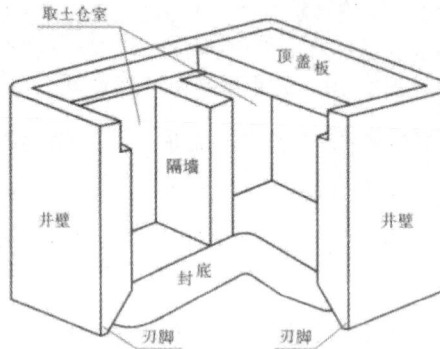

图2-12　沉井的构成

（一）井壁

井壁是沉井的主体部分。在沉井下沉过程中，井壁具有挡土、挡水的作用，同时是沉井下沉入岩时自重荷载的主体部分；当沉井下沉到位后，井壁是将上部荷载向地基传递的主体部分，因此，井壁必须具有足够的强度和一定的厚度。

（二）刃脚

井壁最下端首先入岩的楔状部分称为刃脚。刃脚的作用是通过缩小沉井的下切面积，增大下切强度，使沉井更易切入土体。

刃脚底部的宽度一般为 0.1 ~ 0.2 m，软土可适当放宽。当下沉深度大且土质较硬时，刃脚底面应采用型钢或槽钢加固，以防刃脚破坏。

（三）隔墙

当沉井平面尺寸较大时，应在沉井内设置隔墙，将沉井分隔成多个仓室，以加强沉井的刚度，减小井壁的挠曲。应注意的是，在进行隔墙设计时，应使隔墙底面标高高于刃脚底面标高。

（四）射水管

当沉井下沉尺度大、穿越的土层土质较好时，其在下沉过程中有可能遇到困难。此时应预先在井壁中埋置射水管，借助射水的帮助提高沉井下沉的速率。

（五）封底和盖板

当沉井下沉至设计标高且清基完成后，应浇筑封底混凝土以阻止渗水。若沉井中无填料，应在沉井顶部设置盖板，从而起到上下连接的作用。

三、沉井施工方法

（一）陆地上沉井施工方法

陆地上的沉井采用在墩台位置处就地制造，然后取土下沉的施工方法。因这种施工方法是在原地制作的，故不需大型设备，且施工方便，成本低。

通常情况下，沉井比较高，故可以分段制造、分段下沉。其中，第一节沉井的制作和下沉尤为重要。

1. 第一节沉井的制作

第一节沉井应建造在较好的土质上。当土质强度不能满足第一节沉井制作的质量要求时，可对地基进行处理或减小沉井节段的高度。由于沉井自重较大，刃脚底部窄，应力集中，所以应在沉井刃脚下对称的位置铺垫枕木，再立模、绑扎钢筋，浇筑第一节沉井混凝土。下沉时，应按顺序对称地抽出枕木，以防止沉井出现倾斜和开裂。

2. 沉井下沉

在沉井仓室内不断取土可使沉井下沉。下沉方法可分为排水下沉和不排水下沉两种，两种方法对沉井下沉过程中井壁外侧的摩擦力有较大影响。

对于水位以上部分或渗水量小的土层，可采取人工和机械挖土；当井内水位上升时，可采用抓土斗或水力吸泥机取土，待沉井顶面高出地面 1 ~ 2 m 时应停止挖土，接高沉井。

3. 封底，填充填料及浇筑盖板

封底之前应对基底进行检验和处理，一般情况下采用不排水封底，封底厚度应满足沉井底部不渗水的要求。封底施工完毕后再填充填料，浇筑盖板。

（二）水中沉井施工方法

水中沉井可采用筑岛法和预制浮运下沉两种方法进行施工。

1. 筑岛法

当水浅且流速不大时，可在墩台的设计位置用土石料人工筑岛，并在岛的四周以砂石袋堆码围护；当水流速较大或水位变化大时，可采用钢板桩围堰等方式防护。筑岛完成后，采用陆地上沉井的施工方法进行沉井施工。

2. 预制浮运下沉

当水很深、流速很大时，采用筑岛法难以实施，且成本太高或风险太大。此时，沉井可以在工厂内或预制场地内分段制造，然后用浮吊分段运输，就位后分段拼接下沉。

第三章　公路桥梁上部结构施工技术

第一节　混凝土简支梁施工技术

一、箱梁预制

1. 风险分析

（1）由于选址前考虑风险因素不全面或量测不准确，出现制、存梁台座地基承载力不足，周边排水系统不畅，导致地基下沉，影响施工安全。

（2）施工技术人员疏忽大意，制梁模板安装支撑、连接不牢，导致箱梁发生倾覆。

（3）施工人员在施工过程中未按规定在预应力张拉时设防护屏障，导致锚具飞出砸伤作业人员，造成物体打击伤害。

（4）张拉钢筋时使用有裂伤的工具和锚具，可能导致锚具裂块飞出伤人，造成机械伤害。

（5）钢绞线开盘后未设置明显防护，导致钢绞线弹出伤人，钢绞线在下料操作时防护不当，造成机械伤害。

（6）起重机起吊钢筋骨架时，指挥不统一，可能导致骨架坠落砸伤工作人员，造成物体打击伤害。

（7）起吊钢筋骨架时，吊点焊接不牢、起吊绳索强度未能满足起吊要求，可能导致钢筋骨架坠落，造成物体打击伤害。

（8）钢模板翼模外侧空间很小，未设置人行道、栏杆等防护措施，可能导致作业人员坠落。

2. 风险控制重点

在预应力混凝土简支箱梁预制过程中，须重点防范物体打击伤害、高处坠落伤害、机械打击伤害等。

（1）起吊钢筋骨架时，确保指挥统一，以防骨架坠落发生物体打击伤害。

（2）起吊钢筋骨架时，保证焊接质量，以防骨架坠落发生物体打击伤害。

（3）钢绞线开盘后应做好防护屏障，以防钢绞线弹出伤人，发生机械伤害。

（4）钢模板翼模外侧应设置人行道等防护措施，以防高空作业人员坠落。

3. 风险控制技术

（1）选择台座地基时应保证制、存梁台座地基有足够的承载力，必要时应进行地基加固处理。并且台座应有足够的强度、刚度和稳定性，保证梁体不致损坏。

（2）制、存梁台座四周应设有良好的排水系统，确保积水能顺利排出，防止积水浸泡台座发生不均匀沉降或冻胀。

（3）在起吊钢筋骨架前，吊点周围用架立钢筋加强，梁端部底腹板钢筋、顶板钢筋接触网支柱预埋件等部位及钢筋交叉处均应采用点焊加强，保证吊点的强度、刚度。起吊前派专人检查吊点铁链、钢丝绳是否满足起吊要求。

（4）采用两台起重机同时起吊钢筋骨架时，应由一名技术人员统一指挥，确保同步起落和横移，使两台起重机各自分担的起重量不超过其容许的负荷能力，保证起重机安全工作。

（5）钢模板翼模外侧应适当加宽，用于布置人行道和栏杆；两端应设供施工人员上下的扶梯，确保作业人员不致坠落。

（6）混凝土浇筑过程中，应安排负责人经常检查模板，发现螺栓和支撑松动时，及时紧固，防止倾覆。

（7）端模和侧模拆除过程中，应将已拆下的模板支撑固定好，防止模板倒塌伤人。

（8）钢绞线在开盘后应检查其外观，及时纠正钢绞线乱盘和扭结，防止钢绞线弹出伤人。钢绞线下料时应由技术人员使用砂轮机切割，并配置专门防护架，防止下料过程中钢绞线紊乱弹出伤人。

（9）张拉应设置张拉专用工作平台并由施工、技术人员进行张拉，平台应有防护屏障，防止钢筋弹出伤人。

（10）张拉区域应设置明显的警示标志，防止非工作人员进入，避免张拉钢筋弹出伤人。

（11）张拉中使用的工具和锚具，在使用前技术人员应对其进行外观检验和探伤检测，已有裂伤者杜绝使用，保证人员安全。

（12）张拉预应力时，应采取防护网、防护墙等安全防护措施，操作人员应站在千斤顶的两侧，防止钢筋弹出伤人。

（13）在箱梁预制施工作业中，管理人员应组织负责人对全程制梁作业进行检查，并认真填写检查记录表。对检查中发现的不符合规定的情况，应签发安全检查整改通知单，限期整改，并跟踪验证，直至合格为止。

二、箱梁移动、存放

1. 风险分析

（1）后张梁在初张拉后移梁时，梁上堆放其他重物，可能导致梁体因受力过大而产生变形。

（2）箱梁进行吊装移动中，各吊点受力不均衡，可能导致梁体坠落砸伤工作人员造成物体打击伤害。

（3）移梁设备的走行道路地基承载力不足，坡度、曲线半径等不能满足移梁设备的走行需求，可能导致设备倾覆，砸伤作业人员。

（4）在大雪、大雨、大雾或风力超过6级时进行施工作业，可能导致作业人员从高处坠落或梁体坠落砸伤作业人员，造成物体打击伤害。

（5）作业结束后未将起吊重物卸下，可能导致重物坠落砸伤作业人员，造成物体打击伤害。

（6）双层存梁时，下层梁未完成终张拉，可能导致下层箱梁产生变形。

2. 风险控制重点

在箱梁移动、存放过程中，须重点防范物体打击伤害、高处坠落伤害等。

（1）在箱梁进行吊装移动中，确保各吊点受力均衡，以防箱梁坠落砸伤作业人员，发生物体打击伤害。

（2）移梁作业结束后应将起吊重物卸下，以防重物坠落砸伤作业人员。

（3）在大雪、大雨、大雾或风力超过6级时应停止施工作业，以防作业人员从高处坠落。

3. 风险控制技术

（1）箱梁的吊点位置和运输支点的位置应符合设计要求。吊装过程中应采用整体提升装置，保证各吊点受力均衡，防止梁体倾斜、坠落。

（2）后张梁在初张拉后移梁时，梁上严禁堆放其他重物。终张拉后的装车吊运必须在管道压浆达到规定强度后进行，防止损坏管道。

（3）移梁设备的走行道路（轨道）应由专业技术人员进行专门的设计、检算，对不能满足承载力要求的地基进行加固处理，保证地基的强度满足设备的走行需要。走行道路（轨道）的宽度、平整度、坡度、曲线半径等应符合移梁设备性能要求。走行道路（轨道）应经常检查维护。

（4）大雨、大雪、大雾或风力超过6级，气温低于设计容许范围时，搬（提）梁机应停止作业，在此恶劣环境下工作极易发生危险。台风来临或风力达到10级以上时，应将搬（提）梁机可靠锚碇，确保搬（提）梁机的稳定性。

（5）停止作业时，应将起吊物卸下，防止吊物下落砸伤作业人员。吊钩应升至规定高度。大、小车停到规定位置，并锚碇运行机构。制动器要保持在工作状态，操纵杆放在空挡，防止人员误操作。关闭所有操作按钮并切断电源，锁住所有操作室及电控柜，并关门上锁。

（6）双层存梁时，确保下层箱梁已完成终张拉，防止箱梁因压力作用而产生变形。

（7）场内移梁和箱梁存放施工作业应派专项负责人进行检查，并认真填写检查记录表。对检查中发现的不符合规定的情况，应签发安全检查整改通知单，限期整改，并跟踪验证直至合格。

三、箱梁运架

1. 风险分析

（1）运架设备通过的便道、桥涵、路基承载力不足且无加固措施，导致运架设备损坏影响施工进度。

（2）由于起重机技术人员指挥不统一或指挥出现误差，在两台起重机起吊重物时，起落和横移不同步，极可能导致重物坠落，危害人身安全。

（3）起落梁时，施工技术人员放置千斤顶的位置不符合设计要求，起落不同步，导致梁体坠落危及人身安全。

（4）架梁作业无防风措施，雨季施工无防雷击措施，冬季施工无防滑措施，可能导致梁体坠落或作业人员坠落。

（5）技术人员未严格按照规定在跨越公路、河道施工时设置防护措施，导致施工掉落物危害车辆或作业人员坠落。

（6）由于管理人员对现场管理不严格或出现漏洞，产生施工现场违章用电等危险因素，造成人员触电伤害。

（7）由于管理人员管理审查不严格，使高处作业人员不按规定佩戴劳动防护用品、酒后或疲劳作业，导致作业人员自身生命安全受到威胁。

2. 风险控制重点

在预应力混凝土简支箱梁运架过程中，须重点防范物体打击伤害、雷击伤害、触电伤害、高处坠落伤害。

（1）起落梁作业时，应确保起落、横移同步，防止梁体坠落砸伤作业人员。

（2）架梁作业时，应做好防雷、防风等工作，以防人员受到雷击高处坠落等伤害。

（3）在跨越公路、河道架梁时，应做好防护屏障，防止作业人员发生高处坠落、淹溺伤害。

（4）施工现场用电作业时，应严格遵守用电规章制度，防止作业人员触电。

（5）高处作业人员应佩戴劳动防护用品，不得酒后或疲劳作业，防止作业人员从高处坠落。

3. 风险控制技术

（1）运架设备通过的便道在使用前应进行专门的勘察设计，通过的桥涵、路基特别是高填方及桥头路基，其承载力经检算合格后方可通过，必要时应采取加强措施，防止因地基承载力不够而损坏运架设备。

（2）运梁前，应派专人负责对运梁车经过的道路和已架桥梁进行检查，确定运输线路上无障碍物，用白线划出运梁通道上的中心线及边线，运梁车必须严格按照规定路线行驶，防止运梁车冲出车道发生车辆伤害事故。

（3）运梁路面遇有冰雪或湿滑时，应清除冰雪或采取防滑措施，防止车辆侧翻。

（4）运梁车重载运行时应匀速前进，避免突然加速或急刹车，走行速度必须严格控制在 5 km/h 以内，运梁车通过弯曲、坡道地段，运行速度应控制在 3 km/h 以内，防止运梁车翻车。

（5）施工现场风力超过 6 级时应停止装、运梁作业，避免因风力过大使梁体坠落砸伤作业人员。

（6）所有运、架梁作业人员均应经过安全培训，熟悉运、架梁工艺过程，管理人员应经常组织培训以提升作业人员技能水平。

（7）装梁、架梁过程中应采取"四点起吊，三点平衡"的方式，避免梁体因起吊过程中受力不均匀受扭。

（8）架桥机架梁作业时，确保抗倾覆稳定系数不小于 1.3；过孔时，起重小车应位于对稳定最有利的位置，确保抗倾覆稳定系数不小于 1.5，防止设备倾覆危害施工人员安全和影响施工进度。

（9）架桥机在高压输电线路下作业时，安全距离不能达到国家有关规定要求的，应编制专项施工方案，并按规定对架桥机和施工人员采取防护措施，架桥机应按规定进行接地。

（10）每架 2 孔梁后，应对吊梁小车上所有紧固件及连接件等部位进行检查。每架梁约 100 孔后，应对架桥机主梁结构件连接螺栓、支腿、横梁等部位的连接螺栓及轴销进行检查，防止架梁过程中连接松动出现危险情况。

（11）架梁作业时，施工现场应设防护及警示标志，防止非作业人员进入作业区。作业人员应佩戴安全防护用品，必要时在墩台拴挂安全网，防止高处坠落。水上架梁时，还应配备救生圈、救生衣等防护用品。

（12）落梁时应有专人监视落梁速度和位置，防止速度过快导致梁体坠落砸伤作业人员。

第二节　预应力混凝土桥梁施工技术

一、简支 T 梁预制

1.风险分析

（1）梁体存放时支垫不牢固，可能导致梁体倾覆。

（2）由于选址前考虑风险因素不全面或量测不准确，出现制、存梁台座地基承载力不足，周边排水系统不畅，导致地基下沉，影响施工安全。

2.风险控制重点

简支 T 梁预制过程中，风险控制的重点在于确保制、存梁台座的地基承载力满足要求和周边排水系统的完备，防止梁体倾覆。

3，风险控制技术

（1）制、存梁台座地基应有足够的承载力，必要时应进行地基加固处理。台座应有足够的强度、刚度和稳定性，确保能承受梁体重量。

（2）制、存梁台座四周应设有良好的排水系统，防止积水浸泡台座发生不均匀沉降或冻胀，确保梁体不发生变形。

（3）梁体存放时应支垫牢固，不得偏斜，防止梁体倾覆。

（4）双层存放时，上下层梁的支垫位置应在同一垂直面上，确保梁体受力均匀。

（5）T 梁预制施工作业应按标准进行检查，并认真填写检查记录表。对检查中发现的不符合规定的情况，应签发安全检查整改通知单，限期整改，并跟踪验证直至合格。

二、简支 T 梁运架

1.风险分析

（1）架梁设备不按操作规程安装、使用，可能导致架梁设备使用时出现意外情况危害作业人员安全。

（2）起落梁时，梁体两侧无支护措施，可能导致梁体在上升过程中滚动坠落砸伤工作人员，造成物体打击伤害。

（3）使用千斤顶起落梁时违章操作，可能导致梁体坠落砸伤作业人员，造成物体打击伤害。

（4）两台起重机吊梁时，指挥不统一，起落不同步，可能出现梁体左右高度不一致现象，导致梁体倾斜、坠落砸伤作业人员和机械设备。

（5）架梁作业区未按规定设置防护设施，可能出现无关人员随意出入的情况，若架梁作业出现梁体坠落等意外情况，可能会危及人员人身安全。

（6）架梁时，墩台未安装吊篮、步板、梯子等安全防护设施，导致作业人员坠落。

（7）未按规定对电力线路进行检查维护，可能因线路绝缘不良而导致触电、火灾等事故。

（8）架桥机主机对位后，未采取可靠的制动措施，架桥机可能出现错位情况，导致架梁不准确，施工不标准，影响施工进度。

（9）下坡道架梁时运梁车没有可靠的防溜措施，可能出现车辆事故而导致梁体损坏，同时危及人员安全。

（10）架桥机过孔前，梁片未按规定进行横向连接，导致架桥机因梁片间连接不充分，承载力不够而坠落，砸伤作业人员。

（11）横向连接、湿接缝施工时无可靠的工作平台或吊篮，导致作业人员发生坠落事故。

（12）高处作业人员不按规定佩戴劳动防护用品，可能导致作业人员高处坠落；酒后或疲劳作业，可能因操作失误而出现重大意外事故。

（13跨越公路、河道施工时无防护措施,可导致施工人员坠落摔伤或发生淹溺事故。

（14）架梁作业无防风措施，可能出现梁体在上升或下落时发生摇晃等现象，导致梁体坠落砸伤人员；雨季施工无防雷击措施，在高处或用高压电施工时，可能导致工作人员受到雷击；冬季施工无防滑措施，导致工作人员滑倒出现意外。

2. 风险控制重点

简支 T 梁运架过程中，须重点防范物体打击、高处坠落、触电、淹溺等伤害。

（1）起落梁时，确保两侧有支护措施，以防梁体起落过程中坠落砸伤作业人员。

（2）起落梁时，指挥应统一，确保起落同步，以防梁体坠落。

（3）架梁时，墩台应安装吊篮、步板、梯子等安全防护设施，防止作业人员坠落。

（4）电力线路应定期进行检查维护，避免线路老化出现漏电、不正常工作等情况，以防作业人员触电。

（5）横向连接、湿接缝施工应设置可靠的工作平台或吊篮，以防作业人员施工时坠落。

（6）跨越公路、河道施工时应设置屏障等防护措施，以防作业人员发生高处坠落伤害或淹溺伤害。

（7）架梁作业应采取防风、防雷、防滑等措施，以防作业人员发生高处坠落或触电伤害。

3. 风险控制技术

（1）顶落梁前梁体两侧均应支护，千斤顶安放位置应保证梁顶起后不会歪斜，顶梁部位应在规定的允许悬臂长度范围内，持力点置于梁端重心线上，基础应牢固可靠，防止梁体坠落。

（2）千斤顶顶落梁时，应边顶边垫、边落边撤支垫，使梁的脱空距离保持在 20 mm 以内，确保梁体下端有支撑不致坠落。

（3）采用两台起重机吊梁时，两端应统一指挥，同时起吊落位保证梁体两端同时起吊不致坠落。梁体上下翼缘应设护铁，确保在上升过程中梁体受到碰撞后不致损坏。

（4）架梁作业区域应设置明显的警示标志及必要的安全防护设施，安排专人进行防护，非架梁作业人员不得进入架梁作业区，防止因梁体坠落等意外情况危及人员安全。

（5）架梁时应提前安装墩台吊篮、步板和上下梯子等安全防护设施，确保作业人员在安全的施工环境下工作。

（6）第一片梁架设应安排在白天进行，以便检查机械运转情况。夜间架梁作业应有足够的照明，确保施工、人员安全。

（7）梁体两端就位落梁后，应及时用临时支架撑好梁体两侧，防止梁体倾覆。

（8）施工现场风力超过 6 级时应停止架梁作业，防止因风力过大使梁体发生坠落砸伤工作人员。

（9）通过工程线运输 T 梁应派人随车监护，出现支撑松动，应停车加固。运梁车接近到位时，走行速度不得大于 5 km/h。运梁车到位后，应制动锁定，防止运梁车发生溜车。

（10）梁片起吊装车运输时，要确保两端的高差小于 30 cm，防止梁体发生滑落。梁片两端应支撑牢固。T 梁跨装两个平板车时，必须安装运梁转向架。

（11）架梁作业时，对侵入架桥机设计限界的障碍物应提前排除，避免架桥机碰撞障碍物损坏设备。通过隧道应低速运行，并派专人观察，防止碰撞隧道限界。

（12）应加强架梁线路的养护维修，在不良地段行驶时应降低架桥机运行速度并派人监护。接近桥位时，保证架桥机减速至 0.5 km/h，距离桥头 100 m 处应停车，检查制动系统良好后方可继续前进，并设专人监护对位。主机正确对位后，应立即采取可靠的制动措施。

（13）下坡道架梁时，运梁车应有可靠的防溜措施，架桥机后可安装脱轨器，防止架桥机脱轨。

（14）机动平车运梁前，应进行制动试验，保证其制动状态良好。接近主机时，设专人指挥，保证速度在 0.5 km/h 以下，防止与主机冲撞。对位后，立即放置制动铁鞋。

（15）门式起重机拼装时，应设置缆风绳稳固支撑塔架，防止塔架坠落。桥式起重机走行轨道的两端应设止轮器，避免桥式起重机在两端自由滑动。

（16）横隔板焊接、横向张拉、压浆、湿接缝施工时，应安设安全可靠的吊篮或工作平台，保证作业人员在安全的环境下进行施工，并且有足够的作业空间。

（17）横隔板焊接质量必须符合设计要求，桥面应有消防设施，防止在焊接时起火无法抢救。

（18）湿接缝混凝土强度和弹性模量达到设计要求后方可张拉预应力筋。张拉作业平台应设置防护网，防止张拉过程中钢筋弹出伤人。张拉和孔道压浆作业应符合张拉法制梁的有关规定。

（19）桥下应设置安全防护，当桥上作业时，杜绝人员和车辆进入危险区域，防止施工作业掉落的重物砸伤工作人员。

第三节　桥面及附属工程施工技术

桥面是桥梁服务车辆、行人实现其功能的最直接部分，主要包括支座、桥面铺装层等。其施工质量不仅影响桥梁的外形美观，而且关系到桥梁的使用寿命、行车安全及舒适性等。因此，对于桥面及附属设施的施工必须引起足够的重视。

一、桥梁支座的施工

（一）桥梁支座概述

桥梁支座是桥梁结构的一个重要组成部分。但是由于它在桥梁工程造价中所占比例很小，往往未引起工程技术人员的重视。

20世纪70年代以前，我国的公路、铁路桥梁上常不设支座或仅设置传统的钢支座。随着桥梁建设事业的发展，各种形式的桥梁陆续建成，对桥梁支座的承载力、支座适应线位移和转角能力的要求也不断提高，与之相适应的各种新型桥梁支座应运而生。

桥梁支座是连接桥梁上部结构和下部结构的重要结构部件。它能将桥梁上部结构的反力和变形（线位移和转角）可靠地传递给桥梁下部结构。同时，保证上部结构在荷载、温度变化、混凝土收缩徐变等因素作用下的自由变形，以便结构的实际受力情况与理论计算图示相符合，保护梁端、墩台帽不受损伤。

梁支座必须满足以下功能要求：一是梁支座必须具有足够的承载能力，以保证安全可靠的传递支座反力；二是支座对桥梁变形（位移和转角）的约束应尽可能小，以适应梁体自由伸缩及转动的需要。此外，支座应便于安装、养护和维修，必要时可进行更换。

梁式桥的制作一般分为固定支座和活动支座。固定支座允许梁截面自由转动而不能移动，活动支座允许梁在挠曲和伸缩时转动与移动。针对桥梁跨径、支座反力、支座允许转动与位移不同，支座选用的材料不同，支座是否满足防振、减振要求不同，桥梁支座具有许多相应类型。

随着桥梁结构体系的发展，制作类型也相应地更新换代，过去一般针对小跨径桥梁或加工较繁琐的支座，如简易垫层支座、钢板支座、钢筋混凝土摆柱式支座等已不常使用，代之以板式橡胶支座、盆式橡胶支座、球形钢支座、聚四氟乙烯滑板支座以及圆形板式橡胶支座等。

（二）不同种类的桥梁支座施工

1. 板式橡胶支座的安设

板式橡胶支座由多层橡胶片与薄壁板镶嵌、黏合、压制而成。安装前，应将垫块顶面清理干净，采用干硬性水泥砂浆抹平，且检查顶面标高是否满足设计要求；板式橡胶支座安装前还应对支座的长、宽、厚、硬度、容许荷载、容许最大温差及外观等进行全面检查，如不符合设计要求，则不得使用。

板式橡胶支座安装时，支座中心尽可能对准梁的计算支点，必须使整个橡胶支座的承压面上受力均匀。就位不准或与支座不密贴时，必须重新起吊，采取垫钢板等措施，并应使支座位置控制在允许偏差内，不得用撬棍移动梁、板。

为保证板式橡胶支座安装准确，支座安装尽可能排在接近年平均气温的季节里进行，以减小由于温差变化过大而引起的剪切变形。梁、板安装时，必须细致稳妥，使梁、板就位准确且与支座密贴，勿使支座产生剪切变形；就位不准时，必须吊起重放，不得用撬杠移动梁、板。

当墩台两端标高不同，顺桥向或横桥向有坡度时，支座安装必须严格按设计规定办理。支座周围应设排水坡，防止积水，并注意及时清除支座附近的尘油脂与污垢等。

2. 球形支座的安设

球形支座各向转动性能一致，适用于弯桥、坡桥、斜桥、宽桥及大跨径球形支座无承重橡胶块，特别适用于低温地区。

支座出厂时，应由生产厂家将支座调平，并拧紧连接螺栓，防止支座在安装过程中发生转动和倾覆。支座可根据设计需要预设转角及位移，但施工单位应在订货前提出预设转角及位移量的要求，由生产厂家在装配时预先调整好。

支座安装前方可开箱，并检查装箱清单，包括配件清单、检验报告复印件、支座产品合格证书及支座安装养护细则。施工单位开箱后，不得任意转动连接螺栓，并不得任意拆卸支座。支座安装高度应符合设计要求，保证支座平面的水平及平整。支座支承面四角高差不得大于 2mm。当下支座板与墩台采用螺栓连接时，应先用钢楔块将下支座板四角调平，高程、位置应符合设计要求，用环氧砂浆灌注地脚螺栓孔及支座底面垫层。环氧砂浆硬化后，方可拆除四角钢楔，并用环氧砂浆填满楔块位置。当下支座板与墩台采用焊接连接时，应对称、间断地将下支座板与墩台上预埋钢板焊接。焊接时应采取防止烧伤支座和混凝土的措施。

当梁体安装完毕，或现浇混凝土梁体达到设计强度后，在梁体预应力张拉之前，应拆除上、下支座板连接板。

3. 盆式橡胶支座

盆式橡胶支座是钢构件与橡胶组合而成的新型桥梁支座，具有承载能力大、水平位移量大，转动灵活等特点，适用于支座承载力为 1000kN 以上的跨径桥梁，也适用于城市、林区、矿区的桥梁。

盆式橡胶支座构造简单、结构紧凑、滑动摩擦系数小、转动灵活。与一般铸钢辐轴支座相比，具有重量轻、建筑高度低、加工制造方便、节省钢材、降低造价等优点。与板式橡胶支座相比具有承载能力大、容许支座位移量大、转动灵活等优点。因此，盆式橡胶支座特别适宜在大跨径桥梁上使用。

支座规格和质量应符合设计要求，支座组装时其底面与顶面（埋置于墩顶和梁底面）的钢垫板必须埋置稳固。垫板与支座间应平整密贴，支座四周不得有 0.3mm 以上的缝隙，严格保持清洁。活动支座的聚四氟乙烯板和不锈钢钢板不得有刮伤、撞伤。氯丁橡胶板块密封在钢盆内，要排除空气，保持紧密。

安装前，将支座各相对滑移面用清洁剂仔细擦洗，擦净后在四氟滑板的储油槽内注满硅脂类润滑剂并保持清洁。盆式橡胶支座的顶面和底板可用焊接或锚固螺栓拴接在梁体底面和垫石顶面的预埋钢板上。

焊接时，应防止烧坏混凝土；焊接完成后，应在焊接部位作防锈处理。安装锚固螺栓时其外露螺杆的高度不得大于螺母的厚度。支座安装的顺序：宜先将上座板固定在大梁上，然后根据其位置确定底盆在墩台的位置，最后固定。

支座的安装标高应符合设计的要求，中心线与梁的轴线重合，水平最大位移差不超过 2mm。安装固定支座时，上下各部件的纵轴线必须对正；安装活动支座时，上下纵轴线必须对正，横轴线应当根据安装时的温度与年平均温度的差，由计算确定其错位的距离，支座上的上下导向挡块必须平行，最大偏心的交叉角不得大于 5°。

二、桥面铺装层施工

（一）水泥混凝土桥面铺装层施工

水泥混凝土桥面铺装层的施工工艺为：施工准备工作→安装模板→桥面钢筋绑扎

→混凝土制备→混凝土运输→桥面混凝土浇筑→接缝施工→表面修整→养护。下面将对部分施工要点进行介绍。

1.梁顶标高的测定和调整

预应力混凝土空心板或大梁在预制后存梁期间，由于预应力作用，往往会产生反拱。如果反拱过大，就会影响桥面铺装层的施工。因此，设计中对存梁时间、存梁方法都做了一定要求。

如果架梁前已发现反拱过大，则应采取降低墩顶标高、减少垫石厚度等方法来保证铺装层厚度。架梁后应对梁顶标高进行测量，测定各跨中线、边线的跨中和墩顶处的标高，分析评价其是否满足规范要求。若偏差过大，则应采取调整桥面标高、改变引线纵坡等方法，以保证铺装层厚度，使桥梁上部结构形成整体。

2、绑札、布设标面钢筋网

桥面钢筋应根据设计要求和相关规定进行绑扎。正交桥必须注意放正字冈筋，斜交桥桥面钢筋应按图纸规定方向放置。所有钢筋均应正确留设保护层厚度。采用双层钢筋网时，两层钢筋之间应有足够数量的定位撑筋，以保证两层钢筋的位置正确。

在两跨连接处，若桥面为连续构造，应再布设桥面连续的构造铜筋；若为伸缩缝，要注意做好伸缩缝的预埋钢筋。

3.混凝土浇筑

对板顶处理情况、钢筋网布设情况进行检查。当其满足设计和规范要求后，即可浇筑混凝土。若设计为防水混凝土，其配合比及施工工艺应满足规范要求。

浇筑铺装层时，为防止与钢筋变位，不得在钢筋上搁置重物，不得让运料小车在钢筋网上推运，不得让人员在钢筋网上行走践踏。若必须在钢筋上通行，可搭设支架架空走道。在浇筑过程中，应随时注意纠正钢筋位置。

浇筑混凝土时，宜从下坡向上坡进行，注意要连续施工，防止产生施工缝。混凝土振捣时，先用插入式振捣器沿模板边角均匀插捣，然后用平板振捣器对中间部分混凝土进行振捣，直至混凝土不再下沉，最后用振动梁进行粗平。

水泥混凝土桥面施工可采用真空脱水工艺，脱水后还应进行表面平整和提浆。如不采用真空脱水工艺，应采用抹子反复抹面直至表面平整、无泌水为止。抹面必须符合设计规定，面层必须平整、粗糙。如果桥面纵坡较大，则必须采取防滑措施。第二次抹平后，应沿横坡方向拉毛或采用机具压槽，拉毛和压槽深度应为1～2mm。浇筑完后待表面有一定硬度时即可开始养生。常用的养生方法为覆盖草麻袋、草帘、塑料薄膜、土工布等并洒水。

2.沥青混凝土林面铺装屋施工

（1）准备工作

铺装沥青混凝土面层以前，须对混凝土桥面的平整度、粗糙度等进行检查，桥面应平整、粗糙、干燥、整洁，并应符合规定的设计要求。测设中线和边线的高程，根据所需铺筑沥青混凝土的最小、最大及平均厚度计算沥青混凝土的数量，做好用料计划。清扫桥梁混凝土面层，保持清洁、干燥，并喷洒黏层油，黏层沥青宜采用快裂的洒布型乳化沥青，也可采用快、中凝液体石油沥青或煤沥青，并采用机械喷布工艺，用量一般控制在 0.3 ～ 0.4kg/m，要求洒布均匀。

（2）浇洒黏层

沥青工艺要求如上所述，黏层沥青应均匀洒布（亦可涂刷），浇洒过量的局部地段或积聚油量较多时应予以刮除。当气温低于10℃或水泥混凝土桥面层潮湿（或不洁）时，不得浇洒黏层沥青。浇洒黏层沥青后，严禁除沥青混合料运输车以外的其他车辆、行人通过。黏层沥青洒布后，应紧接铺筑沥青混凝土面层，但乳化沥青应等待破乳、水分蒸发完后铺筑。洒布沥青黏层前宜在路缘石上方涂刷石灰水或粘贴保护纸张，以免沥青沾染缘石。

（3）伸缩缝处理

铺筑沥青面层时，伸缩缝处理宜用黄沙等松散材料临时铺垫与水泥混凝土顶面相平，沥青混凝土面层可连续铺筑，铺筑完成后再按所用伸缩缝装置的宽度，画线切割，挖除伸缩缝部分的沥青混凝土后再安装伸缩装置。

（4）热拌沥青混合料的运输

沥青混凝土面层铺筑用沥青混合料应采用较大吨位的自卸汽车运输，车厢应清扫干净。为防止沥青与车厢板黏结，车厢侧板和底板可涂一薄层油水混合液（柴油与水比例可为1：3，但不得有余液积聚在车厢底部。运料车应用篷布覆盖，用以保温、防雨、防污染，夏季运输时间短于0.5h时，亦可不加覆盖。

连续摊铺过程中，运料车应在摊铺机前10～30cm处停住，不得撞击摊铺机；卸料过程中运料车应挂空挡，靠摊铺机推动前进。沥青混合料运至摊铺地点后应凭运料单接收并检查拌和质量及温度要求，遇有已经结成团块或遭遇淋湿的混合料不得铺筑在桥面、道路上。

（5）沥青混凝土面层的铺筑

铺筑沥青混凝土面层应采用机械摊铺，应以伸缩缝的间距确定一次铺筑长度，要求在相邻两个伸缩缝之间尽量不设施工缝。桥面的宽度宜在1d内铺筑成，每次铺筑的纵向接缝宜在上次铺的沥青混凝土的实际温度未降至100龙时予以接缝铺筑并碾压。

根据混凝土桥面层的平整度、沥青混凝土面层的厚度和结构层次决定一次铺筑或两次铺筑。沥青混凝土面层厚度大于6cm时，宜采用两次铺装以提高沥青混凝土面层的平整度。沥青混合料必须缓慢、均匀、连续不断地摊铺，摊铺过程中不得随意变换速度或中途停顿。桥梁上部结构施工技术摊铺速度一般控制在2～6m/min，可根据沥青混合料供应及机械配套情况及摊铺层厚度、宽度确定。

摊铺好的沥青混合料应随即碾压（碾压方法、要求可参照沥青路面施工有关规定）。如因故不能及时碾压或遇雨时，应停止摊铺，并对卸下的沥青混合料覆盖保温。

当先铺筑的沥青混凝土的实际温度降至 80℃以下时，后铺筑的沥青混凝土应按冷接缝方法处理，即铁刨接缝处的沥青混凝土，要求接缝顺直。

纵缝的铁刨宽度宜为 20 ~ 30cm，横缝的铁刨宽度应用直尺测量后决定，一般不宜小于 100cm。如无铁刨机时，可按画线用切缝机切割后再凿除。

沥青混凝土面层的铺筑和碾压宜从下坡向上坡进行。施工车辆和施工机械不允许停留在新铺装的沥青混凝土面层上，也不允许柴油之内的油料滴漏在沥青混凝土面层上，以免引起沥青混凝土软化、壅包。当采用刻槽方式增加沥青混凝土铺装层与混凝土桥面的啮合，提高其抗滑能力时，刻槽的宽度宜为 20mm，槽间距宜为 20m，槽深宜为 3 ~ 5mm。

第四章　桥梁下部结构施工技术

第一节　明挖基础施工

明挖基础是将基础底板设在直接承载地基上，来自上部结构的荷载通过基础底板直接传递给承载地基。其施工方法通常采用明挖方式进行，是一种直接敞坑开挖、就地浇筑的浅基础形式。由于其施工简便、造价低，因此只要在地质和水文条件许可的情况下，都应优先选用此种施工方法。

明挖基础适用于无水、少水或浅水河流处的基础工程，可采用人工开挖或机械开挖。明挖基础施工中，需重点解决的问题是敞坑边坡的稳定及开挖过程中的排水。

明挖基础适用于浅层土较坚实，且水流冲刷不严重的浅水地区。施工中坑壁的稳定性是必须特别注意的问题。由于它的构造简单、埋深小、施工容易，加上可以就地取材，故造价低廉，被广泛用于中小桥涵及旱桥。我国的赵州桥就是在亚黏土地基上采用了这种桥基。

明挖基础也称扩大基础，是由块石或混凝土砌筑而成的大块实体基础。其埋置深度可较其他类型基础浅，故为浅基础。由于它的构造简单，所用材料不能承受较大的拉应力，故基础的厚宽比要足够大，使之形成所谓的刚性基础，受力时不致产生挠曲变形。为了节省材料，这类基础的立面往往砌成台阶形，平面根据墩台截面形状而采用矩形、圆形、T形或多边形等。建造这种基础时多用明挖基坑的方法施工。在陆地开挖基坑时，将视基坑深浅、土质好坏和地下水位高低等因素来判断是否采用坑壁支护结构——衬板或板桩。在水中开挖，则应先筑围堰。

明挖基础施工的主要内容包括基础的定位放样、基坑开挖、基坑排水、基底处理以及砌筑（浇筑）基础结构物等。

一、基础的定位放样

在基坑开挖前，先进行基础的定位放样工作，以便正确地将设计图纸上的基础位置、形状和尺寸在实地标定出来，准确地设置到桥址上。放样工作是根据桥梁中心线与墩台的纵、横轴线，推出基础边线的定位点，再放线画出基坑的开挖范围。基坑各定位点的高程及开挖过程中的高程检查，一般采用水准测量的方法进行。

当墩台中心测放后，基础的尺寸由设计图纸得出，再根据土质确定放坡率，得到基坑顶的尺寸，如式 4-1 所示。当基础尺寸为 a、b 时，基坑顶的尺寸为：

$$\left. \begin{array}{l} A = a + 2 \times (0.5 \sim 1m) + 2Hn \\ B = b + 2 \times (0.5 \sim 1m) + 2Hn \end{array} \right\} \qquad (4-1)$$

式中：

A——基坑顶的长，m；

B——基坑顶的宽，m；

H——基础底高程与地面平均高程之差，m；

n——边坡的坡度系数。

明挖基坑的放样程序为：施工前，根据图 5-1 测放出基坑顶挖土线的位置和尺寸；当挖土高程达到设计基础底高程时（当采用机械挖土时，最后 0.1 ~ 0.2m 的土由人工挖除），再精确测放出基础平面尺寸和砌筑高度。

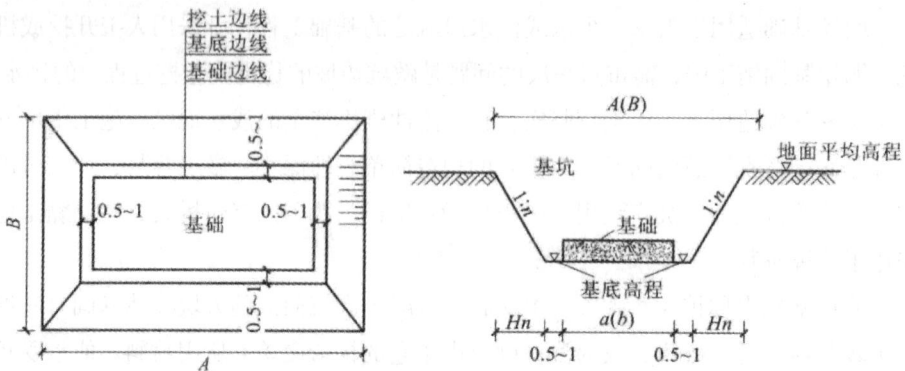

图4-1　基坑放坡示意图（单位：m）

二、基坑开挖

基坑开挖的主要工作有挖掘、出土、支护、排水、防水、清底及回填等。施工时，应根据地质条件、水文条件、基坑开挖深度、开挖所采用的方法和机具等，采用不同的开挖工艺。

基坑在开挖前通常需完成下列准备工作：施工场地的清理，地面水的排除，临时公路的修筑，供电与供水管线的敷设，临时设施的搭建，基坑的放线等。施工场地的清理包括拆除房屋、古墓，拆迁或改建通信设备、电力设备、上下水道及其他建筑物，迁移树木等工作。场地内低洼地区的积水必须排除，同时应注意雨水的排除，使场地保持干燥，以便基坑开挖。

地面水的排除一般采用排水沟、截水沟、挡水土坝等设施。应尽量利用自然地形来设置排水沟，将水直接排至基坑外或流向低洼处，再用水泵抽走。主排水沟最好设置在施工区域的边缘或公路的两旁，其横断面和纵向坡度应根据最大流量确定。排水沟的横断面尺寸一般不小于 0.5m×0.5m，纵向坡度一般不小于 3‰。平坦地区如出水困难，其纵向坡度不应小于 2‰，沼泽地区可降至 1‰。在基坑开挖过程中，要注意保持排水沟畅通，必要时应设置涵洞。基坑开挖时应注意以下事项：

①基坑开挖对邻近建筑物或临时设施有影响时，应提前采取安全防护措施。

②基坑顶面应提前做好地面防水、排水设施。

③基坑开挖时，不得采用局部开挖深坑或从底层向四周掏土。

④基坑顶有动荷载时，坑口边缘与动荷载间的安全距离应根据基坑深度、坡度、地质和水文条件及动荷载大小等情况确定，且不应小于 1.0m。

⑤在土石松动地层或粉砂、细砂层中开挖基坑时，应先做好安全防护措施；当基坑开挖需要爆破时，应执行《爆破安全规程》（GB 6722-2014）中的有关规定；土质松软层基坑开挖时必须进行支护。

⑥基坑开挖时，应观测坡面稳定情况。当发现坑沿顶面出现裂缝，坑壁松塌或遇涌水、涌砂时，应立即停止施工，加固处理后方可继续施工。

（一）土方边坡及其稳定

1. 土方边坡

为了防止塌方，保证施工安全，在开挖深度超过一定限度时，应在其边沿做成一定坡度的边坡。

土方边坡坡度以其高度 H 与宽度 B 之比表示。图 4-2 所示为 1：m，即：

$$土方边坡坡度 = \frac{H}{B} = \frac{1}{B/H} = 1：m$$

根据各层土质及土体所受的压力，土方边坡可做成直线形、折线形和台阶形。合理地选择基坑边坡形式是减少土方量的有效措施。

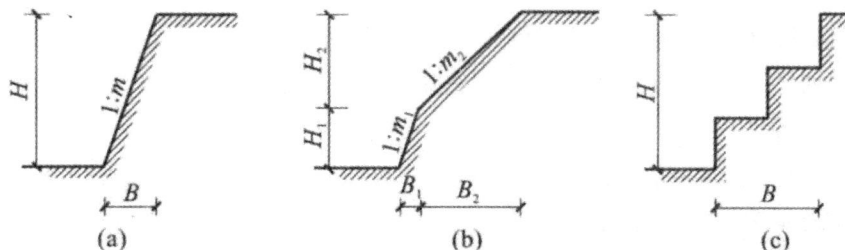

图4-2　土方边坡

（a）直线形；（b）折线形；（c）台阶形

2.边坡的稳定

基坑边坡的稳定主要由土体内土颗粒之间的摩擦阻力和内聚力，使土体具有一定的抗滑力来保持。当土体的下滑力大于抗滑力时，边坡就会失去稳定而发生滑动。这种滑动一般在一定范围内表现为整体沿某一滑动面向下和向外移动。一旦失去平衡，土体就会塌方，不仅会造成人身安全事故，影响工期，有时还会危及邻近建筑物的安全。

基坑边坡的失稳往往是在外界不利因素影响下触发和加剧的。这些外界不利因素往往会导致土体剪应力的增加或抗剪强度的降低。

引起土体剪应力增加的因素主要有：

①坡顶上堆积物、行车等荷载；

②雨水或地面水渗入土中，使土中的含水量增加，而造成土的自重增加；

③地下水的渗流会产生一定的动水压力；

④土体竖向裂缝中的积水会产生侧向静水压力；

⑤边坡过陡，土体本身稳定性不够。

引起土体抗剪强度降低的因素主要有：

①土质本身较差或因气候影响而使土质松软；

②土体内含水量增加使土体内聚力降低，产生润滑作用；

③饱和的细砂、粉砂因受振动而液化等。

（二）基坑开挖方式

基坑开挖方式与基础的埋置深度、地质土的性质、施工周期的长短有关，可分为直立壁开挖、放坡开挖、支护开挖。基坑开挖方式按基坑所处的环境可分为陆地基坑开挖和水中基础的基坑开挖两种。

1.陆地基坑开挖

陆地基坑开挖主要以施工机械为主，局部采用人工配合。常用的机械多为位于坑顶的由吊机操纵的挖土斗、抓土斗等；遇开挖工作量特别大的基坑，还常用铲式挖土机、铲运机、倾卸车等。桥梁墩台基坑采用机械挖土，距基底设计标高约0.3m厚的最后一层土，需用人工来挖除、修整，以保证地基土结构不受破坏。

基坑应避免超挖，已经超挖或松动部分，应将松动部分清除。挖至标高的土质基坑不得长期暴露、扰动或浸泡，应及时检查基坑尺寸、高程、基底承载力，符合要求后，应立即砌筑基础。

如基坑开挖后坑壁能保持稳定不坍塌，可不加支护。但实际上因坑深土松，甚至还有地下水或坑顶荷载，故需要进行支护。基坑围护的形式与土质及地下水的高低有着密切关系。基坑开挖过程中，根据土质条件和水位情况对坑壁可采用无支护或有支护的开挖方法。

（1）无支护基坑

当基坑较浅，地下水位较低或渗水量较少，不影响坑壁稳定时，坑壁可不加支护。采用垂直开挖和放坡开挖两种施工方法，将坑壁挖成竖直或斜坡形。竖直坑壁只适宜在岩石地基或基坑较浅又无地下水的硬黏土中采用。在一般土质条件下开挖基坑时，应采用放坡开挖的方法。

基坑开挖的深度一般稍大于基础埋深，视对基底处理的要求而定。基坑尺寸要比基底尺寸每边扩大 0.5 ~ 1.0m，以便设置排水沟及支立模板和砌筑等工作的开展。

当土的湿度较大可能引起坑壁坍塌时，坑壁坡度应适当放缓。

基坑开挖时，基坑顶面应设置防止地面水流入基坑的设施；基坑顶面有动荷载时，其边缘与动荷载之间应留有大于 1.0m 宽的护道。当工程地质和水文条件不良或动荷载较大时，应加宽护道或采取加固措施，以增强边坡的稳定性。当基坑深度大于 5m 时，可将坑壁坡度适当放缓或加设平台。

（2）有支护基坑

当地下水位高于基底且渗透量大，影响坑壁稳定；坡度不宜保持，放坡开挖工作量过大，不符合多、快、好、省的要求；基坑较深，土方量大，施工期较长；受施工场地限制或邻近有建筑物，不能采用放坡开挖时，可采用坑壁支护进行加固施工。

加固坑壁常用的支护形式有：挡板支撑、混凝土护壁（喷射或支模现浇）支撑、板桩墙支撑和地下连续壁支撑等。

2. 水中基础的基坑开挖

桥梁墩台基础大多位于地表水位以下，有时水流还比较大，而施工时都希望在无水或静止水条件下进行。桥梁水中基础最常用的施工方法是围堰法。在开挖前，必须首先在基坑外围修筑一道临时挡水结构物即围堰，把围堰内的水排干后，再开挖基坑修筑基础。如排水困难，也可在围堰内进行水下挖土，挖至预定高程后灌注水下封底混凝土，然后再抽干水继续修筑基础。

围堰的作用主要是防水和围水，有时还起着支撑施工平台和基坑坑壁的作用。公路桥梁常用的围堰类型有土围堰、草（麻）袋围堰、钢板桩围堰、套箱围堰。围堰的结构形式和材料应根据水深、流速、地质情况以及通航要求等条件确定。但不论采用哪种围堰，均需满足以下要求：

①围堰顶面的高程宜高出施工期间可能出现的最高水位（包括浪高）0.5 ~ 0.7m，用于防御地下水的围堰宜高出水位或地面 0.2 ~ 0.4m。

②围堰的外形应适应水流排泄，大小不应压缩流水断面过多，以免壅水过高而危害围堰安全以及影响通航、导流等。围堰内形应适应基础施工的要求，并留有适当的工作面积。堰身断面尺寸应保证有足够的强度和稳定性，以使基坑开挖后围堰不致发生破裂、滑动或倾覆。

③围堰应防水严密，尽量采取措施防止或减少渗漏，以减轻排水工作。对围堰外围边坡的冲刷和筑围堰后引起的河床冲刷，均应有防护措施。

④围堰施工一般应安排在枯水期进行。

三、基坑排水

基坑如在地下水位以下，随着基坑的下挖，渗水将不断涌入基坑。施工过程中必须不断地排水，以保持基坑干燥，制造旱地施工条件，便于基坑挖土与基础的砌筑和养护。目前常用的基坑排水方法有表面排水和井点法降低地下水位两种。

（一）表面排水

表面排水是最简单，也是应用最为普遍的方法。在整个基坑开挖过程及基础砌筑和养护期间，在基坑四周开挖集水沟汇集坑壁及基底的渗水，将其引向一个或数个比集水沟更深的集水坑，如图4-3所示。集水沟和集水坑应设在基础范围以外。在基坑每次下挖以前，必须先挖集水沟和集水坑。集水坑的深度应大于抽水机吸水龙头的高度，以保证吸水龙头的正常工作。在吸水龙头上套竹筐围护，以防止土石堵塞龙头。

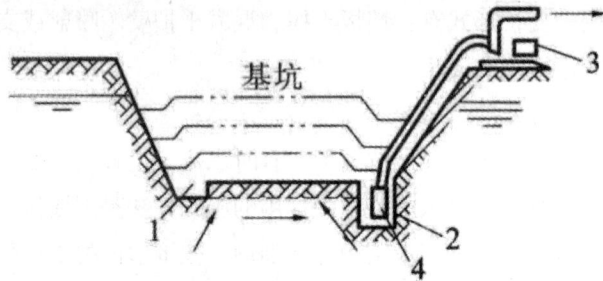

图4-3 表面排水法示意

1-集水沟，2-集水坑；3-水泵；2-吸水龙头

这种排水方法设备简单、费用低，适用于岩石及碎石类土，也适用于渗水量不大的黏性土基坑。由于抽水会引起流砂现象，造成基坑的破坏和坍塌，因此当地基土为饱和粉细砂土等黏聚力较小的细粒土层时，应避免采用表面排水法。

（二）井点法降低地下水位

井点法适用于地下水位较高，有承压水，挖基较深，坑壁不稳定的粉质土、粉砂类土、细砂类土土质基坑。根据使用设备的不同，井点主要有轻型井点、喷射井点、电渗井点和深井泵井点等多种类型，可根据土的渗透系数要求降低水位的深度及工程特点选用。

轻型井点降水布置如图 4-4 所示，即在基坑开挖前预先在基坑四周打入（或沉入）若干根井点管，井点管下端 1.5m 左右为过滤管，过滤管上钻有若干直径约 2mm 的滤孔，外面用过滤层包扎。各个井点管用集水总管连接并抽水。井点管两侧一定范围内的水位逐渐下降，各井点管相互影响就形成了一个连续的疏干区。在整个施工过程中应保持不断抽水，以保证在基坑开挖和基础砌筑的整个过程中基坑始终保持无水状态。

轻型井点降水的特点是井点管范围内的地下水不从基坑四周边缘和底面流出，而是以相反的方向流向井点管，因而可以避免发生流砂和边坡坍塌现象，流水压力对土层还会有一定的压密作用。在过滤管部分包有铜丝过滤网，以免带走过多的土粒而引发土层潜蚀现象。

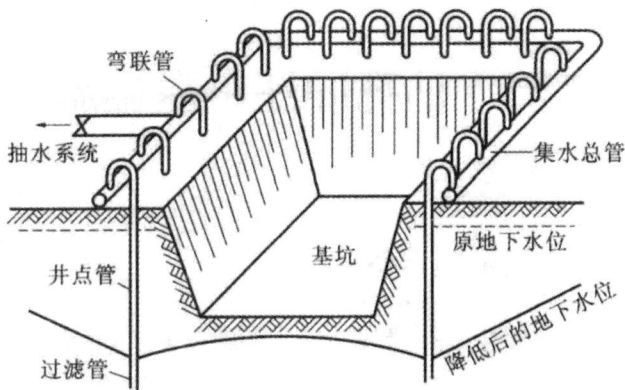

图4-4　轻型井点降水布置示意图

（三）帷幕法排水

帷幕法是在基坑边线外设置一圈隔水幕，用以隔断水源，减少渗流水量，防止流砂、突涌、管涌、潜蚀等地下水的作用。其方法有深层搅拌桩隔水墙法、压力注浆法、高压喷射注浆法、冻结帷幕法等，采用时均应进行具体设计并符合有关规定。

四、基底检验及处理

（一）基底检验

基础是隐蔽工程，基坑开挖至设计标高后，在基础浇筑前应按规定对基底进行检验，以确定其是否符合设计要求。

基底检验的主要内容应包括：检查基底的平面位置、尺寸大小、基底标高是否与原设计相符，检查基底地质情况和承载力是否与设计相符，检查基底处理及排水情况是否与施工设计规范相符。

（二）基底处理

天然地基上的浅基础是直接靠基底土来承受荷载的，故基底土质状态的好坏对基础和墩台结构的影响极大。所以基底检验合格后，即要进行基底处理工作。

基底处理应根据地基土的种类、强度和密度，按照设计要求并结合现场情况，采取相应的处理方法。基底处理的范围至少应超出基础之外0.5m。符合设计要求的细粒土、特殊土基底，修整妥善后应尽快修建基础，不得使基底浸水和长期暴露。

基底处理方法视基底土质而异，一般对细粒土及特殊土地基、粗粒土和巨粒土地基、岩层地基、多年冻土地基、溶洞地基、泉眼地基进行相应的基底处理。

第二节 钻孔灌注桩基础施工

一、钻孔方法和机具设备

钻孔灌注桩施工的关键是钻孔。钻孔方法可归纳为如下3种类型。

①冲击法：冲击法是用冲击钻机或卷扬机带动冲锥，借助锥头下落产生的冲击力，反复冲击、破碎土石或把土石挤入孔壁中，用泥浆浮起钻渣，或用抽渣筒、空气吸泥机将钻渣排出而形成钻孔。

②冲抓法：冲抓法是用冲抓锥依靠自重产生冲击力，切入土层或破碎土层，叶瓣抓土、弃土以形成钻孔。

③旋转法：旋转法是用钻机通过钻杆带动锥或钻头旋转切削土壤，用泥浆浮起钻渣并将其排出而形成钻孔。

二、钻孔灌注桩的施工工艺流程

钻孔灌注桩施工因成孔方法的不同和现场情况各异，施工工艺流程不会完全相同。在施工前要安排好施工计划，编制具体的工艺流程图，作为安排各工序施工操作和进度的依据。

当同时有几个桩位施工时，要注意相互间的配合，避免干扰，并尽可能做到均衡使用机具与劳动力，既要抓紧新钻孔的施工，又要做好已成桩的养护和质量检验工作。

钻孔灌注桩施工的主要工序包括：准备场地、埋设护筒、制备泥浆、钻孔、清底、钢筋笼制作与吊装以及灌注混凝土等。下面就其要点作简略介绍。

（一）准备场地

钻孔前要进行准备场地工作，其内容包括：

①场地为旱地时，应清除杂物，换除软土，整平、夯实；

②场地为陡坡时，可用枕木、型钢等搭设工作平台；

③场地为浅水时，宜采用筑岛施工，筑岛面积应根据钻孔方法、设备大小等要求确定；

④场地为深水或淤泥较厚时，可搭设工作平台，平台必须牢固、稳定，能承受工作时所有的静、动荷载，并保证施工机械能安全进出。

如水流平稳，水位升降缓慢，全部工序可在船舶或浮箱上进行，但必须锚固稳定，桩位准确。如流速较大，但河床可以整理平顺，可采用钢桩或钢丝网水泥薄壁浮式沉井，就位后灌水下沉至河床，然后在其顶部搭设工作平台，在其底部安设护筒。在某些情况下，可在钢板桩围堰内搭设钻孔平台。

（二）埋设护筒

钻孔成功的关键是防止孔壁坍塌。当钻孔较深时，地下水位以下的孔壁土在静水压力下会向孔内坍塌，甚至发生流砂现象。钻孔内若能保持比地下水位高的水头，增加孔内静水压力，就能稳定孔壁，防止坍孔。护筒除可起到这个作用外，还有隔离地表水，保护孔口地面，固定桩孔位置和钻头导向等作用。

制作护筒的材料有木、钢、钢筋混凝土三种。护筒要求坚固耐用，不漏水，其内径应比钻孔直径大（比旋转钻约大 200mm，比潜水钻、冲击锥或冲抓锥约大400mm），每节长度为 2～3m。一般常用钢护筒，其在陆上与深水中均能使用，钻孔完成后可拔出重复使用。其底部和周围一定范围内应夯填黏土，借助黏土压力及其隔水作用保持护筒稳定，保护孔口地面。在深水中埋设护筒时，先打入导向架，再用锤击或振动加压沉入护筒，护筒入土深度应视土质与流速而定。护筒平面位置的偏差不得大于 50mm，倾斜度不得大于 1%。

（三）制备泥浆

钻孔泥浆由水、黏土（膨润土）和添加剂组成，具有浮悬钻渣、冷却钻头、润滑钻具、增大静水压力、在孔壁上形成泥膜、隔断孔内外渗流、防止坍孔的作用。调制的钻孔泥浆及经过循环净化的泥浆，应根据钻孔方法和地层情况采用不同的性能指标。泥浆稠度应视地层变化或操作要求灵活掌握。泥浆太稀，则排渣能力弱，护壁效果差；泥浆太稠，则会削弱钻头的冲击功能，降低钻进速度。

通常采用塑性指数大于 25、粒径小于 0.002mm、颗粒含量大于 50% 的黏土，通过泥浆搅料机或人工调和储存在泥浆池内，再用泥浆泵输入钻孔内。泥浆泵应有足够的流量，以免影响钻进速度。大直径深孔采用正循环旋转法施工时，泥浆泵应经过流量和泵压计算来选择。对孔深百米以内的钻孔，一般可采用不小于 2MPa 的泵压。

（四）钻机就位

测量放样，在护筒周边放出桩位中心十字线，并用红油标识。采用泵吸式反循环成孔工艺成孔，采用钻机本身的动力就位。钻孔在开始之前注意桩的钻孔和开挖，应在中距 5m 内的任何混凝土灌桩完成 24h 后才能开始，以避免干扰邻桩或钻孔过程。钻孔开钻后要连续作业，根据钻孔和地质层合理选择钻进速度；遇地下水后开始向孔内注浆，孔内水头高度保证 2m 以上。钻头使用三翼圆笼钻锥，用优质泥浆护壁，桩的钻孔应保证各桩之间无影响，成孔前应检查孔的中心位置、垂直度和泥浆指标，钻进过程中要经常检查孔径、垂直度、泥浆指标、成孔速度。如有偏差，应及时调整，保证桩基的成孔质量。

（五）成孔

钻孔灌注混凝土桩的成孔方法不胜枚举，至少有几十种。国内常用的有如下方法。

1. 正循环旋转法

正循环旋转法是利用钻具旋转切土体钻进，泥浆泵将泥浆压进泥浆龙头，泥浆通过钻杆中心从钻头处喷入钻孔内，然后挟带钻渣沿钻孔上升，从护筒顶部排浆孔排出至沉淀池。钻渣在此沉淀而泥浆流入泥浆池循环使用。正循环旋转法的特点是钻进与排渣同时连续进行，在适用的土层中钻进速度较快，但需设置泥浆槽、沉淀池等，施工占地面积较大，且机具设备较复杂。

2. 反循环旋转法

与正循环旋转法不同的是，反循环旋转法是将泥浆输入钻孔内，然后从钻头的钻杆下口吸进，通过钻杆中心排出至沉淀池内。其钻进与排渣效率较高，但接长钻杆时装卸麻烦，钻渣容易堵塞管路。另外，因泥浆从上向下流动，孔壁坍塌的可能性较正循环旋转法大，为此需用较高质量的泥浆。

3. 潜水电钻法

系统旋转电动机及变速装置均经密封后安装在钻头与钻杆之间，潜入水下作业。其特点是钻具简单轻便，易于搬运，噪声小，钻孔效率较高，操作条件也有所改善。但钻机在水中工作时较易发生故障。

4. 冲抓锥法

冲抓锥不需钻杆，钻进与提锥卸土均较推钻快。由于锥瓣下落时对土层有一股冲击力，故适用的土质较广。但该法不能钻斜孔，钻孔深度超过 20m 后，其钻孔进度大为降低；当孔内遇到漂石或探头石时，冲抓较困难，需改用冲击锥钻进。

5. 冲击锥法

冲击锥法适用于各类土层。实心锥适用于漂、卵石和软岩层，空心锥（管锥）适用于其他土层。在冲击锥下冲时，部分钻渣被挤入孔壁，可起到加强孔壁并增加土层与桩间侧摩阻力的作用。但该法不能钻斜孔，钻普通土层时，进度比其他方法都慢；钻大直径孔时，需采用先钻小孔而后逐步扩孔的方法（分级扩孔法）。

近年来，基岩钻孔技术特别是钻机的进步是令人惊喜的。过去只能用爆破法、高压水射流才可钻进的硬质岩层，现已能够采用机械钻进法，拓宽了钻孔灌注桩的应用范围。

（六）终孔检查与孔底清理

钻孔的深度、直径、位置和孔形直接关系到成桩质量与桩身曲直。因此，除了钻孔过程中进行密切观测监督外，在钻孔达到设计要求深度后，应对孔深、孔位、孔形、孔径等进行检查。确认满足设计要求后，填写终孔检查记录表。

孔底清理后，要检查泥浆沉淀。《建筑桩基技术规范》（JGJ 92—2008）规定：对于摩擦桩，当直径小于或等于1.5m时，要求在灌注水下混凝土前的沉渣厚度不大于200mm；当直径大于1.5m、长度大于40m或孔壁容易坍塌时，沉渣厚度不大于300mm。对于支承桩，要求沉渣厚度不大于50mm。

清孔方法视使用的钻机不同而灵活选用，通常可采用正循环旋转法、反循环旋转法、真空吸泥机以及抽渣筒等清孔。

（七）钢筋骨架的制作、安装、入孔、固定

钢筋骨架采用在场内制作，现场安装分节成形（预留接头钢筋长度），现场用吊车吊起，分节入孔的方法施工。施工中骨架第一节人孔后，用支撑杆固定骨架于井口中心位置，吊起另一节骨架与第一节骨架相接，接头采用电弧焊以单面焊的工艺进行焊接。采用几台电焊机同时搭接单面焊，以减少混凝土浇筑前焊接所占用的时间。放钢筋骨架前，先在孔口加设4根导向钢管，以保证钢筋骨架在吊装过程中尽量对中，不伤孔壁及控制保护层厚度。钢筋骨架就位后，采取四点固定，以防止掉笼和混凝土浇筑时发生骨架上浮现象。支撑系统对准中线以防止钢筋骨架倾斜和移动。在钢筋骨架上焊接控制钢筋骨架与孔壁净距的护壁筋，以确保钢筋骨架在孔中的位置、保护层的厚度。钢筋骨架在孔内的高度位置用引笼拉筋固定在孔口位置的方式进行控制。

（八）灌注钻孔桩水下混凝土

采用导管直升法灌注水下混凝土。

1. 导管的形式和连接方法

导管直径为300～400mm，壁厚4～6mm，中段每节长2000mm，底节做成

6000～8000mm 长，其余节段用 1000mm 及 500mm 的管节找零，导管之间采用法兰连接。吊装之前应将导管连接，做水密性试验和接头承拉试验，保证连接紧密、不漏水。入孔时导管尽量位于孔口中央，导管底端至孔底面距离约为 400mm，且导管要进行升降试验，保证不碰撞钢筋骨架。

2. 灌注水下混凝土

钢筋骨架入孔校正完毕，导管入孔固定后，经监理工程师验收钢筋工序、孔内沉淀层厚度及泥浆指标后，开始浇筑孔内水下混凝土。

浇筑混凝土前再次检测孔底沉淀层厚度，如大于规范要求，应再次抽渣清孔；混凝土拌合物运至灌注地点时，检查和易性和坍落度，符合要求后方可使用；灌注不得间断。灌注首批混凝土后，导管埋入混凝土中的深度不小于 1m。随着混凝土的不断灌注，不断提升导管，始终保持导管在混凝土中的埋置深度为 4～6m，灌注的桩顶高程高出设计高程 0.5～1.0m。灌注过程中应经常量测孔内混凝土面层的高程，及时调整导管排泄端与混凝土表面的相对位置，并始终严密监视导管在无空气和水进入状态下的填充情况。灌注混凝土时溢出的泥浆应引流至适当地点处理，以防污染。混凝土应连续灌注直至灌注到设计的混凝土顶面，以保证截切面以下的全部混凝土具有优良质量。

三、钻孔灌注桩基础施工注意事项

①钻孔机械就位后，应对钻机及配套设备进行全面检查。

②钻机安设必须平稳、牢固，钻架应加设斜撑或缆风绳。

③冲击钻孔时，选用的钻锥、卷扬机和钢丝绳等应配置适当；钢丝绳与钻锥用绳卡固接时，绳卡数量应与钢丝绳直径相匹配。

④冲击过程中，钢丝绳的松弛度应适宜。正、反循环旋转钻机及潜水钻机使用的电缆线要定期检查，接头必须绑扎牢固，确保不漏水、不漏电；对经常处于水、浆浸泡处应架空搭设。

⑤挪移钻机时，不得挤压电缆线及风水管路。潜水钻机钻孔时，一般在完成一根钻孔桩后要检查一次电动机的封闭状况。钻进速度应根据地质变化加以调整，以保证安全运转。

⑥采用冲抓或冲击钻孔，当钻头提到接近护筒底缘时，应减速、平稳提升，不得碰撞护筒和钩挂护筒底缘。

⑦钻孔使用的泥浆宜设置泥浆净化系统，并注意防止或减少环境污染。

⑧钻机停钻后，必须将钻头提出孔外置于钻架上，不得滞留孔内。

⑨对于已埋设护筒但尚未开钻，或已成桩护筒尚未拔除的，应加设护筒顶盖或铺设安全网遮罩。

四、钻孔事故及处理

常见的钻孔（包括清孔）事故有坍孔、钻孔偏斜、掉钻落物、糊钻、扩孔与缩孔以及出现梅花孔、卡钻、钻杆折断、钻孔漏浆等。遇到事故时，要冷静分析事故原因，及时、果断地采取补救措施。

五、挖孔灌注混凝土桩

挖孔灌注混凝土桩是用人工和小型爆破，配合简单工具挖掘成孔，灌注混凝土形成桩基，适用于无水或水较少的较实的各类土层。桩径（或边长）不宜小于1.2m，孔深一般不宜超过20m。在实际施工中，挖孔桩有一定的适用范围，其特点是投资少、进度快、可多点同步作业且所需机具设备少，成孔后可直接检查孔内土质状况，基桩质量有可靠保证。对于挖深过大（超过15~20m），或孔壁可能坍塌及渗水量稍大等情况，应慎重选择施工工艺，增加护壁措施，改善通风条件，以确保施工安全。

第三节　沉井基础施工

在修建负荷较大的建筑结构物时，其基础应该坐落在坚固、有足够承载力的土层上。当这类土层较深，采用天然基础和桩基础受水文地质条件限制时，需用一种就位后上、下开口封闭的结构物来承受上部结构的荷载，这种结构物被称为沉井。

沉井是用混凝土或钢筋混凝土制成的井筒（下有刃脚，以利于下沉和封底）结构物。施工时，先按基础的外形尺寸在基础的设计位置上制造井筒，然后在井内挖土，使井筒在自重（有时需配重）作用下克服土的摩阻力缓慢下沉。当第一节井筒顶下沉接近地面时，再接第二节井筒，继续挖土，如此循环，直至下沉到设计高程。最后浇筑封底混凝土，用混凝土或砂砾石充填井孔，在井筒顶部浇筑钢筋混凝土顶板，即形成深埋的实体基础。

沉井基础既是结构基础，又是施工时的挡土、防水围堰结构物。其埋深大，整体性强，稳定性好，刚度大，能承受较大的上部荷载，且施工设备和施工技术简单，节约场地，所需净空高度小。沉井可在墩位筑岛制造，井内取土后靠自重下沉，也可采用辅助下沉措施，如采用泥浆润滑套、空气幕等方法，以减小下沉时的井壁摩阻力和井壁厚度等。刃脚在井壁最下端，形如刀刃，在沉井下沉时起切入土中的作用。井筒是沉井的外壁，在下沉过程中起挡土的作用。沉井下沉过程中，需要有足够的重量克服筒壁与土之间的摩阻力及刃脚底部的土阻力，使沉井能在自重作用下逐步下沉。

沉井基础施工内容如下。

一、沉井制作

沉井制作方案应根据沉井施工方法确定。在沉井施工前，应详细掌握沉井入土地层及其地基岩石地质资料，并依次制定沉井下沉方案；对洪汛、凌汛、河床冲刷、通航及漂浮物等做好调查研究，并制定必要的安全技术措施，以确保沉井下沉。

沉井制作可分为就地制作沉井、浮式沉井和泥浆润滑套沉井三种方案。

（一）就地制作沉井

沉井位于浅水或可能被水淹没的岸滩时，宜采用筑岛沉井；在无被水淹没可能的岸滩上时，可就地整平夯实制作沉井；在地下水位较低的岸滩，土质较好时可开挖基坑制作沉井。就地制作沉井的方法分为干旱滩岸沉井浇筑法和水中筑岛沉井浇筑法两种。

干旱滩岸沉井浇筑法就是墩台基础位于干旱地而制作沉井，施工时沉井就地下沉。若土质松软，应在进行场地平整并夯实后，在其上铺垫 300 ~ 500mm 的砂垫层，并铺以垫木，垫木之间用砂填平，不允许在垫木下垫塞木块、石块来调整顶面高程，以防压重（也称配重）后产生不均匀沉降。

水中筑岛沉井浇筑法适用于水深 3 ~ 4m、流速较小的情况，围堰筑岛时，其岛面、平台面和坑底高程应比施工时的最高水位高出 500 ~ 700mm，当有流冰时还应适当加高。底层沉井的制作工序包括场地平整夯实，铺设垫木，立沉井模板及支撑，钢筋焊扎，浇筑混凝土等。

在支垫上立模制作沉井时，应符合下列要求：

①支垫布置应满足设计要求，应抽垫方便。

②支垫顶面应与钢刃脚底面紧贴，使沉井重力均匀分布于各支垫上。

③模板及支撑应具有足够的强度和较好的刚性。内隔墙与井壁连接处的支垫应连成整体，底模应支承于支垫上，以防不均匀沉陷；外模与混凝土面贴接一侧应平直、光滑。

刃脚部分采用土模制作时，应符合下列要求：

①刃脚部分的外模应能承受井壁混凝土的重力在刃脚斜面上产生的水平分力；土模顶面的承载力应满足设计要求，一般宜填筑至沉井隔墙底面。

②土模表面及刃脚底面的地面上均应铺筑一层 20 ~ 30mm 的水泥砂浆，砂浆层表面应涂隔离剂。

③应有良好的防水、排水设施。

由于沉井分节制作，分节沉入土中，故其分节制作的高度应既能保证其稳定，又能产生重力下沉的作用。因此，底节沉井的最小高度应能抵抗拆除垫木或挖去土模（当刃脚为土模时）时的竖向挠曲强度。当挖土条件许可时应尽量高，一般情况下每节高度不宜小于3m，并应处理好接缝。在沉井接高时，注意使各节沉井的竖向中轴线与第一节沉井重合，且外壁应竖直、平整。

（二）浮式沉井

浮式沉井是把沉井底节制造成空体结构，或采取其他方法使之漂浮于水中，用船只拖运到设计位置后逐步用混凝土或水灌注，增大自重，使其在水中徐徐下沉直达河底。这种方法适用于水深流急、筑岛困难的沉井基础。

1. 钢丝网水泥薄壁沉井

钢丝网水泥薄壁由骨架、钢丝网、钢筋网和水泥砂浆等组成，由30mm钢丝水泥薄壁隔成空腹壳体，入水后能浮于水中；浮运就位后向空腹壳体内灌水，使之下沉落于河床上，再逐格对地下混凝土灌注水，从而使薄壁空腹沉井变成普通的重力式沉井。钢丝网水泥薄壁沉井由于钢丝网均匀分布在砂浆中，增加了砂浆的内聚力和握裹力，从而提高了砂浆的抗拉强度和韧性，使钢丝网水泥薄壁具有很大的弹性和抗裂性，并能抵抗一定程度的冲击。它具有结构薄而轻，有足够强度和刚度，节省材料，操作简单，可多点平行施工作业且施工时无须模板，可节省模板和支撑等特点。当河流宽度超过200m时，可采取半通航措施，用钢丝绳牵引沉井入水。因而浮运就位方法简单，设备简便。

2. 钢筋混凝土薄壁沉井

钢筋混凝土薄壁沉井的内、外井壁及隔墙均采用钢筋混凝土薄壁轻型结构，具有良好的强度和刚度，刃脚也具有足够抵抗侧土压力的强度。

3. 装配式钢筋混凝土薄壁沉井

装配式钢筋混凝土薄壁沉井是近年来采用的一种深水墩基础形式。其沉井分层依次叠装，然后浇筑水下混凝土形成井壁，最后抽水、清基、填芯而成。基本构件由纵贯上下的梯形导杆（4根）、每层1m的井壳（圆头2块、直线段2块）和与井壳等高的支撑梁壳（4块）装配而成。

（三）泥浆润滑套沉井

泥浆润滑套沉井是在沉井外壁与土层间设置泥浆隔离层，以减小土体与井壁间的摩擦力，从而可减轻沉井自重，加大下沉速度，提高下沉效率。泥浆润滑套沉井刃脚踏面宽度宜小于100mm，以利于减小下沉时的摩阻力。沉井外壁应做成单台阶形，为防止泥浆通过沉井侧壁而渗透到沉井内，对直径小于8m的圆形沉井，台阶位置在距刃脚底面 2 ~ 3m 处；对面积较大的沉井，台阶位置在底节与第二节接缝处。台阶的宽度：S 为泥浆套宽度，一般为 100 ~ 200mm。

二、沉井下沉

沉井下沉是指通过井内除土，清除刃脚正面阻力和沉井内壁阻力后，依靠沉井自重下沉。井内除土方式有排水开挖和不排水开挖。在稳定的土层中，当渗水量不大时，可采用排水开挖使沉井下沉。在有涌水翻砂而不宜采用排水下沉的地层，应采用不排水开挖。不排水开挖采用抓土、吸泥等方法使沉井下沉，必要时辅以压重、高压射水，降低井内水位而减小浮力、增加沉井自重。

（一）拆除垫木

抽垫工作是沉井下沉的开始工作，也是整个沉井下沉工作中极为重要的工序之一。拆除垫木必须在沉井混凝土达到设计强度等级后方可进行。

①抽垫应分区、依次、对称、同步进行。

②应将井孔内的所有杂物清除干净，准备工作全部就绪后，方可进行抽垫。

③抽垫时，先挖垫木下的填砂，再抽垫木，垫木宜从外侧抽出。垫木抽出后，应回填土，开始几组可不作回填，当抽出几组垫木出现空当后，即应回填。回填材料可用砂、砂夹碎石。回填时应分层洒水夯实，每层厚度为 200 ~ 300mm，但回填料不允许从沉井内或筑岛材料中获取，以防沉井歪斜。回填高度应以最后分配给定位垫木的重量不致压断垫木以及垫木下土体承压应力不超过岛面极限承压应力为准，必要时可加大回填高度，甚至在隔墙下进行回填，以满足要求。

④抽垫时定位垫木的位置应按设计确定。若设计无规定，则对于圆形沉井，应安排在周边相隔 90° 的 4 个支点上；对于矩形沉井，应对称布置在长边，每边两个。当沉井长、短边的长度之比为 2 > L/B ≥ 1.5（L 为长边长，B 为短边长）时，长边两承垫间的距离为 0.7L；当比值 L/B ≥ 2 时，距离为 0.6L。

⑤当抽垫至垫木的 2/3 时，沉井下沉较为均匀，下沉量小，回填时间较为充裕，便于较好地抽垫和回填。当继续抽垫时，下沉量逐步加大，回填也较困难，甚至会出现下沉太快以致回填时间不足，造成垫木压坏或间断的情况。因此，抽垫开始阶段宜缓慢进行，以便有足够的时间充分回填夯实，力求尽量改变最后阶段下沉快、沉降量大、断垫等现象。

（二）井内除土

1. 排水开挖下沉

在稳定的土层中，渗水量不大（每平方米沉井面积的渗水量小于 lm3/h）时，可采用排水开挖下沉。从地面或岛面开始挖土下沉时，应将抽垫时在刃脚内侧的回填土分层挖去。其开挖顺序原则上与抽垫顺序相同，定位承垫处的土最后挖除。当一层全部挖完后，再挖第二层，如此循环往复。开挖的方法如下。当土质松软时，分层挖除回填土，沉井逐渐下沉。当沉井刃脚下沉至沉井中部与土面大致平齐时，即可在中部先向下开挖 400 ~ 500mm，并向四周均匀开挖；距刃脚约 1m 处时，再分层挖除刃脚内侧的土台。当土质较坚实时，可从中部向下开挖 400 ~ 500mm，并向四周均匀扩挖，使沉井平稳下沉。当土质坚硬时，可按抽垫顺序分段掏空刃脚。每段掏空后随即回填砂砾，待最后几段掏空并回填后，再分层分次序地逐步挖去回填土，使沉井下沉至岩层。

开挖刃脚下的土体时，可采用跳槽法，即将刃脚周长等分为若干段，每段长约 1m，先隔一段挖一段，然后挖去剩余各段，最后挖定位承垫处的岩石。开挖时，下沉速度应根据沉井大小、入土深度、地层情况而定。一般而言，平均下沉速度为 0.5 ~ 1.0m/d。

2. 不排水开挖下沉

不排水开挖下沉的基本要求为：

①沉井内除土深度应根据土质而定，最深不应低于刃脚 2m；土质特别松软时，不应直接在刃脚下除土。

②应尽量加大刃脚对土的压力。当沉井通过粉砂、细砂等松软地层时，不宜以降低沉井内水位从而减小浮力的方法来促使沉井下沉，应保持沉井内水位高于沉井外水位 1 ~ 2m，以防止流砂现象的发生，其会引起沉井歪斜，增加吸泥工作量。

③除纠正沉井倾斜外，沉井各孔内的土应均匀清除，土面高差不应超过 500mm。

④当沉井入土较深，井壁阻力较大时，应根据具体情况采取有效的下沉方法，如采取抓土、吸泥、射水交替联合作业。必要时还需辅以降低沉井内水位，在沉井底放炮震动，或用在沉井顶压重的方法，使沉井下沉至设计高程。

不排水开挖下沉常采用抓土下沉。单孔沉井时，抓斗挖掘井底中央部分的土，形成锅底状。

在砂或砾石类土体中，一般当锅底比刃脚低 1 ~ 1.5m 时，沉井即可靠自重下沉，并将刃脚下的土挤向中央锅底；在黏性土中，由于四周土不易向锅底坍落，应辅以高压水松土。多孔沉井时，最好在每个井孔上配置一套抓土设备，以同时均匀除土、减少抓斗倒孔时间，使沉井均匀下沉。

为了使抓斗能在沉井孔内靠边的位置上抓土，需在沉井顶面井孔周围预埋挂钩。偏抓时，先将抓斗落至孔底，再将钢丝绳挂在井孔周边的挂钩上进行抓土，如此就可以达到偏抓的目的。

（三）辅助下沉措施

1. 高压射水

当局部地点难以由潜水员定点、定向射水掌握操作时，在一个沉井内只可同时开动一套射水设备，并不得进行除土或其他起吊作业。射水水压应根据地层情况、沉井入土深度等因素确定，可取 1 ~ 2.5MPa。

2. 抽水助沉

不排水下沉的沉井，对于易引起翻砂、涌水的地层，不宜采用抽水助沉方法。

3. 压重助沉

沉井圬工尚未接高浇筑完毕时，可利用接高浇筑圬工压重助沉，也可在井壁顶部用钢铁块件或其他重物压重助沉。采用压重助沉时，应结合具体情况及实际效果选用。

4. 炮震助沉

一般不宜采用炮震助沉方法。在特殊情况下必须采用时，应严格控制用药量。在井孔中央底面放置炸药起爆助沉时，可采用 0.1 ~ 0.2kg 炸药，具体使用应视沉井大小、井壁厚度及炸药性能而定。同一沉井每次只能起爆一次，并应根据具体情况适当控制炮震次数。

（四）沉井接高

接高上节沉井模板时，不得直接支撑于地面。接高时应均匀加重，防止沉井突然下沉和倾斜。接高后的各节沉井的中轴线应为一直线。混凝土施工接缝应按设计要求布置接缝钢筋，清除浮浆并凿毛。

①沉井接高前，应尽量纠正倾斜，接高各节的竖向中轴线应与前一节的中轴线重合。

②水上沉井接高时，井顶露出水面不应小于 1.5m；地面上沉井接高时，井顶露出地面不应小于 0.5m。

③接高前不得将刃脚掏空，避免沉井倾斜，接高加重应均匀、对称地进行。

沉井下沉时，如需在沉井顶部设置防水或防土围堰，围堰底部与井顶应连接牢固，防止沉井下沉时围堰与井顶脱离。

（五）沉井纠偏

①纠偏前，应分析原因，然后采取相应措施，如有障碍物应首先清除。

②纠正倾斜时，一般可采取除土、压重、顶部施加水平力或刃脚下支垫等方法进行。对空气幕沉井可采取偏侧局部压气纠偏。

③纠正位移时，可先除土，使沉井底面中心向墩位设计中心倾斜，然后在对侧除土使沉井恢复竖直。如此反复进行，使沉井逐步接近设计中心。

④纠正扭转时，可在一对角线的两角除土，在另外两角填土，借助于刃脚下不相等的土压力所形成的扭矩，可使沉井在下沉过程中逐步纠正其扭转角度。

三、沉井清基和封底

（一）沉井清基

沉井清基是指沉井下沉到位后，清除基底的松散土层及杂质，以保证封底混凝土直接支承在持力土层上。

①沉井下沉至设计高程后，基底面地质应符合设计要求。如有不符需做处理，应征得设计单位同意，必要时取样鉴定。

②清理后的基底面距隔墙底面的高度及刃脚斜面露出的高度，必须满足设计要求的最小高度。

③基底浮泥或岩面残存物均应清除，保证封底混凝土与基底间不产生有害夹层。

④隔墙底部及封底混凝土高度范围内井壁上的泥污应予以清除。

（二）沉井清基方法

1. 排水清基

排水清基时，施工人员可进入井底施工，比较简单，主要问题是防止沉井在清基时倾斜，处理从刃脚下涌入井内的流沙等。

2. 不排水清基

不排水清基可采用高压射水将刃脚及隔墙下的土破坏，然后用吸泥机除渣。高压射水一般使用直径为 75 ~ 86mm 的钢管，下端配有单孔锥形射水嘴，出水孔直径为 13 ~ 20mm。沉井沉至设计高程后，应检验基底的地质情况是否与设计相符。排水下沉时可直接检验、处理；不排水下沉时应进行水下检验、处理，必要时需取样鉴定。

（三）封底

基底检验合格后，应及时封底。对于排水下沉的沉井，在清基时如渗水量上升速度小于或等于 6mm/min，可按普通混凝土浇筑方法进行封底；若渗水量大于上述规定，宜采用水下混凝土进行封底。

沉井封底时，若井内可以排水，则按一般混凝土施工；若不能排水，则采用导管法灌注水下混凝土。

用刚性导管法进行水下混凝土封底时，应满足如下要求：

①混凝土材料可参照钻孔灌注桩水下混凝土的有关规定，混凝土的坍落度宜为 150 ~ 200mm。

②灌注封底水下混凝土时，需要的导管间隔及根数应根据导管作用半径及封底面积确定。

③用多根导管进行灌注的顺序应进行设计，防止产生混凝土夹层。若同时浇筑，当基底不平时，应逐步使混凝土保持大致相同的高程。

④每根导管开始灌注时所用的混凝土坍落度宜采用下限，首批混凝土的需要量应通过计算确定。

⑤在灌注过程中，应根据混凝土的堆高和扩展情况正确调整坍落度和导管埋深，使每盘混凝土灌注后形成适宜的堆高和不大于1∶5的流动坡度。抽拔导管时应严格保证导管不进水。混凝土面的最终灌注高度应比设计值高出至少150mm。待灌注混凝土强度达到设计要求后，再抽水凿除表面松弱层。

沉井封底时，若为水下压浆混凝土，应按设计要求施工。

沉井基础的质量应符合下列规定：

①混凝土的强度应符合设计要求。

②沉井刃脚底面高程应符合设计要求。

③底面、顶面中心与设计中心的偏差应符合设计要求。当设计无要求时，其允许偏差纵横方向为沉井高度的1/50（包括因倾斜而产生的位移）。对于浮式沉井，允许偏差值增加250mm。

④沉井的最大倾斜度为1/50。

⑤对于矩形、圆端形沉井的平面扭转角偏差，就地制作的沉井不得大于1°，浮式沉井不得大于2°。

第四节　桥梁墩台及盖梁施工

一、桥梁墩台施工

墩台是桥梁的下部结构，支承着桥梁上部结构的荷载，并将它传给地基基础。桥梁墩台应具有足够的强度和稳定性，能够避免在荷载作用下产生过大位移和转动。因此，桥梁墩台施工是桥梁下部结构施工中的重要组成部分，其施工质量的优劣，不仅关系到桥梁上部结构的制作与安装质量，而且对桥梁的使用功能也影响重大。因此，墩台的位置、尺寸和材料强度等都必须符合设计规范的要求。墩台施工的主要工作有：墩台定位，放样，基础施工，在基础襟边上立模板和支架，浇筑墩（台）身混凝土或砌石，扎顶帽钢筋，浇顶帽混凝土并预留支座锚栓孔等。在施工过程中，应准确地测定墩台位置，正确地进行模板制作与安装，同时采用经过正规检验的合格材料，严格执行施工规范的规定，以确保施工质量。

桥梁墩台的施工方式主要有桥位就地施工与预制装配两种。墩台施工方法与构造形式密切相关。就桥墩而言，目前较多采用滑动模板连续浇筑施工，它对高桥墩和薄壁无横隔梁的空心桥墩具有很高的经济效益，而装配式墩台常采用带有横隔梁的空心墩或V形墩、Y形墩等。连续梁桥的墩台主要采用混凝土、钢筋混凝土和预应力混凝土结构建造。

（一）整体式墩台的施工要点

1. 混凝土及钢筋混凝土墩台的施工要点

①墩台施工前，应在基础顶面放出墩台中线和墩台内、外轮廓线的准确位置。

②现浇混凝土墩台钢筋的绑扎应和混凝土的灌注配合进行。垂直方向的钢筋应配置不同的长度，以使同一断面上的钢筋接头符合《公路桥涵施工技术规范》（JTG/T 3650—2020）的有关规定。水平钢筋的接头也应内外、上下互相错开。

③注意掌握混凝土的浇筑速度。

④若墩台截面积不大时，混凝土应一次连续浇筑完成，以保证其整体性。若墩台截面积过大，应分段分块浇筑。

⑤在混凝土浇筑过程中，应随时观察所设置的预埋螺栓、预埋支座的位置是否移动，若发现移位应及时校正。浇筑过程中还应注意模板、支架情况，如有变形或沉陷应立即校对并加固。

⑥对于高大的桥台，若台身后仰，本身自重力偏心较大，为平衡台身偏心，施工时应在填筑台身四周路堤土方的同时砌筑或浇筑台身，以防止桥台后倾或向前滑移。未经填土的台身施工高度一般不宜超过4m，以免偏心引起基底不均匀沉陷。

⑦V形、Y形和X形桥墩的施工方法与桥梁结构体系有密切关系。V形墩类桥梁属刚架桥系统，其施工方法除了具有连续梁桥的施工特点外，还有其自身的特点。通常把这种桥梁划为V形墩结构、锚跨结构和挂孔部分三个施工阶段。其中，V形墩是全桥施工的重点，它由两个斜腿和顶部主梁组成倒三角形结构。

2. 片石混凝土或片石混凝土砌体墩台的施工要点

在浇筑实体墩台和厚大无筋或稀配筋的墩台混凝土时，为节约水泥，可采用片石混凝土或混凝土砌体。

当采用片石混凝土时，混凝土中允许填充粒径大于150mm的石块（片石或大卵石），并应遵守下列规定。

①填充石块的数量不宜超过混凝土结构体积的25%。

②应选用均匀，无裂纹、夹层，不宜风化和未燃烧过的并具有抗冻性的石块。

③石块的抗压强度应符合《公路桥涵施工技术规范》（JTG/T 3650—2020）的有关规定，与对碎石、卵石的要求相同。

④石块在使用前应仔细清扫，并用水冲洗干净。

⑤石块应在捣实的混凝土中埋一半左右。受拉区混凝土不宜埋放石块；当气温低于0℃时，应停埋石块。

⑥石块应在混凝土中分布均匀，两石块间的净距不应小于100mm，以便捣实其间的混凝土。石块距表面（包括侧面与顶面）的距离不得小于150mm，具有抗冻要求的距表面不得小于300mm，并不得接触钢筋和碰撞预埋件。

当采用片石混凝土砌体时，石块含量可增加到砌体体积的50%～60%，石块间净距可减小为40～60mm，其他要求与片石混凝土相同。

（二）装配式桥墩的施工要点

装配式桥墩主要采用拼装法施工。它用于预应力混凝土、钢筋混凝土薄壁墩，薄壁空心墩或轻型桥墩。装配式桥墩主要由就地浇筑的实体部分墩身、基础与拼装部分墩身组成。实体部分墩身与基础采用就地现浇施工时，应考虑其与拼装部分的连接、抵御洪水和漂流物的冲击、锚固预应力筋、调节拼装墩身的高度等问题。

拼装部分墩身由基本构件、隔板、顶板和顶帽组成，在工厂制作，运到桥位处拼装成桥墩。拼装部分墩身的分块，要根据桥墩的结构形式、吊装、起重工具和运输能力确定，应尽可能使分块大、接缝小，并按照设计要求定型生产。加工制作出来的拼装块件应质量可靠、尺寸准确、内外壁光洁度高。拼装要根据施工现场的地形、水文、运输条件以及墩的高度、起吊设备等具体情况拟订施工细则，认真组织实施。确定拼装方法时应注意预埋件的位置，接缝处要牢固密实，预留孔道要畅通。

预应力混凝土空心墩的主要施工工艺流程如下。

①浇筑桥墩基础。

②浇筑实体部分墩身（包括预埋锚固件和连接件）。

③安装预制的墩身块件，包括以下内容：

a. 预制构件分块；

b. 模板制作及安装（在工厂内进行）；

c. 制孔（在工厂内进行）；

d. 预制构件浇筑（在工厂内进行）；

e. 将预制构件运输至桥位；

f. 安装墩身预制块件。

④施加预应力。

⑤孔道压浆。

⑥封锚。

二、盖梁施工

（一）墩台帽施工

1. 放样

墩台混凝土浇筑或砌石砌至距离墩台帽下缘 300～500mm 高度时，即需测出墩台帽纵、横中心轴线，并开始竖立墩台帽模板，安装锚栓孔或安装预埋支座垫板，绑扎钢筋等。桥台帽放样时，应注意不要以基础中心线作为台帽背墙线。模板立好后，在浇筑混凝土前应再次复核，以确保墩台帽中心、支座垫石等的位置、方向和高程不出差错。

2. 桩柱墩帽模板

桩柱墩帽也称盖梁，除装配式盖梁以外，其他盖梁均需要现场立模浇筑。盖梁圬工体积小，可利用钢筋混凝土桩柱本身做模板支承。其方法是用两根木梁将整排柱用螺栓相对夹紧，上铺横梁，横梁间衬以方木调节间距，也可用螺栓隔桩柱成对夹紧，在横梁上直接安装底模板。两侧模板借助于横梁、上拉杆和一对三角撑所组成的方框架来固定。所有框架、榫眼及角撑均预先制好，安装时只用木楔楔紧框构四周，就能迅速而正确地使模板定位，如图 4-5 所示。

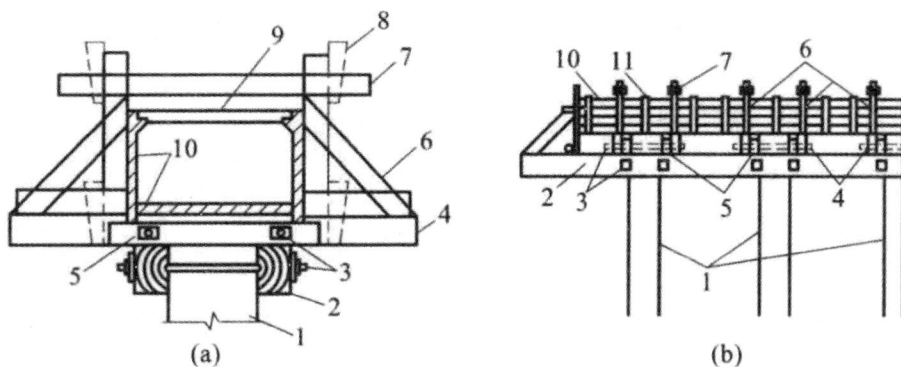

图4-5 桩柱墩帽模板

1-钢筋混凝土桩柱；2-木梁；3-螺栓；2-横梁；5-衬木；6-角撑；

7-拉杆；8-木楔；9-内模；10-模板；11-肋木

3. 钢筋网、预埋件、预留孔等的安装

（1）钢筋网的安装

梁桥墩台帽支座处一般均布设 1～3 层钢筋网。当墩台帽为素混凝土或虽为配筋混凝土但钢筋网未设置架立钢筋时，施工时应根据各层钢筋网的高度安排墩台帽混凝

土的浇筑程序。为了保证各层钢筋网位置正确，应在两侧板上画线，并加设钢筋网的架立钢筋和定位钢筋，以免振捣混凝土时钢筋网发生移动。

（2）墩、台预埋件的种类

①支座预埋件有以下几类：平面钢板支座的下锚栓及垫板；切线式支座的下锚栓及垫板；摆柱式支座的锚栓及垫板；盆式橡胶支座的固定锚栓。

②防振锚栓。

③装配式墩台帽的吊环。

④供运营阶段使用的扶手、检查平台和护栏等。

⑤供观测用的标尺。

⑥防振挡块的预埋钢筋。

预埋件施工应注意下述各点：

①为保证预埋件位置准确，应对预埋件采取固定措施，以免振捣混凝土时发生移动。

②预埋件下面及附近的混凝土应注意振捣密实，对具有角钢筋的预埋件尤应注意加强捣实。

③预埋件在墩台帽上的外露部分要有明显标识，浇至顶层混凝土时，要保证外露部分尺寸准确。

④在已埋入墩台帽内的预埋件上施焊时，应尽量采用细焊条、小电流分层施焊，以免烧伤混凝土。

（3）预留孔的安装

墩台帽上的预留锚栓孔须在安装墩台帽模板时，安装好锚栓留孔模板，在绑扎钢筋时注意将预留孔的位置留出。预留孔应该下大上小，其模板可采用拼装式。模板安装时，顶面可比支座垫石顶面约低 5 mm，以便垫石顶面抹平。带弯钩锚栓的模板安装时，应考虑钩的方向。为便于安装锚栓后灌实锚栓孔，可在每一锚栓孔模板外侧的三角木块部分预留进浆槽。

（二）附属工程施工

1. 桥台翼墙、锥坡施工要点

（1）翼墙、锥体护坡（简称锥坡）的作用和构造

翼墙、锥坡是用来连接桥台和路堤的防护建筑物。它的作用是稳固路堤，防止水流的冲刷。设翼墙的桥台称为八字形桥台。翼墙设于桥台两侧，在平面上为八字形；立面上为一变高度的直线墙，其坡度变化与台后路堤边坡的坡度相适应；翼墙的竖直截面为梯形，翼墙顶设帽石。翼墙一般为浆砌片石或浆砌块石结构。根据地基情况，翼墙基础可以采用浆砌片石或片石混凝土。

锥坡一般为椭圆形曲线，锥体坡面坡度沿长轴方向与路基边坡相同，一般为 $1:1.5$，沿短轴方向为 $1:1$，锥体坡顶与路基外侧边沿同高。当台后填土高度大于 6m，路堤边坡采用变坡时，锥坡也应做相应变坡处理。

锥坡内部用砂土或卵、砾石填筑、夯实，表面用片石干砌或浆砌，一般砌筑厚度为 $200\sim350mm$。坡脚以下应根据地基情况及流速大小设置基础，或将坡脚伸入地面以下一段，并适当加厚趾部。

在受水流冲刷影响的地方，锥体可以考虑采用铺盖草皮或干砌片石网格代替满铺片石铺砌，也可以将锥坡的下段用片石满铺，上段铺草皮，以节约圬工数量。

（2）锥坡施工要点

①锥体填土应按设计高程及坡度填足，砌筑片石厚度不够时再将土挖去，不允许填土不足，临时边砌石边补填土。锥坡拉线放样时，坡顶应预先放高 $20\sim40mm$，使锥坡随锥体填土沉降后，坡度仍符合设计规定。

②砌石时放样拉线要张紧，表面要平顺，锥坡片石背后应按规定做碎石倒滤层，防止锥体土方被水侵蚀变形。

③锥坡与路肩或地面的连接必须平顺，以利于排水，避免砌体背后冲刷或渗透导致坍塌。

④在大孔土地区，应检查锥坡基底及其附近有无陷穴，并进行彻底处理，以保证锥坡稳定。

⑤干砌片石锥坡用小石子砂浆勾缝时，应尽可能在片石护坡砌筑完成后间隔一段时间，待锥体基础稳定后再进行，以减少灰缝开裂。

⑥锥体填土应分层夯实，填料以黏土为宜。锥坡填土应与台背填土同时进行，并应按设计宽度一次填足。

2. 台后填土要求

①台后填土应与桥台砌筑协调进行。填土应尽量选用渗水土，如黏土含量较少的砂质土。土的含水量要适宜，在北方冰冻地区要防止冻胀。如遇软土地基，为增大土抗力，台后适当长度内的填土可采用石灰土（掺 5% 石灰）。

②填土应分层夯实，每层松土厚 $200\sim300mm$，一般应夯 $2\sim3$ 遍，夯实后的厚度为 $150\sim200mm$，使密实度达到 96%（拱桥要求达到 98%），并做密实度测定。靠近台背处的填土打夯较困难时，可用木棍、拍板打紧捣实，与路堤搭接处宜挖成台阶形。

③石砌圬工桥台台背与土的接触面应涂抹沥青或用石灰三合土、水泥砂浆胶泥做不透水层，作为台后防水处理。

④拱桥台后填土必须与拱圈施工程序相配合，使拱的推力与台后土侧压力保持一定的平衡。一般要求拱桥台后填土应在主拱圈安装或砌筑以前完成。梁式桥的轻型桥

台台后填土应在桥面完成后在两侧平衡地进行。

⑤台后填土顺路线方向的长度一般应自台身起，顶面不小于桥台高度加 2m，在底面应不小于 2m；拱桥台后填土长度一般不应小于台高的 3～4 倍。

（三）支座安设

1. 板式橡胶支座的安设

板式橡胶支座在安装前应进行全面检查和力学性能检验，包括支座长度、宽度、厚度、硬度（邵氏）、容许荷载、容许最大温差，以及外观检查等。如不符合设计要求，不得使用。如设计未规定，其力学性能可参考下列数值：硬度 HRC 为 55°～60°，压缩弹性模量 $E=6×102MPa$，允许压应力 $[\sigma]=10MPa$，剪切弹性模量 $G=1.5MPa$，允许切角正切值 $\tan\gamma$ 为 0.2～0.3。支座中心应尽可能对准梁的计算支点，并使整个橡胶支座的承压面受力均匀。为此，应注意以下几点。

①安装前应将墩、台支座支垫处和梁底面清洗干净，去除油垢，用水灰比不大于 0.5 的 1∶3 水泥砂浆仔细抹平，使其顶面高程符合设计要求。

②支座安装尽可能安排在接近年平均气温的季节里进行，以减少由于温差过大而引起的剪切变形。

③梁、板安放时，必须细致、稳妥，使梁、板就位准确且与支座密贴，勿使支座产生剪切变形。就位不准时必须吊起重放，不得用撬杠移动梁、板。

④当墩台两端高程不同，顺桥向或横桥向有坡度时，支座安装必须严格按设计规定进行。

⑤支座周围应设排水坡，防止积水，并注意及时清除支座附近的尘土、油脂与污垢等。

值得一提的是，目前板梁支座施工中常见支座"掏空"现象。出现支座"掏空"的原因有：

①板梁底与墩帽不在同一个平面上。

②板梁在预制时，其四角不在同一平面内。

其处理方法主要是采用垫钢板和对此做重点检查。

2. 盆式橡胶支座的安设

盆式橡胶支座顶、底面积大，支座埋设在桥墩顶的网垫板面积也较大，钢板的滑动面和密封在钢盆内的橡胶垫块都不能有污物和损伤，否则容易降低使用寿命，增大摩擦系数。盆式橡胶支座各部件组装时应满足的要求为：在支座底面和顶面（埋置于墩顶和梁底面）的钢垫板必须埋置密实，垫板与支座间平整密贴，支座四周不得有 0.3mm 以上的缝隙；支座中线、水平位置偏差不大于 2mm；活动支座的聚四氟乙烯板和不锈钢板不得有刮伤、撞伤；氯丁橡胶板块密封在钢盆内，安装时应排除空气，保持密封；支座组拼要保持清洁。施工时应注意下列事项。

①安装前应将支座的各相对滑移面和其他部分用丙酮或酒精擦拭干净。

②支座顶面和底面可用焊接或锚固螺栓栓接在梁体底面和墩台顶面的预埋钢板上；采用焊接时，应防止烧坏混凝土；安装锚固螺栓时，其外露螺杆的高度不得大于螺母的厚度。上、下支座安装顺序：首先将上座板固定在大梁上，然后确定底盆在墩台上的位置，最后予以固定。

③安装支座的高程应符合设计要求，平面纵、横两个方向应水平。当支座承压不大于 5000kN 时，其四角高差不得大于 1mm；当支座承压大于 5000kN 时，其四角高差不得大于 2mm。

④安装固定支座时，其上、下各个部件的纵轴线必须对正；安装纵向活动支座时，上、下各个部件的纵轴线必须对正，横轴线应根据安装时的温度与年平均最高、最低温差计算确定其错位距离。支座上、下导向挡块必须平行，最大偏差的交叉角不得大于 5°。

（3）其他支座的安设

跨径小（10m 左右）的钢筋混凝土梁、板可采用油毡、石棉垫或铅板支座。安设这类支座时，应先检查墩台支承面的平整度和横向坡度是否符合设计要求，否则应修凿平整并以水泥砂浆抹平，再铺垫油毡、石棉垫或铅板。梁、板就位后，与支承间不得有空隙和翘动，否则将发生局部应力集中现象，使梁、板受损，也不利于梁、板的伸缩与滑动。

第五章　其他桥梁施工技术

第一节　拱桥施工技术

拱桥施工方法按拱圈的制作方式可分为现浇法和预制装配法；按拱圈的架设施工方式可分为有支架施工和无支架施工两类。

有支架施工是拱桥施工的主要方法，尤其是石拱桥和混凝土拱桥，几乎全是采用搭设拱架的方法进行施工的，但这种方法需要耗费大量建筑材料和劳动力，并且工期较长，大大影响了拱桥的推广使用。

拱桥是一种能充分发挥圬工及钢筋混凝土材料抗压性能的合理桥型，其外形美观、维修费用低，具有向大跨度方向发展的优势。为了改善拱桥施工方法落后的状况，目前在施工方法和机具设备方面做了大量改进。

一、混凝土拱桥施工

混凝土拱桥的施工按其主拱圈成型的方法可以分为以下三大类。

（一）就地浇筑法

就地浇筑法就是把拱桥主拱圈混凝土的基本施工工艺流程（立模、扎筋、浇筑混凝土、养护及拆模等）直接在桥孔位置来完成。按照所使用的设备来划分，就地浇筑法包括以下两种。

1. 有支架施工法

这和梁式桥的有支架施工类似，与其支架类型、主拱圈混凝土浇筑的技术要求以及卸架方式等有关。

2. 悬臂浇筑法

悬臂浇筑法把主拱圈划分成若干个节段，并用专门设计的钢桁托架结构作为现浇混凝土的工作平台。托架的后端铰接在已完成的悬臂结构上，其前端则用刚性组合斜拉杆经过临时支柱和塔架，再由尾索锚固在岸边的锚碇上。但是钢桁托架本身较重，转移较难，钢筋骨架和混凝土法的运输需借助缆索吊装设备，施工比较麻烦，拱轴线上各点的高程也较难控制，故目前较少采用这种施工方法。

（二）预制安装法

预制安装法按主拱圈结构所采用的材料可以分为整体安装法和节段悬拼法两种。

1. 整体安装法

这种施工方法适合于钢管混凝土系杆拱的整片起吊安装，钢管混凝土拱肋在未灌混凝土之前具有质量轻的优点。例如，某跨径为45m的系杆拱片，经组合后，其吊装质量仅为18.7t，用起重量为20t的浮吊，仅用了一天就把两片拱片全部安装完毕。被起吊的拱片应做以下三点验算。

拱肋从平卧到竖立的翻转过程中，形若一根简支曲梁。因此，应将此两个起吊点视为作用于其上的垂直集中力，来验算此曲梁的强度和刚度。

在竖向吊运过程中，需验算吊点截面的强度。

当两吊点间距较近时，需验算系杆在吊运过程中是否出现轴向压力及其面外的稳定性。应该科学地设计其施工顺序，使设计中对全桥横向稳定有利的杆件先安装或浇筑以尽早发挥作用。例如，先安装肋间横撑，浇筑支承节点和端横梁混凝土，再安装内横梁和沿系杆的纵向分条地安装桥面板直至合龙等。

2. 节段悬拼法

节段悬拼法是将主拱圈结构划分成若干节段，先放在现场的地面或场外工厂进行预制，然后运送到桥孔的下面，利用起吊设备提升就位，进行拼接，逐渐加长直至成拱。每拼完一个节段，必须借助辅助设备临时固定悬臂段。这种方法对钢筋混凝土或钢管混凝土主拱圈的施工都适用。常用的起重设备有以下两种。

（1）缆索吊装设备

缆索吊装设备主要由主索、工作索、塔架和锚固装置等四个基本部分组成。其中包括主索、起重索、牵引索、结索、扣索、缆风索、塔架及索鞍、地锚、滑车、电动卷扬机等设备和机具。

（2）伸臂式起重机

伸臂式起重机每拼接好一个节段，即用辅助钢索临时拉住，每拼完三节，便改用更粗的主钢索拉住，然拆除辅助钢索，供重复使用。这种方法适用于特大跨径的拱桥施工。

（三）转体施工法

转体施工法的特点是将主拱圈从拱顶截面分开，把主拱圈混凝土高空浇筑作业改为放在桥孔下面或者两岸进行，并预先设置好旋转装置，待主拱圈混凝土达到设计强度后，再将它就地旋转就位成拱。转体施工法按照旋转的几何平面又可分为以下三种。

1，平面转体施工法

这种施工方法特点是：将主拱圈分为两个半跨，分别在两岸利用地形做简单支架（或土牛拱胎），现浇或者拼装拱肋，再安装拱肋间横向联系（横隔板、横系梁等），把扣索的一端锚固在拱肋的端部（靠拱顶）附近，经引桥桥墩延伸至埋入岩体内的锚碇中，再用液压千斤顶收紧扣索，使拱肋脱模，借助环形滑道和手摇卷扬机牵引，慢速地将拱肋转体180°（或小于180°），最后再进行主拱圈合龙段和拱上建筑的施工。

2. 竖向转体施工法

当桥位处无水或水很浅时，可以将拱肋分成两个半跨放在桥孔下面预制。如果桥位处水较深，可以在桥位附近预制，然后浮运至桥轴线处，再用起吊设备和旋转装置进行竖向转体施工。这种方法最适宜钢管混凝土拱桥的施工。因为钢管混凝土拱桥的主拱圈必须先让空心钢管成拱后再灌筑混凝土，故在旋转起吊时，不但钢管自重相对较轻，而且钢管本身强度也高，易于操作。

3. 平—竖相结合的转体施工法

这种施工方法综合吸收了上述两种转体施工方法的优点，具体体现在以下几点：利用竖向转体法的优点，变高空作业为地上作业，避免了长、大、重安装单元的运输和起吊；利用平面转体法的优点，将全桥三孔分为两段，放在主河道的两岸进行预制和拼装，将桥跨结构的施工对主航道航运的影响减到最低限度；利用边孔作为中孔半拱的平衡重，使整个转体施工形成自平衡体系，免除了在岸边设置锚碇构造。

二、拱桥的有支架施工

（一）拱架

砌筑石拱桥或混凝土预制块拱桥，以及现浇混凝土或钢筋混凝土拱圈时，需要搭设拱架，以承受全部或部分主拱圈和拱上建筑的重量，保证拱圈的形状符合设计要求。拱架主要有钢桁架拱架、扣件式钢管拱架等。

1. 钢桁架拱架

（1）常备拼装式桁架形拱架

常备拼装式桁架形拱架是由标准节段、拱顶段、拱脚段和连接杆等用钢销或螺栓连接的，拱架一般采用三铰拱，其横桥向由若干组拱片组成，每组的拱片数及组数由桥梁跨径、荷载大小和桥宽决定，每组及各组间拱片由纵、横连接系联成整体。

（2）装配式公路钢桥桁架节段拼装式拱架

在装配式公路钢桥桁架节段的上弦接头处加上一个不同长度的钢铰接头，即可拼成各种不同曲度和跨径的拱架，在拱架两端应另加设拱脚段和支座，构成双铰拱架。拱架的横向稳定由各片拱架间的抗风拉杆、撑木和风缆等设备保证。

（3）万能杆件拼装式拱架

万能杆件拼装式拱架是用万能杆件补充一部分带铰的连接短杆，拼装时，先拼成桁架节段，再用长度不同的连接短杆连成不同曲度和跨径的拱架。

（4）装配式公路钢桥桁架或万能杆件桁架与木拱盔组合的钢木组合拱架

装配式公路钢桥桁架或万能杆件桁架与木拱盔组合的钢木组合拱架是由钢桁架及其上面的帽木、立柱、斜撑、横梁及弧形木等杆件构成。

2.扣件式钢管拱架

扣件式钢管拱架一般有满堂式钢管拱架、预留孔满堂式钢管拱架、立柱式扇形钢管拱架等几种形式。

扣件式钢管拱架的基础可以采用在立柱下端垫上底座，使立柱承重后均匀沉降并有效地将荷载传递给地基。但由于立柱数量较多、分散面宽，每根立柱所处的地基不相同，除按一般基础处理外，还可采取分别确定立柱管端承载能力的方法，使各立柱承载后的不均匀沉降控制在允许的范围内。

（二）模板

1.拱圈模板

拱圈模板（底模）的厚度应根据弧形木或横梁间距的大小而定，一般有横梁时为40 ~ 50mm，直接搁置在弧形木上时为60 ~ 70mm。有横架时为使顺向放置的模板与拱圈内弧线圆一致，可预先将木板压弯，但40m以上跨径拱桥的模板可不必事先压弯。

混凝土和钢筋混凝土拱圈模板在拱顶处应铺设一段活动模板，在间隔缝处应设间隔缝模板并在底模或侧模上留置孔洞，待分段浇筑完后再堵塞孔洞，以便清除杂物。拱轴线与水平面倾角较大地段，须设置顶面盖板，以防混凝土流失。

2.拱肋模板

拱肋模板的底模基本上与混凝土和钢筋混凝土拱圈相同，在拱肋间及横撑间的空档可不铺设底模。拱肋侧面模板一般先按样板分段制作，然后拼装于底模之上，并用拉木、螺栓拉杆及斜撑等固定。在安装时，应先安置内侧模板，等钢筋入模后再安置外侧模板，且应在适当长度内设置一道变形缝。拱肋盖板设置于拱轴线较陡的拱段，随浇筑进度装订。

（三）拱架卸落

1.拱架卸落的程序和方法

拱架卸落的过程，就是由拱架支撑的拱圈的重力逐渐转移给拱圈自身来承担的过程，为了对拱圈受力有利，拱架不能突然卸除，而应按一定的卸架程序和方法进行。在卸架中，只有达到一定的卸落量时，拱架才能脱离拱圈体并实现力的转移。下面以满布式拱架为例，简述卸落程序。

拱架所需的卸落量 h 为拱圈体弹性下沉量与拱架弹性回升量之和，可通过计算得出。该卸落量 h 为拱顶卸落量，拱顶两侧各支点的卸落量按直线比例分配。为了使拱圈体逐渐均匀降落和受力，各支点和各循环之间分成几次和几个循环逐步完成。各次和各循环之间要有一定间歇。间歇后将松动的卸落设备顶紧，使拱圈体落实。满布式拱架可根据算出和分配的各支点的卸落量，从拱顶开始，逐步同时向拱脚对称卸落，横向的几个沙筒同时放沙，速度一致、统一指挥。要检视拱圈边棱，用两组水准仪测量拱顶及 1/4 点处的高程变化。

2. 卸架设备

为保证拱架能按设计要求均匀下落，必须设置专门的卸架设备。卸架用的设备在拱架安装时已预先就位，满布式拱架卸落设备则放在拱脚铰的位置。卸架设备常用木楔、木凳（木马）、沙筒（沙箱）等几种。

（1）木楔

木楔可分为简单木楔和组合木楔。简单木楔由两块 1：6～1：10 斜面的硬木楔组成。落架时，用锤轻轻敲击木楔小头，将木楔取出，拱架即可下落。它的构造最简单，但缺点是敲击时振动大，易造成下落不均匀木楔一般可用于中、小跨径拱桥。组合木楔由三块楔形木和拉紧螺栓组成。卸架时，只需扭松螺栓，则楔木徐徐下降。组合木楔的下落较均匀，可用于 40m 以下的满布式拱架或 20m 以下的拱式拱架。

（2）木凳（木马）

木凳是另一种形式简单的卸架设备。卸架时，只要锯去木凳的两个边角，在拱架自重作用下，木凳被压陷，拱架也随之下落。木凳一般适用于跨径在 5m 以内的拱桥。

（3）沙筒

沙筒是由内装沙的金属（或木料）筒及活塞（又名顶心木，为木制或混凝土制）组成，适用于跨径大于 30m 的拱桥。卸落时靠沙从筒的下部预留泄沙孔流出。因此，要求沙干燥、均匀、清洁，沙筒与活塞间用沥青填塞，以免沙受潮。由于沙泄出量可以控制拱架卸落的高度，这样就能通过泄沙孔的开与关，分数次进行落架，使拱架均匀下降而不受振动。

三、拱桥的无支架施工

（一）缆索吊施工

缆索吊装施工是指采用缆索结构（单跨或双跨）吊运、安装桥梁的施工方法。缆索吊装具有跨越能力大，水平和垂直运输机动灵活，适应性广，施工稳妥、方便等优点，因而得到广泛采用，尤其在修建大跨径或连续多孔拱桥中更能显示这种施工方法的优越性。

缆索吊装施工主要用于预制安装的钢筋混凝土拱桥，同时，在劲性骨架施工中，拱桥的骨架安装、拱上结构安装、桁架、刚架拱桥施工甚至一般跨径的悬索桥加劲梁安装已得到广泛运用。

1. 主要设备和机具

缆索吊机的主要设备和机具有：承重索、起重索、牵引索、压塔索、缆风索、扣索、塔架（包括索鞍）、地锚、滑轮、电动卷扬机及跑车等。

（1）主索（承重索）

主索（承重索）横跨桥渡，支撑于两塔架的索鞍上，吊运拱肋和其他构件的跑车支撑于主索上。主索根据吊运构件的重量、垂度、计算跨径（两塔索鞍中心距离）等因素进行截面计算。

（2）起重索

起重索用于控制吊运构件的运输。起重索承受吊重拉力，宜选用柔软耐磨、不易打结的钢丝绳。

（3）牵引索

牵引索用于牵引滑车（跑车）沿桥跨方向在承重索上移动（水平运输）。

（4）缆风索

缆风索又称浪风索。缆风索有两种：一种是保证塔架纵横向的稳定，另一种是保证拱肋安装就位后的横向稳定及桥中线准确。塔架用的缆风索一般为后缆风及侧向缆风。

（5）塔架

塔架是用来提高承重索的临空高度及支撑各种受力钢索的结构物，由塔身、塔顶、塔底和索鞍等几个主要部分组成。塔身常用型钢或万能杆件组拼而成，也可用装配式公路钢桥桁节片（贝雷）等构件拼装而成。

（6）塔架基础

塔架基础一般采用浆砌片石或片石混凝土。塔底有铰接和刚接两种形式。底座设铰的塔架必须依靠缆风保持稳定。

（7）索鞍

索鞍通常使用的有滚动索鞍及滑动索鞍，设置在塔架顶上，用于放置承重索、起重索、牵引索等，可以减少钢丝绳与塔架的摩阻力，使塔架承受较小的水平力，减少钢丝绳的磨损。

（8）锚碇

锚碇亦称地垄或地锚，用于锚固承重索、锚索、起重索、牵引索、缆风索等。锚碇在吊装过程中，对安全有决定性影响，设计和施工都应高度重视，锚碇的尺寸大小和形式均必须通过设计和计算。

（9）滑轮

滑轮又称葫芦，有定滑轮、动滑轮、滑车、滑轮片、吊钩滑车及转向开口滑车等，可根据需要的尺寸及载重量选用。

（10）跑车

跑车是在承重索上运行和起吊重物的装置，可用定型滑车制作，也可根据吊重的情况自行加工。跑车由跑车轮、起重滑车组和牵引系统三部分组成。

（11）电动卷扬机

电动卷扬机为牵引、起吊的动力设备，一般多用于起重索和牵引索。

（12）其他设备

其他设备包括倒链葫芦、花篮螺栓、钢丝卡子、千斤绳等。

2.缆索吊施工工艺

缆索吊装施工主要包括拱肋预制、运输和吊装、主拱圈的安装、拱上建筑的砌筑、桥面构造的施工等主要工序。

拱桥的拱肋在河滩或桥头岸边分节预制后，送至缆索下面，由起重小车起吊送至桥位安装。为使端段基肋在合龙前保持一定位置，在其上先用扣索临时系住，然后才能松开吊索。吊装应自一孔桥的两端向中间对称进行，在最后一节拱肋吊装就位，并将各接头位置调整到规定高程后，才能放松吊索并将各接头合龙，最后才能将所有扣索撤去。

吊装施工的成败，关键在于保证基肋（指拱肋、拱箱或桁拱片）有足够的强度和稳定性，不仅要按单根构件在运输和吊装时的情况复核其强度和稳定性，更重要的是按基肋合龙时及合龙后所承担的荷载，检算其强度和稳定性。

基肋吊装合龙要拟定正确的施工程序和施工细则。拱桥跨度较大时，最好采用双基肋或多基肋合龙。此时，基肋与基肋间的横系梁或横隔板必须紧随拱段的辨接及时焊接。必要时可在基肋的上下两面内侧设置临时交叉斜杆以缩短基肋的自由长度。端段拱肋就位后，除上端用扣索拉住使之不下坠外，还应在左右两侧各用一对风缆牵住以免左右摆动。

中段拱肋就位时，缓慢地松吊索，使各接头顶紧，尽量避免简支搁置和冲击作用。当拱肋分五段吊装时，由于最后一段就位时或多或少的简支作用，第一接头可能上升，而第二个接头可能下降，为此应在第一个接头下侧也设拉索牵住，以防失稳。

施工时一般在每一接头处都设一对横撑或一对横向风缆来加强基肋的稳定性，注意两侧横向风缆的角度要对称。

（二）劲性骨架拱圈浇筑施工

劲性骨架法是采用劲性材料（如角钢、槽钢等型钢）作为拱圈的受力钢材，在施工过程中，先把这些钢骨架拼装成拱，作为施工钢骨架，然后再浇筑混凝土，将钢骨架浇筑在混凝土内部形成型钢混凝土拱。该方法的优点是可减少施工设备的用钢量、结构整体性好、拱轴线易于控制、施工进度快。但结构本身用钢量大且用型钢量多、造价较高，目前较少采用。

劲性骨架法主要施工步骤为：劲性钢骨架制作、劲性钢骨架安装、拱圈混凝土浇筑、梁和吊杆安装。

1. 劲性钢骨架制作

劲性钢骨架采用 16Mn 型钢焊接制成，按照 1：1 大样分段冷弯成形，在大样架上拼焊成的钢骨架应进行探伤检测。

2. 劲性钢骨架安装

劲性钢骨架的安装关键应保证钢骨架在整个过程中的竖向和横向稳定性。安装时需根据计算要求，设置横向联系，每段骨架采用八字风缆固定。

3. 拱肋混凝土浇筑

拱肋混凝土浇筑的关键是保证钢骨架在浇筑混凝土过程中的稳定性，需根据计算布置足够的横向连接系和横向风缆。拱肋混凝土在浇筑过程中，钢骨架会随浇筑位置发生轴线变形。为适应钢骨架变形，调整时可采用水箱压，避免混凝土开裂，应适当设置变形缝，待混凝土浇筑完成后，采用高强度混凝土填缝。

（1）钢管拱肋制作

①钢管卷制与焊接

钢板用火焰切割机切割，但应将热力影响部分去掉。拱肋及横撑结构外表面均应先进行喷丸除锈，按一级表面清理。钢板卷制前，应根据要求将板端开好坡口，将钢板送入卷板机卷制成直筒体，卷管方向应与钢板压延方向一致。压制钢管的失圆度和对口错边偏差均应满足相应施工规范的要求，将卷成的钢管纵向缝焊成直管。对焊成的直钢管应进行检查和校正，以确保组装的精度。

②拱肋放样和拱肋段的拼装

将半跨拱肋在混凝土地面上按 1：1 进行放样。沿放样的拱肋轴线设置胎架，在大样上放出吊杆位置、段间接头位置和混凝土灌注孔位置。拱肋钢管的纵向焊缝各管节应相互错开，并将纵向焊缝全部置于两肋板中间，以免外表面焊缝影响美观。拱肋分段长度主要考虑从工厂到工地的运输能力，分段长度一般为 10m 左右。

在拱肋上部钢管内施焊吊杆垫板、支架、吊杆套管和弹簧钢筋，对管段焊缝质量进行超声检测和 X 光拍片检查，对管段涂装防锈。对拱肋安装的吊点位置进行布置，并在吊扣点位置增设加劲板，以防圆管受荷时变形。

对各段端接头进行必要的加劲，以防止吊装时拱肋端头碰撞，局部变形，难以对接施焊。段间接头外部增设法兰盘螺栓连接，以便就位后作为临时连接。横向风撑等杆件与拱肋的焊接，应根据拱肋安装方法而定。

当整孔安装或半孔安装时，风撑应在工地安装前焊接完毕；当采用缆索安装时，风撑可在拱肋吊装完成后焊接分段拱肋。运至工地后，再进行放样，将几段拱肋拼成安装的长度。

（2）钢管拱肋混凝土浇筑

浇筑钢管拱肋内混凝土可采用泵送顶升浇灌法和吊斗浇捣法。泵送顶升浇灌法是在钢管拱肋、拱脚的位置安装一个带闸门的进料支管，直接与泵车的输送管相连，由泵车将混凝土连续不断地自下而上灌入钢管拱肋，无须振捣。采用吊斗浇筑时，在钢管拱肋顶部每隔 4m 开孔作为灌注孔和振捣孔。混凝土由吊斗运至拱肋灌注孔，通过漏斗灌入孔内，由插入式振捣棒对混凝土进行振捣。

灌注混凝土的配合比除满足强度指标外，还应注意混凝土坍落度的选择。

为满足坍落度要求，可掺入适量减水剂；为减少收缩量，可掺入适量的混凝土微膨胀剂。钢管内混凝土是否灌满，混凝土收缩后与钢管壁形成空隙往往是较令人担心的问题。采用小铁锤敲击钢管听声音的方法是十分简单和有效的。当小锤敲击发出声音异常时，可采用钻孔检查，也可用超声波进行检测，对有空隙部位进行钻孔压浆补强。大跨径钢管混凝土拱桥混凝土灌注可以分环或分段进行，灌注时应从拱脚向拱顶对称进行。大跨径拱肋灌注混凝土时应对拱肋变形和应力进行观测，并在拱顶附近配置压重，以保证施工安全。

第二节　斜拉桥施工技术

斜拉桥的施工包括索塔施工、上梁施工、斜拉索的制作三大部分。由于斜拉桥属于高次超静定结构，所采用的施工方法和安装程序与成桥后的主梁线形、结构恒载内力有密切的联系；在施工阶段随着斜拉桥结构体系和荷载状态的不断变化，结构内力和变形亦随之不断变化。因此，需要对斜拉桥的每一施工阶段进行详细分析、验算，求得斜拉索张拉吨位和主梁挠度、塔柱位移等施工控制参数的理论计算值。对施工的顺序做出明确规定，并在施工中加以有效管理和控制。

一、斜拉桥的主要结构体系

斜拉桥是一种桥面体系受压、支承体系受拉的桥梁，它主要由上部结构的主梁（加劲梁）、桥塔和斜拉索以及下部结构的墩台组成。斜拉桥桥面体系由加劲梁构成，支承体系由斜拉索构成。斜拉桥的结构体系可根据主梁、斜拉索、索塔和桥墩的不同形式结合，形成四种不同的结构体系，下面做简要介绍。

（一）漂浮体系——塔墩固结、塔梁分离

漂浮体系的主梁除两端有支承外，其余全部由拉索作为支承，成为在纵向可稍作浮动的一根具有多点弹性支撑的单跨梁。地震烈度较高的地区优先采用这种体系。

（二）半漂浮体系——塔墩固结、塔梁分离

在桥墩处主梁下设竖向支撑，半漂浮体系的主梁成为在跨内具有多点弹性支承的连续梁或悬臂梁，在经济上和美观上都优于漂浮体系。

（三）塔梁固结体系——塔梁固结、塔墩分离

塔梁固结并支承在桥墩上，主梁相当于顶面用拉索加强的一根连续梁或悬臂梁，主梁与塔内的内力和挠度同主梁和塔柱的弯曲刚度比值直接相关。该体系一般适用于小跨径斜拉桥。

（四）刚构体系——主梁、索塔、桥墩三者互为固结

梁、塔、墩固结，主梁成为在跨内具有多点弹性支承的刚构。该体系适用于地震烈度较低且无抗风要求的地区。

二、斜拉桥施工

（一）主塔施工

1.钢主塔施工

钢主塔施工，应对垂直运输、吊装高度、起吊吨位等施工方法做充分考虑。钢主塔在工厂分段立体试拼装合格后方可出厂。主塔在现场安装，常常采用现场焊接接头、高强度螺栓连接、焊接和螺栓混合连接的方式。

经过工厂加工制造和立体式拼装的钢塔，在正式安装时，应予以测量控制，并及时用填板或对螺栓孔进行扩孔，调整轴线和方位，防止加工误差、受力误差、安装误差、温度误差、测量误差的积累。

钢主塔的防锈措施，可用耐候钢材，或采用喷锌层。但绝大部分钢塔都采用油漆涂料，一般可保持的使用年限为 10 年。油漆涂料常采用两层底漆、两层面漆。其中三层由加工厂涂装，最后一道面漆由施工安装单位最终完成。

2. 混凝土主塔施工

混凝土桥塔主要采用就地浇筑法，模板和支架的做法常采用支架法、滑模法、爬模法和大型模板构件法等。

3. 主塔施工测量控制

斜拉桥主塔一般由基础、承台塔座、下塔柱、下横梁、中塔柱、上横梁、上塔柱（拉索锚固区）、塔顶建筑等八大部分或其中几部分组成。由于主塔的建筑造型千姿百态，断面形式各异，在主塔各部位的施工过程中，除了应保证各部位的几何尺寸正确之外，更重要的是应该进行主塔局部测量系统的控制，并与全桥总体测量系统接轨。

主塔局部测量系统的控制基准点，应建立在相对稳定的基准点上，如选择在主塔的承台基础上，进行主塔各部位的空间三维测量定位控制。测量控制的时间，一般应选择当天 22：00 至次日 7：00 日照之前的时段内，以减少日照对主塔造成的变形影响。

此外，随着主塔高度的不断升高，也应选择风力较小的时机进行测量，并对日照和风力影响予以修正。在主塔八大部位的相关转换点上的测量控制极为重要，以便根据实际施工情况及时进行调整，避免误差的累计。

主塔局部测量系统的量测，一般常采用三维坐标法或天顶法。若主塔局部测量系统的基点选择在相对稳定的承台基础上，随着主塔高度增高及混凝土收缩、徐变、沉降、风荷载、温度等因素的影响，基准点必然会有少量的变化。为此应该在上述八大部位的相关转换点上，与全桥总体测量坐标系统接轨，以便进行总体坐标的修正，进行测量的系统控制。

（二）主梁施工

1. 主梁施工方法

斜拉桥主梁施工方法包括顶推法、平转法、支架法和悬臂法。四种施工方法的特点及适用性简述如下。

（1）顶推法

顶推法的特点是施工时需在跨间设置若干临时支墩，顶推过程中主梁反复承受正、负弯矩。该法较适用于桥下净空较低、修建临时支墩造价不大、支墩不影响桥下交通、抗压和抗拉能力相同、能承受反复弯矩的钢斜拉桥主梁的施工。对混凝土斜拉桥主梁而言，由于拉索水平分力能对主梁提供预应力，如在拉索张拉前顶推主梁，临时支墩间距又超过主梁负担自重弯矩能力时，为满足施工需要，需设置临时预应力束，在经济上不合算。因此，斜拉桥主梁的施工迄今国内尚无用顶推法修建的实例。

（2）平转法

平转法是将上部构造分别在两岸或一岸顺河流方向的矮支架上现浇，并在岸上完成所有的安装工序（落架、张拉、调索）等，然后以墩、塔为圆心，整体旋转到桥位合龙。平转法适用于桥址地形平坦、墩身矮和结构系适合整体转动的中小跨径斜拉桥。我国四川马尔康地区的金川桥是一座跨径为 68m+37m，采用塔、梁、墩固结体系的钢筋混凝土独塔斜拉桥，塔高 25m，中跨为空心箱梁，边跨是实心箱梁，该桥是采用平转法施工的。

（3）支架法

支架法是在支架上现浇、在临时支墩间设托架或劲性骨架现浇、在临时支墩上架设预制梁段等几种施工方法。其优点是施工简单方便，既能确保结构满足设计线形，又适用于桥下净空低、搭设支架不影响桥下交通的情况。

例如，我国的天津永和桥是在临时支墩上拼装主梁的；昆明市圆通大桥是一座跨径为 70.5m+70.5m、全宽 24m[2x7.5m+3m（拉索区）+2x3m] 的独塔单索面斜拉桥，采用支架法现浇。

（4）悬臂法

悬臂法可以是在支架上修建边跨，然后中跨采用悬臂拼装法和悬臂施工的单悬臂法；也可以是对称平衡方式的双悬臂法。悬臂施工法分为悬臂拼装法和悬臂浇筑法两种悬臂拼装法，一般是先在塔柱区现浇一段放置起吊设备的起始梁段，然后用各种起吊设备从塔柱两侧依次对称安装节段，使悬臂不断伸长直至合龙。悬臂浇筑法，是从塔柱两侧，用挂篮对称逐段就地浇筑混凝土。我国大部分混凝土斜拉桥主梁都采用悬臂浇筑法施工。

综上所述，支架法和悬臂施工法是目前混凝土斜拉桥主梁施工的主要方法，前者适用于城市立交或净高较低的岸跨主梁施工；后者适用于净高很大的大跨径斜拉桥主梁的施工。

2.斜挂机主梁施工特点

（1）结构设计由施工内力控制

斜拉桥与其他梁桥相比，主梁高跨比很小、梁体十分纤细、抗弯能力差。由于挂篮重量大，当采用悬臂施工时，如果仍采用梁式桥传统的挂篮施工方法，梁、塔和拉索将由施工内力控制设计，很不经济。因此，考虑施工方法，必须充分利用斜拉桥结构本身特点，在施工阶段充分发挥斜拉索的效用，尽量减轻施工荷载，使结构在施工阶段和运营阶段的受力状态基本一致。

（2）横截面浇筑方法

对于单索面斜拉桥，一般都需采用箱形断面。若全断面一次浇筑，为减少浇筑重量，要在一个索距内纵向分块，并需额外配置承受施工荷载的预应力束。所以，一般做法是将横断面适当地分解为三部分，即中箱、边箱和悬臂板。

先完成包含主梁锚固系统的中箱，张拉斜拉索，形成独立稳定结构；然后以中箱和已浇节段的边箱为依托浇筑两侧边箱；最后用悬挑小挂篮浇筑悬臂板，使整体箱梁按品字形向前推进。对于双索面斜拉桥，主梁节段在横断面方向分为两个边箱和中间车行道板三段，边箱安装就位后就张拉斜拉索，利用预埋于梁体内的小钢箱来传递斜拉索的水平分力，使边箱自重分别由两边拉索承担，从而降低了挂篮承重要求，减轻了挂篮自重，最后安装中间桥面板并现浇纵横接缝混凝土。

（3）塔梁临时固结

为了保证大桥在整个梁部结构架设安装过程中的稳定、可靠、安全，要求施工安装时采取塔梁临时固结措施，以抵抗安装钢梁桥面板及张拉斜拉索过程中可能出现的不平衡弯矩和水平剪力。

（4）中孔合龙

为保证大桥中孔能顺利合龙，根据以往斜拉桥的成功经验，一般选择自然合龙的方法。以上海杨浦大桥为例，需要考虑以下几个方面。

①合龙温度的确定

大桥能否在自然状态下顺利合龙，关键是要正确选择合龙温度。该温度的持续时间能满足钢梁安装就位及高强螺栓定位所需的时间。

②全桥温度变形的控制

由于大桥跨度大，温度变形对中跨合龙段长度的影响相当敏感。因此，在整个施工过程中，应对温度变形进行监测，特别是对将接近合龙段时的中孔梁段和温度变形更应重点量测，找出温度变形与环境湿度的关系，为确定合龙段钢梁长度提供科学依据。

③合龙段钢梁长度的确定

设计合龙段长度原定为 5.5m，在实际施工时再予以修正。其实际长度应为合龙湿度下设计长度加减温度变形量。

④合龙段的安装

合龙段钢梁的安装是一个抢时间、抢速度的施工过程，必须在有限的时间里完成，因此，在合龙前必须做好一切准备工作。钢梁应预先吊装就位，一旦螺孔位置平齐，即打入冲钉，施拧高强螺栓，确保合龙一次成功。

⑤临时固结的解除

中孔梁一旦合龙，必须马上解除临时固结，否则由于温度变化所产生的结构变形和内力，会使结构难以承受。因此，在合龙段钢梁高强螺栓施拧完后，应立即拆除临时固结。

（三）斜拉索施工

成形斜拉索由钢丝或钢绞线组成的钢索和两端的锚具组成。不同种类和构造的斜拉索两端需配装合适的锚具后才能成为可以承受拉力的斜拉索。斜拉索的锚具目前常用的有以下四种：热铸锚、墩头锚、冷铸墩头锚和夹片群锚。

配装热铸锚、冷铸锚、锄头锚（统称为拉锚式锚具）的斜拉索，可以事先将锚具装固到钢索两端，预制成斜拉索。

斜拉索可以在专门的工厂制作，然后盘运到桥梁工地，或在桥梁工地现场制作，拖拉到桥位直接进行挂索和张拉。斜拉索有单股钢绞式钢缆、半平行钢绞线索、半平行钢丝索、平行钢丝索及平行钢丝股索等。这类斜拉索可称作预制索或成品索。

我国已建有专门化、机械化生产挤塑聚乙烯护套扭绞形钢丝索的工厂，可生产的最大规格为 421φ7mm、长度 350m 的钢丝索，可满足 600m 以上大跨径斜拉桥对斜拉索的需要，斜拉索的制作水平已达到国际先进水平。

配装夹片群锚的斜拉索，张拉时直接张拉钢丝，待张拉结束后锚具才发挥作用。因此，配装夹片群锚的平行钢筋索及平行钢绞线索必须在桥梁现场架设过程中制作，故可称为现制。

1. 斜拉索的制作

制索工艺流程一般为：钢丝除锈→调直→应力下料→防护漆→穿锚→傲头→抛锚→烘锚拉索防护→超张拉→标定。

2. 斜拉索的防炉

（1）临时防护

钢丝或钢绞线从出厂到开始做永久防护的一段时间内，所需要的防护称为临时防护。国内目前采用的临时防护法一般是钢丝镀锌，即将钢丝纳入聚乙烯套管内，安装锚头密封后喷防护油，并充氨气，以及涂漆、涂油、涂沥青膏处理等。

具体实施可根据防锈蚀效能、技术经济比较、设备条件及材料种类决定。通常在钢丝或钢绞线穿入套管前，每根钢丝或钢绞线应在水溶性防腐油中浸泡或喷一层防腐油剂。在临时防护中，镀锌钢丝的锌层应均匀连续、附着牢固，不允许有裂纹、裂痕和漏块。此外，不镀锌处理的钢丝，在储存和加工期间应进行其他涂漆、涂油等临时防护措施。

（2）永久防护

从斜拉索钢材下料到桥梁建成的长期使用期间，应做永久防护。永久防护应满足防锈蚀、耐日光曝晒、耐老化、耐高温、涂层坚韧、材料易得、价格低廉、生产工艺成熟、制作运输安装简便、更换容易等要求。永久防护包括内防护与外防护，内防护是直接防止斜拉索锈蚀，外防护是保护内防护材料不致流出、老化等。

内防护所用的材料一般有沥青砂、防锈脂、凡士林、聚乙烯塑料泡沫和水泥浆等，这些材料各有优缺点。

外防护所用的材料亦各有优缺点：聚氯乙烯管质脆，抗冻和抗老化性能差，易破裂失效；铝管则需注水泥浆，而水泥浆的碱性作用易使铝管腐蚀；钢管做外套时本身尚需防腐蚀且笨重；多层玻璃丝布缠包套，目前效果尚可，但价格高、施工烦琐。

我国目前一般采用炭黑聚乙烯。在塑料挤出机中旋转挤包于斜拉索上而成的熟挤索套防护斜拉索方法，即 PE 套管法。所用高密度聚乙烯（PE）与其他方法所用材料相比有以下优点。

在设计寿命期限内能抵抗循环应力引起的疲劳，在聚乙烯树脂中加炭黑有效抵抗紫外线的侵蚀，与灌浆材料和钢材无化学反应，在运输、装卸、制造、安装和灌注时能抗损坏，能防止水、空气和其他腐蚀物质的入侵，徐变特性低；对周围环境有一定的适应性。

同时，黑色 PE 管的热膨胀系数大约是水泥浆和钢材的 6 倍。因此，为了控制温度变化并减小可能导致 PE 管损坏的不均匀应力，通常在 PE 管上缠绕或嵌套一层浅色胶带或 PE 面层。采用热挤索套不像 PE 管压浆工艺那样，存在斜拉索钢丝早期锈蚀，它可在很短的时间内完成防腐、索套制作、拉索密封等工艺。

总之，斜拉索防护绝大多数是在生产制作过程中完成的，与生产材料、工艺以及生产标准、管道等密切相关。故此，要做好斜拉索的防护工作，就必须严格控制生产的各个环节、工序，以确保斜拉索的质量。

3.斜拉索的安装

（1）放索及索的移动

①放索

为方便运输及运输过程中对索的保护，斜拉索起运前通常采用类似电缆盘的钢结构盘将拉索卷盘，然后运输。对于短索，也有采取自身成盘，捆扎后运输的情况。根据斜拉索不同的卷盘方式，现场放索常用的有立式转盘放索和水平转盘放索两种方式。

立式转盘放索：钢结构索盘放索时设置一个立式支架，在索盘轴空内穿上圆轴，徐徐转动索盘将索放出。

水平转盘放索：对于自身成盘的索，设置一个水平转盘，将索盘放在转盘动边将索放出。

在放索过程中，由于索盘自身的弹性和牵引产生的偏心力，会使转盘转动加速，导致散盘，危及施工人员的安全。因此，一般情况下，要对转盘设制动装置，或者以钢丝绳做尾索，用卷扬机控制放索。

②索在桥面上的移动

在放索和挂索过程中，要对斜拉索进行拖移，由于索自身弯曲，或者与桥面直接接触，在移动中就有可能损坏斜拉索的防护层或索股，为避免这些情况的发生，一般采取以下方法，移动时对索进行保护。

若索盘是水上由驳船运来的，对于短索一般直接将索盘吊到桥面上，利用放索支架放索，对于长索一般直接在船上设置放索支架放索。采用前者要在梁上放置吊装装备，采用后者则需要梁端设置转向装置以利于索的移动。对于现浇梁，转向装置设在施工挂篮上，若是拼装结构则设在主梁上，并且要求转向装置的半径不小于索盘半径，与梁体保持一定的距离。

辗筒法：在桥面上设置一条辗筒带，当索放出以后，沿辗筒运动。制作辗筒时，要根据斜拉索的布置及刚柔程度，选择适宜的辗轴半径，以免辗轴弯折、摩阻增加。平根之间要保持合理的间距，防止斜拉索与桥面接触。辗筒可与桥面固结，也可与斜拉索套筒固结，具体方法依施工现场情况而定。

移动平车法：当斜拉索上桥后，每隔一段距离垫一个平车，由平车载索移动。梁体顶面凹凸不平时会导致平车运动不便，因此平车的轮子不宜太小。与辗筒法一样，平车也要保持合理的间距，避免斜拉索与桥面接触。

导索法：在索塔上部安装一根斜向工作悬索，当斜拉索上桥后，前端连接牵引索，每隔一段距离放置一个吊点，使斜拉索沿着导索运动，这种方法能省去大型牵索设备，可安装成卷的斜拉索。

垫层法：对于一些索径小、自重轻的斜拉索，可在梁面放索线上敷设麻袋、草包、地毯等柔软的垫层，就地拖移。

（2）斜拉索的塔部安装

单吊点法：斜拉索上桥面后，从索塔孔道中放下牵引绳，连接斜拉索的前端，离锚具下方一定距离设一个吊点，索塔吊架用型钢组成支架，配置转向滑轮。

当锚头提升到锁孔位置时，采用牵引绳与吊绳相互协调，使锚头尺寸准确。牵引至索塔孔道后，穿入锚头固定。单吊点法施工简便、安装迅速，缺点是起重索所需的拉力大，斜拉索在吊点处弯折角度较大，故一般适用较柔软的短斜拉索。

多吊点法：同前述导索法。只要将导索法中的牵引索从预穿索孔中引出即可。多吊点法吊点分散、弯折小，在统一操作指挥下，可使斜拉索均匀起吊。因吊点较多，易保持索呈直线状态，两端无须用大吨位千斤顶牵引。

起重机安装法：采用索塔施工时的提升起重机，用特制的扁担梁捆扎拉索起吊。拉索前段由索塔孔道内伸出的牵引索，引入索塔斜拉索锚空内，下端用移动式起重机提升。起重机法操作简单快速，不易损坏拉索，但要求起重机有较大的起重能力，故一般适用于重量不大的短索安装。

分步牵引法：根据斜拉索在安装过程中索力递增的特点，分别采用不同的工具，将斜拉索安装到位。第一，用大吨位的卷扬机将索张拉端从桥面提升到预留孔外；第二，用穿心式千斤顶将其牵引至张拉锚固面。

在这个阶段前半部分，采用柔性张拉杆——钢绞线束，利用两套钢绞线夹具，系统交替完成前半部分牵引工作；牵引阶段的后半部，应根据索力逐渐增大的情况，采用刚性张拉杆分步牵引到位。分步牵引法的特点是牵引功率大、辅助施工少、桥面无附加荷载、便于施工。

总之，在以上各种挂索过程中，各种构件连接处较多，如锚头与拉杆、牵引头的连接滑轮与塔柱斜拉索的连接等。任何一处发生问题，就会发生事故，在施工中，应特别注意各处连接的可靠性。

（3）斜拉索的梁部安装步骤

斜拉索的梁部安装同塔部安装，基本方法有如下两种。

吊点法：在梁上放置转向滑轮，牵引绳从套筒中伸出，用起重机将索吊起后，随锚头逐渐牵入套筒，缓缓放下吊钩，向套筒口平移，直至将锚头牵入套筒内。

拉杆接长法：对于梁部为张拉端的斜拉索安装，采用拉杆接长法比较方便。先加工长度均为1.0m左右的短拉杆与主拉杆连接（张拉杆连接），使其总长度超过斜拉索套筒加张拉千斤顶的长度。利用千斤顶多次运动，逐渐将张拉端拉出锚固面，并逐渐拆掉多余的短拉杆，安装锚固螺母。运用拉杆接长法，要加工一个组合螺母（张拉杆连接螺母）。采用这个螺母逐步锚固拉杆，直至将锚头拉出锚板后拆除。

4.斜拉索调索张拉

根据目前的技术水平，国内外斜拉索锚具、千斤顶、斜拉索的设计吨位已达到"千吨"级水平，大吨位斜拉索整体张拉工艺已经十分成熟。无论是一端张拉还是两端张拉，一般情况下，都需在斜拉索端头接上张拉连接杆，之后使用大吨位穿心式千斤顶实施斜拉索的张拉调索。为方便施工，张拉杆都采用分节接长，而非整根通长。拉锚式斜拉索张拉索主要步骤包括以下几点。

第一，对张拉千斤顶和配置液压泵进行标定，同时，对预计的调整值划分级别。根据标定得出的张拉值和液压表读数之间的直线关系，计算并列出每级张拉值的相应的油表读数。

第二，对索力检测仪器进行标定。

第三，计算各级调整值并列出相应的延伸量。

第四，做好索力检测和其他各种观测的准备工作，将张拉工具、设备一一就位。

第五，先将千斤顶撑架用手拉葫芦等固定在斜拉索锚固面上，然后将千斤顶用螺栓连接支承在撑架上；将张拉杆穿过千斤顶和撑架，旋转在斜拉索锚头端，再将长拉杆上的后螺母从张拉杆尾端旋转穿进；将千斤顶与液压泵用油管接好，开动液压泵，使千斤顶活塞空升少许，如调索要求降低索力，可根据情况多升一定量；接着将后螺母旋至与活塞接触紧密处。如调索是在斜拉索锚头还未被牵出锚固面的情况下进行的，则上述过程已在牵索过程完成；如索力检测采用测量张拉杆拉力的方式，则应在张拉杆后螺母间安装穿心式压力传感器，测量张拉力。需要先将传感器从张拉杆后端插入，再将张拉杆后螺母旋入。

第六，按预定级别的相应张拉力，通过电动液压泵进油逐级调整索力。如果是降低索力，则先进油拉动斜拉索，使锚环能够松动，在旋开锚环后可回油使斜拉索索力降低。在调索过程中，如千斤顶达到行程允许伸长量，即可将斜拉索锚头的锚环旋紧，使其临时支承于锚固支承面上，这时千斤顶可回油并进行下一行程的张拉。如果调索是在斜拉索锚头还未牵出其锚固面的情况下进行的，则临时锚固由叠撑在锚环上的张拉杆前螺母，即两半边螺母承担临时锚固张拉调索过程中，应以检测、校核数据，配合液压表读数，共同控制张拉力，并对结果随时观测，以防不正常情况发生。

第三节　悬索桥施工技术

悬索桥也称吊桥，主要用悬挂在两边塔架上的强大缆索作为主要承重结构。在竖向荷载作用下，通过吊杆使缆索承受很大的拉力，在两岸桥台的后方修筑非常巨大的锚碇结构。悬索桥的钢缆易于运输，结构的组成构件较轻，便于无支架悬吊拼装。对于山岭地区和遭受山洪泥石冲击等威胁的山区河流以及大跨径桥梁，在修建其他桥梁有困难的情况下，往往采用悬索桥。

一、悬索桥概述

（一）悬索桥的受力特点

悬索桥的主要受力构件是锚碇、索塔、缆索系统及加劲梁等。成桥后作用在桥面上的竖向荷载一部分由加劲梁承担，一部分通过吊索传递给主缆。主缆在塔顶由主索鞍提供支撑，并通过主索鞍将荷载传递给索塔，索塔传递给基础。主缆在两端的强大拉力通过锚碇来平衡，并通过锚碇将拉力传递给地基。

悬索桥属于柔性桥梁结构体系，刚度小、变形大，具有较强的非线性受力特征。从构件受力的重要性出发，可将悬索桥的各部件分为第一体系、第二体系、第三体系。

主缆是第一体系的主要承重构件，承担由吊杆传递过来的桥面荷载及恒载，以受拉为主。主缆通过塔顶鞍座悬挂在索塔上，两端锚固于锚体上。主缆是柔性构件，但主缆的恒载拉力提供了强大的重力刚度，使其成桥后的桥梁总体刚度满足桥梁规范的要求。

索塔是第一体系的主要承重构件，主要起支撑主缆的作用。悬索桥的恒载和活载均通过索塔传递给基础。锚碇是主缆的锚固体，属于第一体系的承重结构，它将主缆的拉力传递给地基，通常有重力式锚碇和隧道式锚碇。重力式锚碇依靠巨大的自重来抵抗主缆的竖向分力，水平分力由锚体与地基的摩阻力抵抗。隧道式锚碇将主缆拉力直接传递给围岩。

悬索桥的加劲梁属于第二体系的承重构件，以受弯为主。其主要功能是提供桥面和防止桥梁发生过大的挠曲变形和扭转变形。加劲梁直接承受桥面荷载。

吊索属于第三体系的构件，主要作为传力结构，主要受拉。其主要功能是将桥面上的荷载以及恒载，通过索夹传递到主缆上。吊索的上端通过索夹与主缆相连，下端与加劲梁相连。

（二）悬索桥的分类

1. 按悬吊跨数划分

根据悬吊跨数不同，悬索桥可分为单跨悬索桥、三跨悬索桥、四跨悬索桥和五跨悬索桥，其中单跨悬索桥和三跨悬索桥最为常用。

（1）单跨悬索桥

单跨悬索桥常用于高山峡谷地区，两岸地势较高而采用桥墩支撑边跨更为经济，或者道路的接线受到限制，使得平面曲线布置不得不进入大桥边跨的情况。就结构特性而言，单跨悬索桥由于边跨主缆的垂度较小、主缆长度相对较短，对中跨荷载变形控制更为有利。

（2）三跨悬索桥

三跨悬索桥是目前国际工程实例中应用最多的桥型，世界上大跨度悬索桥几乎全采用这种形式。不仅是因其结构受力特征较为合理，同时，也因其流畅对称的建筑造型更符合人们的审美观。

（3）多跨悬索桥

相对于三跨悬索桥而言，四跨和五跨悬索桥又称为多跨悬索桥，这种桥型由于结构柔性大，固有振动频率较低，难以满足特大跨度悬索桥的实力及刚度需要，因而也就不具备实用优势，世界上几乎没有这类特大桥工程的实例。

在建桥条件需要采用连续大跨布置时，可以用两个三跨悬索桥联袂布置，中间共用一座桥的锚碇锚固这两桥的主缆。美国的旧金山——奥克兰海湾大桥和日本本州四国联络线中的南北备赞大桥即采用此形式。当建桥条件特别适于做连续大跨布置而采用四跨悬索桥时，其中央主塔为满足全桥刚度要求通常需要做 A 形布置，相应的塔顶主缆须采取特殊锚固措施，以克服两侧较大的不平衡水平拉力。

2. 按主缆的锚固方式划分

根据主缆的锚固方式的不同，悬索桥可分为地锚式悬索桥和自锚式悬索桥。

（1）地锚式悬索桥

通常所讲的绝大多数悬索桥都采用地锚式锚固主缆，即主缆通过重力式锚碇或岩隧式锚碇将荷载产生的拉力传至大地来达到全桥的受力平衡，这是大跨度悬索桥最佳的受力模式。

（2）自锚式悬索桥

在较小跨度的悬索桥中，也有个别以自锚形式锚固主缆的，这种自锚式悬索桥的主缆，在边跨两端将主缆直接锚固于加劲梁上，主缆的水平拉力由加劲梁提供轴压力自相平衡，不需要另外设置锚碇。这种桥式的加劲梁要先于主缆安装施工，实践中因施工困难、经济性差等，一般很少采用。

3. 接悬吊方式划分

采用竖直吊索并以钢桁架做加劲梁；采用三角布置的斜吊索，并以扁平流线形钢箱做加劲梁，也有呈交叉形布置的斜吊桥；混合式，即采用竖直吊索、斜吊索和流线形钢箱梁做加劲梁。除了有一般悬索桥的缆索体系外，还设有若干加强的斜拉索。

4. 按支基结构划分

如果按加劲梁的支承结构来分，又可分为单跨两铰加劲梁悬索桥、三跨两铰加劲梁悬索桥及三跨连续加劲梁悬索桥等。

二、悬索桥施工

（一）塔柱施工工艺

钢塔柱一般用钢板先预制连接成格子形截面的节段，节段在现场吊装拼接成塔柱。早期的钢塔柱无论节段内还是节段间的连接均采用枷接，构建加工精度要求高。随着栓焊技术的发展，钢塔节段在工厂焊接制造，然后将节段运输到工地架设并用高强螺杆来连接。

钢塔柱一般支承在一块厚钢板上，厚钢板与桥墩混凝土拴接并把塔柱压力均匀传递到桥墩中。现在也有在桥墩混凝土中埋设锚固构架，塔柱用高强螺栓锚固在构架上，通过构架将压力均匀传递到混凝土中的做法。

混凝土塔柱的施工与斜拉桥塔柱施工相同，一般以就地浇筑为主，采用滑模爬模等技术连续浇筑。

（二）锚碇施工

悬索桥主缆索股锚固形式分为自锚式和地锚式。自锚式是将主缆索股直接锚于加劲梁上，无须使用锚碇结构，一般仅适用于中小跨径悬索桥。地锚式则将主缆索股锚于重力式锚碇、隧道锚碇或直接锚于坚固的岩体上。此处所讨论的锚碇是指地锚式悬索桥锚固主缆的重要结构物。

锚碇是锚块基础、锚块、钢缆的锚碇架及固定装置等的总称。它不仅抵抗来自主缆的竖直反力，而且抵抗主缆的水平力，是悬索桥区别于其他桥梁的独有结构，直接关系到悬索系统的稳定。锚块是直接锚固主缆的结构，它通过锚固系统将主缆索股拉力分散开。锚块与其下面的锚块基础连成一体，用于抵抗因主缆拉力产生的锚碇滑动及倾倒。锚碇主要有重力式锚碇、隧道式锚碇等。目前，世界上已建悬索桥绝大部分采用的是重力式锚碇。这除了与锚碇所处的地形、地质条件有关外，还与主缆架设方法、锚碇施工方法有关。

一般而言，若锚碇处有坚实岩层靠近地表，则修建隧道式锚碇（或称岩洞式锚碇）可能比较经济。美国华盛顿桥新泽西岸锚碇是隧道式的，其混凝土用量仅为纽约岸锚碇（重力式）的21%，但隧道式锚碇有传力机理不明确的缺点。若有坚实基岩层靠近地表，也可采用重力式锚碇，让锚块嵌入重基岩，使位于锚块前的基岩凭借承压来抵抗主缆的水平力。例如，汕头海湾大桥设计为力前锚式锚碇，虎门大桥的东锚碇设计为山后重力式锚碇。

一般设置在承载力比较好地基上的重力式锚碇，宜采用明挖的扩大基础。如美国1964年建成的维拉扎诺桥和丹麦1970年建成的小贝尔特桥都是采用的扩大浅基础。当锚碇设置在软土层中时，可以采用大型沉井或地下连续墙的形式。如江阴长江大桥北锚碇采用了大型沉井基础，明石海峡大桥（日本）、虎门大桥的西锚碇和润扬长江公路大桥北锚碇均采用了地下连续墙基础。

（三）主缆施工

1. 主缆架设

悬索桥的钢缆有钢丝绳钢缆和平行线钢缆。钢丝绳钢缆适用于中、小跨度的悬索桥，平行线钢缆适用于主跨为500m以上的大跨悬索桥。平行线钢缆根据架设方法分为空中送丝法和预制索股法两种。

（1）空中送丝法架设主缆

①架设方法

空中送丝法架设主缆是在桥两岸的索塔和锚碇等都已安装就绪后，沿主缆设计位置，在两岸锚碇之间布置一无端牵引绳，将牵引绳的端头连接起来，形成从这一岸到那岸的长绳圈。其主要架设方法如下。

第一，将送丝轮扣牢在牵引绳上，且将缠满钢丝的卷筒放在一岸的锚碇旁，从卷筒中抽出钢丝头，暂时固定在靴跟处（称为"死头"）。

第二，继续将钢丝向外抽，由死头、送丝轮和卷筒将正在输送的丝形成一个钢丝套圈，用动力机驱动牵引绳，于是送丝轮就带着钢丝送向对岸。

第三，在钢丝套圈送到对岸时，用人工将套圈从送丝轮上取下，套到其对应的靴跟上。

第四，随着牵引绳的驱动，送丝轮又被带回这岸，取下套圈套在靴跟上，然后又送向对岸。

第五，这样循环进行，当其套在两岸对应靴跟上的丝数达到一根丝股钢丝的设计数目时，就将钢丝"活头"剪断，并将该"活头"与上述暂时固定的"死头"用钢丝连接器连起来。即完成了一根丝股的空中编制。

②空中送丝法施工的注意事项

空中送丝法扩缆每一丝股内的钢丝根数为 300 ~ 600 根，再将这种丝股配置成六角形或矩形，挤紧而成为圆形。空中送丝法架设主缆施工必须设置猫道、配备送丝设备，还需有稳定送丝的配套措施。为使主缆各钢丝均匀受力，应分别对钢丝长度和丝股长度进行调整，还应及时进行紧缆和缠缆。

（2）预制索股法架设钢缆

①架设方法

预制索股法架设钢缆的目的是使空中架线工作简单化。索股预制股每束61丝、91丝或127丝，再多就会过重。两端嵌固热铸锚头在工厂预制，先配置成六角形，然后挤紧成圆形。

②索股线形调整步骤

第一，垂度调整应在夜间温度稳定时进行。温度稳定的条件为：长度方向索股的温差不大于27℃，横截面索股的温差不大于1℃。

第二，绝对垂度调整，应测定基准索股下缘的标高及跨长、塔顶标高及变位、主索鞍预偏量、散索鞍预偏量。主缆垂度和标高的调整量，应在确定气温与索股温度等值后经计算确定。基准索股标高必须连续 3d 在夜间温度稳定时进行测量，3 次测出结果误差在容许范围内时，应取 3 次的平均值作为该基准索股的标高。

第三，相对垂度调整，应按与基准索股若即若离的原则进行。

第四，垂度调整允许误差，基准索股中跨跨中为 ±1/20000 跨径；边跨跨中为中跨跨中的两倍；上下游基准索股高差10mm；一般索股（相对于基准索股）为-5 ~ 10mm。

第五，调整合格的索股不得在鞍槽内滑移。索股锚头入锚后应进行临时锚固。索股应设一定的抬高量，抬高量宜为 200 ~ 300mm，并做好编号标志。

第六，索力的调整应以设计提供的数据为依据，其调整量应根据调整装置中测力计的读数和锚头移动量双控确定。实际拉力与设计值之间的允许误差应为设计锚固力的3%。

2. 主缆防护

首先，主缆防护应在桥面铺装完成后进行。防护前必须清除主缆表面的灰尘、油污和水分等，并设置临时覆盖。待涂装及缠丝时再揭开临时覆盖。其次，主缆涂装应均匀，严禁遗漏。涂装材料应具有良好的防水密封性和防腐性，并应保持柔软状态，不硬化、不脆裂、不霉变。最后，缠丝作业宜在二期恒载作用于主缆之后进行，缠丝材料以选用软质镀锌钢丝为宜。钢丝缠绕应紧密均匀，缠丝张力应符合设计要求。缠丝作业应由电动缠丝机完成。

（四）加劲梁架设

悬索桥的加劲梁一般采用钢结构，早期以钢桁梁为主，个别中小跨度的悬索桥采用钢板梁。由于钢板梁的抗风性能不佳，自采用钢板梁的美国塔科玛老桥被风振毁后，世界各国在较大跨度的悬索桥中不再采用钢板梁。

1. 加劲梁断面形式

现阶段，加劲梁主要有钢桁梁（桁架式加劲梁）和钢箱梁（钢箱式加劲梁）两类。

钢箱梁的抗风性能较好，风阻吸收仅为钢桁梁的 1/2，且耗钢量较少；钢桁梁在双层桥面的适应性方面远较钢箱梁优越，适用于交通量较大、公铁两用或其他特殊条件下的悬索桥。

例如，英国的赛文（Severn）桥，丹麦的小贝尔特桥，土耳其的博斯普鲁斯一桥、博斯普鲁斯二桥，英国的亨伯尔桥，我国的虎门大桥、西陵长江公路大桥、江阴长江公路大桥、厦门海沧大桥、宜昌长江公路大桥、武汉阳逻长江公路大桥、舟山西堆门大桥、广州珠江黄浦大桥等都采用了钢箱梁；而重庆奉节长江大桥，贵州坝陵河大桥、北盘江大桥，湖北的四渡河大桥，湖南矮寨大桥等都采用了钢桁梁。

与一般钢桥相同，钢桁梁或钢箱梁均在工厂内制造，运输到现场后通过节段间现场连接的方法成桥。加劲梁的制造节段长度一般与钢桁梁的节间长度或其纵向吊索间距相同。

2. 加劲梁架设安装顺序

加劲梁的架设安装顺序主要有两种形式：一种是从主跨跨中及两侧桥台向索塔的两侧推进，另一种是从索塔两侧分别向主跨跨中及两侧桥台推进。拼装顺序应能保证塔顶纵向位移尽可能较小，梁段的竖向变位起伏小，并有利于抗风稳定。

美国旧金山奥克兰海湾大桥和维拉扎诺桥采用的是前一种顺序，而金门大桥和麦基纳克桥采用的是后一种顺序；欧洲的多数桥梁（赛文桥、博斯普鲁斯海峡大桥、亨伯尔桥等）采用前一种顺序；在日本，除白鸟大桥外，几乎全部采用后一种顺序。

随着悬索桥施工实践的日益增多，加劲梁架设顺序也在不断发展。例如，日本的明石海峡大桥分别采用两种顺序进行架设。但无论采用哪种架设顺序，均须考虑主缆变形对加劲梁线形（高程）的影响，应在施工前尽可能地先做模型试验与必要的计算分析，再结合各桥的特点加以确定。

3. 缆载吊机

加劲梁架设的主要工具是缆载吊机，其由主梁、端梁及各种运行提升机构组成。缆载吊机横跨并支承在两主缆上，其主梁跨度即为两主缆的中心距。

梁段用驳船浮运到安装位置的下方，提升梁上的卷扬机，放下提升钢丝绳。钢丝绳通过平衡梁与加劲梁节段连接。卷扬机将梁段提升到吊索位置后，将吊索下端与梁段上的吊点连接；同时，将本段梁段与相邻梁段临时铰接，然后松开平衡梁，本梁段即吊装完毕。

主缆是柔索结构，当只有部分梁段悬吊在主缆上时挠度很大，已吊装的加劲梁将产生很大的弯曲变形。如果梁段吊装到位后即与相邻梁段连接，U形加劲梁将承担很大的弯曲应力，容易造成结构破坏。

为此，梁段吊装到位后只在上缘与相邻梁段形成铰接，下缘在吊装期间张开。随着吊装梁段的增加，主缆的局部挠度减小，加劲梁下缘的间隙逐渐闭合，待梁段全部吊装完成或大部分完成后，在相邻节段间永久固结连接。此时，加劲梁恒荷载完全由主缆承担，加劲梁只承担节段内的局部弯矩。

（五）施工阶段线形及内力控制

悬索桥施工过程中必须对塔柱弯矩、主缆线形及加劲梁线形加以控制，以使成桥时塔柱基本只承担竖向力，主梁线形达到道路线形的要求。

在空缆状态下，主缆无论在中跨还是在边跨均为悬链线，当加劲梁安装完毕后，恒载接近于均布荷载，主缆线形接近于二次抛物线。在两种线形之间转换时主缆将向中跨移动，因此，塔顶的索鞍在加劲梁架设期间，必须可以在纵桥向移动，待架设完毕后再与塔顶固结。

主缆的长度是从成桥状态考虑成桥温度后，用无应力法计算得到的。再根据索股在主缆中的位置计算索股的长度，编索时先确定标准丝的长度，其余钢丝按照标准丝定长度。

空缆的形状根据缆索的总长及中跨与边跨主缆水平分力相等的原则确定。空缆线形与成桥线形比较后可以得到索鞍在架设期间移动的距离。有了空缆线形后即可进行加劲梁吊装过程模拟计算，从而得到吊装过程中主缆、加劲梁的线形控制值，结果将用于现场操作控制。现场控制时将现场实测值与计算值比较，以控制架设精度。

以上计算都必须考虑几何非线性效应，现在一般通过基于有限位移法的计算机程序进行计算；同时，要考虑实测温度与计算温度差的补偿。

第六章 公路养护技术与生产管理

第一节 养护管理的组织机构

为了加强对公路养护工作的管理，确保完成公路养护所规定的任务，建立健全完善的公路养护管理的组织机构是十分重要的。目前我国基本上采用省级交通部门设省公路管理局、地（市）公路管理局、县公路管理局三级公路养护管理机构，负责对国家干线、省级干线及重要县级公路的养护管理，并对地方交通部门养护的一般县、乡公路进行业务指导。

三级公路养护管理机构的设置方式有两种：一是在省公路管理局的领导下，原则上按地区（省辖市、自治州）设地市公路管理局，按县（旗、市、自治县）设县公路管理局。但养护里程少于500km的省辖（自治州）和少于100km的地辖市（县）应与相邻的地区或县合并设管理局。二是高速公路的养护，在高速公路管理机构下设养护单位。

省、地（市）、县三级公路管理机构分别设总工程师、主任工程师、主管工程师，连同其相应的技术管理部门组成技术管理体系，负责贯彻规范及其他有关标准规范的各项规定。他们是同级行政领导成员，有权决定其职责范围内的技术业务问题并负有技术责任。本机构内的工程技术人员及下属机构必须接受他们的领导。

三级养护技术负责人的主要职责应包括下列内容。

第一，贯彻执行国家有关公路技术法规和公路养护、修建的技术政策和规章制度。负责制定本地区公路养护技术管理的有关规定和办法。

第二，定期组织检查公路各项工程设施的技术状况，提出或审定各类养护工程的技术措施和方案。

第三，负责组织养护工程的竣工验收及参与组织新、改建工程的竣工验收。

第四，负责组织公路交通情况调查，系统地观测公路的使用情况，掌握各项技术经济指标，充实和修订公路路况技术档案，逐步建立数据库系统。

第五，掌握国内、外公路科技发展动态，积极引进、开发、推广公路养护新技术、新材料、新工艺，组织科技交流和培训专业人才。

各级公路管理机构，必须配备足够的养护工程技术人员。地（市）级以下管理机构的专职养护工程技术人员每管养 100 km 至少配备 4 人。地（市）和县级机构内，养护工程技术人员总数占全部管理及服务人员总数的比例应不小于 30%。随着技术水平的提高和业务人员的补充，其所占比例应相应增加。

各级养路专业机构的具体职责应包括下列内容。

第一，领导全体职工，贯彻执行国家有关公路法规和公路养护、修建的方针政策和规章制度。

第二，编制公路养护和改善的规划和计划，经上级批准后负责组织实施。

第三，定期检查公路各项工程设施的技术状况，及时地、保质保量地进行公路养护工作。

第四，负责组织工程竣工验收工作，对不符合工程质量标准的工程不予接养。

第五，系统地观察公路的使用情况，做好交通调查，掌握各项技术经济指标，充实和修订公路路况登记和技术档案，逐步建立现代化的数据库系统。

第六，加强科学研究和技术情报工作，掌握国内外科技发展动态，积极采用新技术、新材料，改进机械设备，培训专业人才，提高人员政治、业务素质。

第七，加强路政管理，保护公路财产，维护公路畅通。

第八，关心职工生活，保障工人健康和生产安全。

第九，抓好精神文明和物质文明建设工作。

关于各级养路专业机构的职责，还要解释性地进行说明：省（地）级的公路管理局原则上不是政府机关或职能部门，而是属于有关养路事业管理的生产性的专业机构。但目前有些省由于交通厅未设公路处，所以就授给省、地两级管理局以部分的政府职权，以利于公路建设的管理工作。

第二节　养护的技术管理

公路养护技术管理是公路养护管理的重要组成部分。它是公路管理部门合理组织设计、施工、养护的方法；同时也是为了不断提高技术水平，采用先进的新技术、新材料、新设备，提高劳动生产率，提高工程质量，降低原材料消耗和保证安全生产，全面完成养护任务的关键一环。

公路养护技术管理和基本任务就是要严格贯彻国家有关公路建设的技术政策、标准、规范、办法和相应的安全规章、操作规程、管理条例，以提高养护质量和做到安全生产。

技术管理应严格控制和考核各项技术经济指标，做好交通情况调查、路况登记、工程检查与验收，建立路况数据库，健全基层管理制度，加强安全生产管理。

一、交通情况调查

（一）调查的目的、内容与要求

1. 目的

开展交通调查是公路交通部门的一项重要基础工作。通过有组织、有计划地进行观测调查，将与公路交通有关的某些数据记录下来，如交通量、行车速度、各级公路交通量比重等，通过对数据进行必要的处理与整理之后再做进一步分析与研究，取得的有关成果可供有关部门作为进行公路规划、设计、养护、管理等工作的依据。由于交通调查所取得的技术数据及有关研究成果有着极广泛的用途，因此交通调查是一项具有重要意义的、不可缺少的工作。

交通调查所取得的数据资料及有关研究成果可应用于下述几个方面：

①为公路交通全行业的发展战略、公路建设的总体布局与规划、中长期建设规划与计划等宏观决策提供依据；

②为评价公路对现有交通车辆的适应程度提供依据；

③预测基础年度交通量，为制订公路中长期发展规划、建设方案、工程设计提供依据；

④建立交通调查资料及有关各参数间的相互关系的数学模型，为制订交通管理、交通设施配置方案提供依据；

⑤交通调查资料是评价公路交通运输服务质量水平的依据；

⑥为编制公路养护工程计划提供依据；

⑦为进行交通工程学基础理论研究和公路科学研究提供基础资料。

2. 内容

公路交通情况调查主要指交通量及其组成和行车速度的调查或观测，以及对原始数据的计算整理和分析。有条件的地方可逐步开展车流密度、起讫点、轴载、通行能力、车头间距、车辆横向分布等调查工作。

3. 要求

交通调查应组织专人长期进行，必须采取相应措施保证调查数据的准确可靠，并逐步开发应用先进的观测记录和数据加工处理技术。调查整理的资料，应按时逐级上报，归入公路技术档案，长期保存。

（二）交通量观测

交通量是指单位时间内通过道路某一断面（一般为往返两个方向，如特指时可为某一方向或某一车道）的车辆数（或行人数），又称交通流量或流量。在研究车行道的交通状况时，一般所称的交通量如未加特别说明，则是指车流量。其最常用的单位是辆/h、辆/d、辆/min、辆/15 min 等。

交通量按交通组成的不同可分为机动车交通量、非机动车交通量和行人交通量，按观测时间不同可分为 1s 交通量、5 min 交通量、15 min 交通量、lh 交通量、白天 12 h 交通量、白天 16 h 交通量及日、周、月、年交通量等。

1. 观测方法

交通量的观测，根据情况可采用下列两种方式：一是间隙式观测，其是指按预先确定的观测日期，对交通量进行定期统计观测；二是连续式观测，其是指全年分小时连续不断地对交通量进行统计观测。

交通量观测方法是指用人工或仪器将通过规定观测断面的各种类型的车辆分车型记录在表格或计数器具上，每小时结束时，将记录结果进行整理并登记于规定的表格上。

2. 观测站的设置

凡列入管理和养护范围的路段，原则上都应进行交通量观测。观测站（点）的设置应从全局出发，根据公路网布局和所划定的调查区间，由省、地（市）级公路管理部门确定。连续式观测站，应设在主要干线和重要旅游公路交通量有代表性的适当地点，根据公路里程及交通量变化情况，在国道上应设立若干个连续的观测站。间隙式观测站应设在调查区间范围内能代表所在路段交通量的地点。每个调查区间设一个观测站。对于某些特定地点，如交叉口、渡口及隧道出入口等，根据使用目的可设临时性的补充观测站（点），待观测完成后撤除。

观测站应选在视线开阔、便于观测的地点，并应离开市区适当距离，以免受城市交通量的影响。观测站（点）位置一经设定，不得随意变动，并应统一编号。

高速公路的交通量观测可结合收费站（点）或监控设施观测。

观测站（点）配备的固定观测人员，对于连续式观测站每站一般为 10 ~ 20 人，对于间隙式观测站每站为 4 ~ 6 人，具体人数可根据交通量的大小确定。

3. 观测时间

连续式观测时间可从观测站建站开始，连续不断地长期进行。

间隙式观测一般每月应观测 2 ~ 3 次。每个观测日连续观测 24 h，一般自观测日 6 时起至次日 6 时止。为减少观测资料的偶然性，观测日应尽量避开法定节假日。观测日如遇地方性集会或一般的雨雪天气，仍应照常观测，但应注明；如遇大雪、暴风雨等特殊气候，应改期观测，改期不应超过 3d，对无法补测者，可取消本次观测；由于公路施工等原因阻断交通，短期内不能恢复通车的路段在此期间可停止观测，但应在附注栏内说明上述情况。

夜间交通量稀少的路段及北方严寒季节，在充分积累资料取得昼夜交通量换算系数的情况下，可观测白天6时至18时或6时至22时的交通量，但需计入推算的夜间交通量。

4.资料整理

交通量观测的原始资料，应及时整理、汇总、分析，并按规定的各类报表的图表上报，有关报表和图表的具体格式可详见《公路养护技术规范》（JTG H10—2009）。

根据交通量的观测资料，可用加权平均法计算路线（全线、路段）的平均日交通量。

（三）车速调查与观测

车速是单位时间内车辆所行驶的距离。车速调查与观测包括车辆通过公路较短区间的地点车速调查和较长公路区间（或整条路线）的区间车速调查。每条路线每年不得少于一次，有条件的可适当增加观测次数。地点车速观测可采用人工观测、雷达测速仪、车辆检测仪等方法进行。区间车速调查可通过运输部门或经常行驶于某条路线的行车单位进行调查，也可采用跟车法、记车号法、浮动车观测法等方法观测。

以上车速观测、调查所用的记录表格和资料整理汇总表格可详见交通运输部《公路养护技术规范》（JTG H10—2009）。

（四）公路交通起讫点调查

起讫点调查是指在某一区域内，为获得通过两个出行端点的交通量及其组成、流向、货物类型、车辆实载率及交通目的等所进行的调查，简称OD调查。通过调查，可对远景交通量的预测、公路类型和等级的确定、互通立交的设置、公路横断面设计、交通服务设施的配置、交通管理与控制、规划方案和建设项目的国民经济评价及财务分析、交通规划的完善和建设项目的科学决策等提供定量依据。

OD调查选点必须慎重，应有熟悉当地交通量线路情况的人员现场查勘落实，以确保调查资料准确、翔实，并应绘制调查地点示意图。

OD调查宜用路边访问法，调查时让驾驶员停车，询问该车起讫点及需要的其他资料，并将调查结果逐一记入"公路机动车起讫点调查表"内。对日流量8 000辆以上的大流量路线可采用抽样调查，样本量视交通量大小确定，一般取该处交通量的20% ~ 50%。调查时应避免交通阻塞，以防车辆可能绕道避开调查点，使交通流模式产生畸变。

全线各OD调查点均应在同一天、同一时间内进行。调查时间一般为周，特殊情况可适当增减，但应选择天气正常的非节假日。每天调查12 h，但应有1 ~ 2个点连续调查 24 h，调查的起讫时间应根据调查季节和车辆出行规律确定。

对调查过的车辆应用明确标志标明，凡被调查过的车辆在其他调查点不再重复调查；对于在两点间多次往返的车辆应多次统计。

在取得 OD 调查资料后，应进行统计分析，编制"OD 矩阵表"或"三角 OD 表"，以反映车辆、货物、旅客的流动情况。

（五）4 类公路交通量比重调查

4 类公路交通量比重调查是为了掌握公路交通流量的地区分布和路线分布特征，分析和评价国道、省道、县道、乡道 4 类公路的使用功能，论证和探讨现有公路网的合理性，为公路规划、可行性研究、技术经济分析论证、设计、改造等提供依据。

调查内容为调查辖区范围内国、省、县、乡道的交通量，以及 4 类公路的里程和汽车、机动车拥有量。调查日宜选择运输旺季的某一天，利用区域路网交通量调查设置的观测站，采用间隙式观测方法。根据调查所得资料，计算每个观测站的日机动车交通量和日汽车交通量（均为绝对值）、每条路线的交通量和日交通量、调查区域内各行政区的 4 类公路里程比重、路线交通量所占比重、日交通量及年路线总交通量。

（六）轴载调查

轴载调查是为了预测某一时期内行车对路面的破坏作用，以便科学地制定公路养护措施，合理分配公路养护和改造资金。

轴载调查一般每年进行一次，每次调查天数以每类车辆的代表当量轴载换算系数的稳定性而定，一般不宜少于 3d。标准轴载的换算方法可分别参见相关标准和规范。

二、公路路况登记

公路路况登记是公路养护的重要基础工作，其资料是公路技术档案的主要部分。它反映各条公路及沿线构造物的全面技术状况，是制定公路规划、安排改建项目、编制养路年度计划等的重要基础资料，也是路产管理、资产评估的重要凭据。对实现公路科学化管理、提高养护质量具有重要作用。

路况登记的主要内容包括：

第一，路况平面略图；

第二，公路基本资料；

第三，路况示意图；

第四，构造物卡片，如桥梁、隧道、渡口、过水路面及房屋等；

第五，登记表，如涵洞、挡土墙及绿化等。

进行路况登记时，应以公路现况调查资料、设计、施工、竣工文件、技术总结等为依据，资料不全的应补充进行调查和测绘工作。对表、卡所列内容应逐项认真填写。

进行登记的路线，应在每年年终将变更部分进行修改、补充，作为当年年末的公路路况。变更登记的范围包括公路被毁、修复、大修、改建等。变更登记应根据工程竣工验收文件、图表和实地测量的结果进行。

路况登记的资料应按公路性质（行政等级）实行分级管理，并按规定时间完成资料的登记、修改与汇总整理。地（市）级和县（市）级公路管理机构保管所管辖公路的全部资料；省级公路管理部门保管全省县级以上公路的资料、卡片，并将国道部分资料报交通部备案。

县级以上公路都要建立分线登记图表。乡级公路可只填写公路技术状况汇总表，供各级公路部门存查。

公路路况登记资料应逐步做到应用电子计算机进行数据处理和储存。在采用电子计算机建立数据库时，所有数据应按《公路路况数据处理系统编目编码规范》执行。编目名称包括公路路线、公路路基、公路路面、公路桥梁、公路涵洞、公路渡口、公路道班房屋、公路隧道、综合部分和图例式样 10 个部分。

加强公路科技档案的管理，是公路养护部分生产技术管理的重要环节，必须按照集中统一管理的原则，各级公路管理机构必须配备专职人员，建立健全的、规范化的管理制度。

三、养护质量的检查与评定

公路养护质量是指公路工程设施竣工验收交付使用后所保持的质量状况和服务水平。它包含公路设计、施工所形成的内在质量状况和公路养护中保持、提高原有技术状况的程度，因而养护质量检查评定是对公路客观的全面考核。

为加强公路养护管理工作，科学评定公路技术状况和服务水平，促进公路技术状况检测和评定工作的科学化、规范化和制度化，交通运输部特制定了《公路技术状况评定标准》（JTG H20—2007），作为全国统一的公路技术状况评定标准。

根据交通运输部颁发的《公路技术状况评定标准》（JTG H20—2007）的规定，公路技术状况评定的内容和方法如下：

第一，公路技术状况用公路技术状况指数（MQI）和相应的分项指标表示，MQI和相应分项指标的值域均为 0 ~ 100；

第二，公路技术状况分为优、良、中、次、差五个等级。

公路技术状况包含路面、路基、桥隧构造物和沿线设施四个部分评价内容。其中，路面包括沥青路面、水泥路面和砂石路面。

（一）沥青路面

沥青路面损坏分 11 类 21 项。

1. 龟裂

轻：初期裂缝，裂缝区无变形、无散落，裂缝细，主要裂缝宽度在 2mm 以下，主要裂缝块度在 0.2 ~ 0.5 m 之间，损坏按面积计算。

中：龟裂的发展期，龟裂的状态明显，裂缝区有轻度散落或轻度变形，主要裂缝宽度在 2 ~ 5mm 之间，部分裂缝块度小于 0.2 m，损坏按面积计算。

重：龟裂特征显著，裂块较小，裂缝区变形明显、散落严重，主要裂缝宽度大于 5 mm，大部分裂缝块度小于 0.2m，按损坏面积计算。

2. 块状裂缝

轻：缝细，裂缝区无散落，裂缝宽度在 3 mm 以内，大部分裂缝块度大于 1m，损坏按面积计算。

重：缝宽，裂缝区有散落，裂缝宽度在 3 mm 以上，主要裂缝块度在 0.5 ~ 1.0 m 之间，损坏按面积计算。

3. 纵向裂缝

与行车方向基本平行的裂缝。

轻：缝细，裂缝壁无散落或有轻微散落，无支缝或有少量支缝，裂缝宽度在 3 mm 以内，损坏按长度计算，检测结果要用影响宽度（0.2 m）换算成面积。

重：缝宽，裂缝壁有散落、有支缝，主要裂缝宽度大于 3 mm，损坏按长度（m）计算。检测结果要用影响宽度（0.2m）换算成面积。

4. 横向裂缝

与行车方向基本垂直的裂缝。

轻：缝细，裂缝壁无散落或有轻微散落，裂缝宽度在 3mm 以内，损坏按长度计算，检测结果要用影响宽度（0.2m）换算成面积。

重：缝宽，裂缝贯通整个路面，裂缝壁有散落并伴有少量支缝，主要裂缝宽度大于 3 mm，损坏按长度（m）计算。检测结果要用影响宽度（0.2 m）换算成面积。

5. 坑槽

轻：坑浅，有效坑槽面积在 0.1m² 以内（约 0.3m×0.3m），损坏按面积计算。

重：坑深，有效坑槽面积大于 0.1m²（约 0.3m×0.3m），损坏按面积计算。

6. 松散

轻：路面细集料散失、脱皮、麻面等表面损坏，损坏按面积计算。

重：路面粗集料散失、脱皮、麻面、露骨，表面剥落，有小坑洞，损坏按面积计算。

7. 沉陷

大于 10 mm 的路面局部下沉。

轻：深度在 10 ~ 25 mm 之间，正常行车无明显感觉，损坏按面积计算。

重：深度大于 25 mm，正常行车有明显感觉，损坏按面积计算。

8. 车辙

轮迹处深度大于 10 mm 的纵向带状凹槽。

轻：辙槽浅，深度在 10 ~ 15 mm 之间，损坏按长度计算，检测结果要用影响宽度（0.4 m）换算成面积。

重：辙槽深，深度在 15 mm 以上，损坏按长度计算，检测结果要用影响宽度（0.4 m）换算成面积。

9. 波浪拥包

轻：波峰波谷高差小，高差在 10 ~ 25 mm 之间，损坏按面积计算。

重：波峰波谷高差大，高差大于 25 mm，损坏按面积计算。

10. 泛油

路面沥青被挤出或表面被沥青膜覆盖形成发亮的薄油层，损坏按面积计算。

11. 修补

龟裂、坑槽、松散、沉陷、车辙等的修补面积或修补影响面积（裂缝修补按长度计算，影响宽度为 0.2 m）。

（二）水泥混凝土路面

水泥混凝土路面损坏分 11 类 20 项。

1. 破碎板

轻：板块被裂缝分为 3 块以上，破碎板未发生松动和沉陷，破碎按板块面积计算。

重：板块被裂缝分为 3 块以上，破碎板有松动、沉陷和唧泥等现象，破碎按板块面积计算。

2. 裂缝

板块上只有一条裂缝，裂缝类型包括横向、纵向和不规则的斜裂缝等。

轻：裂缝窄，裂缝处未剥落，缝宽小于 3 mm，一般为未贯通裂缝，损坏按长度计算，检测结果要用影响宽度（1.0m）换算成面积。

中：边缘有碎裂，裂缝宽度在 3 ~ 10mm 之间，损坏按长度计算，检测结果要用影响宽度（1.0m）换算成面积。

重：缝宽，边缘有碎裂并伴有错台出现，缝宽大于 10mm，损坏按长度计算，检测结果要用影响宽度（1.0m）换算成面积。

3. 板角断裂

裂缝与纵横接缝相交，且交点距板角小于或等于板边长度一半的损坏。

轻：裂缝宽度小于 3 mm，损坏按断裂板角的面积计算。

中：裂缝宽度在 3 ~ 10 mm 之间，损坏按断裂板角的面积计算。

重：裂缝宽度大于 10 mm，断角有松动，损坏按断裂板角的面积计算。

4. 错台

接缝两边出现高差大于 5 mm 的损坏。

轻：高差小于10mm,损坏按长度计算,检测结果要用影响宽度(1.0m)换算成面积。

重：高差大于10mm,损坏按长度计算,检测结果要用影响宽度(1.0m)换算成面积。

5. 唧泥

板块在车辆驶过后，接缝处有基层泥浆涌出，损坏按长度计算，检测结果要用影响宽度（1.0m）换算成面积。

6. 边角剥落

沿接缝方向的板边碎裂和脱落，裂缝面与板面成一定角度。

轻：浅层剥落，损坏按长度计算，检测结果要用影响宽度（1.0m）换算成面积。

中：中深层剥落，接缝附近水泥混凝土有开裂，损坏按长度计算，检测结果要用影响宽度（1.0m）换算成面积。

重：深层剥落，接缝附近水泥混凝土多处开裂，深度超过接缝槽底部，损坏按长度计算，检测结果要用影响宽度（1.0m）换算成面积。

7. 接缝料损坏

由于接缝的填缝料老化、剥落等原因，接缝内已无填料，接缝被砂、石、土等填塞。

轻：填料老化、不密水，但尚未剥落脱空，未被砂、石、泥土等填塞，损坏按长度计算，检测结果要用影响宽度（1.0m）换算成面积。

重：三分之一以上接缝被砂、石、泥土等填塞，损坏按长度计算，检测结果要用影响宽度（1.0m）换算成面积。

8. 坑洞

板面出现有效直径大于 30mm、深度大于 10mm 的局部坑洞，损坏按坑洞或坑洞群所涉及的面积计算。

9. 拱起

横缝两侧的板体发生明显抬高，高度大于10mm，损坏按拱起所涉及的板块面积计算。

10. 露骨

板块表面细集料散失，粗集料暴露或表层松疏剥落，损坏按面积计算。

11. 修补

裂缝、板角断裂、边角剥落、坑洞和层状剥落的修补面积或修补影响面积（裂缝修补按长度计算，影响宽度为 0.2 m）。

（三）砂石路面

砂石路面损坏分 6 类。

1. 路拱不适

路拱过大或过小。过大将降低行车安全性，过小将使路面雨水不能及时排出。路拱不适程度根据经验确定，按长度计算，检测结果要用影响宽度（3.0 m）换算成面积。

2. 沉陷

路面表面的局部凹陷，按面积计算。

3. 波浪搓板

峰谷高差大于 30 mm 的搓板状向纵向连续起伏，按面积计算。

4. 车辙

轮迹处深度大于 30 mm 的纵向带状凹槽（辙槽），按长度计算，检测结果要用影响宽度（0.4 m）换算成面积。

5. 坑槽

路面上深度大于 30 mm、直径大于 0.1 m 的坑洞，按面积计算。

6. 露骨

黏结料和细集料散失，主骨料外露，按面积计算。

（四）路基

路基损坏分为 8 类。

1. 路肩边沟不洁

路肩（包括土路肩、硬路肩和紧急停车带）和边沟（包含边坡）有杂物、油渍、垃圾及堆积物。按行车方向的长度计算，每 1m 扣 0.5 分。

2. 路肩损坏

路肩上出现的各种损坏比照路面损坏。沥青路面的损坏类型见表 6-1，水泥混凝土路面的损坏类型见表 6-2，砂石路面的损坏类型见表 6-3 中的沉陷、坑槽和露骨。

轻：路肩轻度损坏包括表 6-1 和表 6-2 规定的所有轻、中度损坏，砂石路面损坏按轻度处理。所有损坏均按损坏的实际面积计算，每 1 m^2 扣 1 分，累计面积不足 1m^2 按 1 m^2 计算。

重：路肩重度损坏包括表 6-1 和表 6-2 规定的所有重度损坏。所有重度损坏均按损坏的实际面积计算，每 1m^2 扣 2 分，累计面积不足 1 m^2 按 1m^2 计算。

表6-1　沥青路面的损坏类型和权重

类型（i）	损坏名称	损坏程度	权重（wi）	计量单位
1	龟裂	轻	0.6	面积/m²
2		中	0.8	
3		重	1.0	
4	块状裂缝	轻	0.6	
5		重	0.8	
6	纵向裂缝	轻	0.6	长度/m（影响宽度：0.2m）
7		重	1.0	
8	横向裂缝	轻	0.6	
9		重	1.0	
10	坑槽	轻	0.8	面积/m²
11		重	1.0	
12	松散	轻	0.6	
13		重	1.0	
14	沉陷	轻	0.6	
15		重	1.0	
16	车辙	轻	0.6	长度/m（影响宽度：0.2m）
17		重	1.0	
18	波浪拥包	轻	0.6	面积/m²
19		重	1.0	
20	泛油		0.2	
21	修补		0.1	

表6-2　水泥混凝土路面的损坏类型和权重

类型（i）	损坏名称	损坏程度	权重（wi）	计量单位
1	破碎板	轻	0.8	面积/m²
2		重	1.0	
3	裂缝	轻	0.6	长度/m（影响宽度：1.0m）
4		中	0.8	
5		重	1.0	
6	板角断裂	轻	0.6	面积/m²
7		中	0.8	
8		重	1.0	
9	错台	轻	0.6	长度/m（影响宽度：1.0m）
10		重	1.0	
11	唧泥		1.0	
12	边角剥落	轻	0.6	
13		中	0.8	

类型（i）	损坏名称	损坏程度	权重（wi）	计量单位
14		重	1.0	长度/m （影响宽度：1.0m）
15	接缝料损坏	轻	0.4	
16		重	0.6	
17	坑洞		1.0	
18	拱起		1.0	面积/m²
19	露骨		0.3	
20	修补		0.1	

表6-3　砂石路面的损坏类型和权重

类型（i）	损坏名称	权重（wi）	计量单位
1	路拱不适	0.1	长度/m，影响宽度：3.0 m
2	沉陷	0.8	面积/m²
3	波浪搓板	1.0	
4	车辙	1.0	长度/m，影响宽度：0.4m
5	坑槽	1.0	面积/m²
6	露骨	0.8	

3. 边坡坍塌

挖方路段边坡坍塌，损坏按处和行车方向的长度计算。长度小于或等于 5 m 为轻度损坏，5 ~ 10m 之间为中度损坏，大于 10m 为重度损坏。

4. 水毁冲沟

填方路段边坡由于雨水冲刷形成的冲沟。损坏按处和冲刷深度计算。深度小于或等于 0.2m 为轻度损坏，0.2 ~ 0.5 m 之间为中度损坏，大于 0.5 m 为重度损坏。

5. 路基构造物损坏

包括挡墙等与工体断裂、沉陷、倾斜、局部坍塌、松动和较大面积勾缝脱落。损坏按处和长度（m）计算。长度小于或等于 5 m 为轻度损坏，5 ~ 10m 之间为中度损坏，大于 10 m 为重度损坏。

6. 路缘石缺损

路缘石丢失或损坏，按形成方向上的长度计算，每 1m 扣 4 分。

7. 路基沉降

深度大于 30 mm 的沉降，损坏按处和长度（m）计算。长度小于或等于 5m 为轻度损坏，5 ~ 10m 之间为中度损坏，大于 10m 为重度损坏。

8. 排水系统淤塞

轻：边沟、排水沟、截水沟等排水系统淤积。按长度计算，每 lm 扣 1 分，累计长度不足 1m 按 1m 计算。

重：边沟、排水沟、截水沟等排水系统全截面淤积。损坏按处计算，每处扣 2 分。

（五）桥隧构造物

桥隧构造物包括桥梁、隧道和涵洞三类。

1. 桥梁技术等级

桥梁技术等级采用《公路桥涵养护规范》（JTG H11—2004）规定的等级评定方法，规定一类、二类桥梁不扣分，三类桥梁每处扣 40 分，四类桥梁每处扣 70 分，五类桥梁每处扣 100 分。同时直接将 MQI 设为最低值。

桥梁评定分为一般评定和适应性评定。

一般评定是依据桥梁定期检查资料，通过对桥梁各部件技术状况的综合评定，确定桥梁的技术状况等级，提出各类桥梁的养护措施。桥梁适应性评定包括以下内容：依据桥梁定期检查和特殊检查资料，结合试验与结构受力分析，评定桥梁的实际承载能力、通行能力、抗洪能力，提出桥梁养护、改造方案。一般评定由负责定期检查者进行，适应性评定应委托有相应资质及能力的单位进行。

桥梁技术状况等级分为以下五类。

一类：完好、良好。

二类：较好。

三类：较差。

四类：差的。

五类：危险。

桥梁各部位裂缝限值详见《公路桥涵养护规范》（JTG H11—2004）相关内容。

2. 隧道技术等级

隧道技术等级分为三类。

S 类隧道：隧道各结构部分无异常。

B 类隧道：隧道有个别结构部分出现异常。

A 类隧道：隧道结构严重异常，通行有危险。

隧道技术等级采用《公路隧道养护技术规范》（JTG H12—2005）规定的等级评定方法，规定 S 类隧道（无异常）不扣分，B 类隧道（有异常）每处扣 50 分，A 类隧道（有危险）每处扣 100 分，同时直接将 MQI 值设为最低值。

3. 涵洞技术等级

涵洞的技术等级分为五级，分别是完好、较好、较差、差、危险。

涵洞技术等级采用《公路桥涵养护规范》（JTG H11—2004）规定的等级评定方法，规定好、较好类涵洞不扣分，较差类涵洞每处扣 40 分，差类涵洞每处扣 70 分，危险类涵洞每处扣 100 分，同时直接将 MQI 设为最低值。

（六）沿线设施

沿线设施损坏分为五类。

1.防护设施缺损

防护设施（如防撞护栏、防落网、声屏障、中央分隔带活动护栏和防眩板等）缺少、损坏或损坏修复后部件尺寸和安装质量达不到规范的技术要求。损坏按处和长度（m）计算。

轻：长度小于或等于4 m，每缺损1处扣10分。

重：长度大于4 m，每缺损1处扣30分。

2.隔离栅损坏

隔离栅损坏后修复不及时或修复质量达不到规范的技术要求，损坏按处计算，每缺损一处扣20分。

3.标志缺损

各种交通标志（如指示标志、警告标志、禁令标志、里程碑、轮廓标、百米桩等）残缺、位置不当或尺寸不规范、颜色不鲜明、污染，可变信息板有故障等。损坏按处计算，其中，轮廓标和百米桩每3个损坏算1处，累积损坏不足3个按1处计算，每处扣20分。

4.标线缺损

标线（含凸起路标）缺少或损坏，损坏按长度（m）计算。每缺损10m扣1分，累积长度不足10 m按10 m计算，评定时不考虑车道数量的影响。

5.绿化管护不善

树木、花草枯萎或缺树，虫害未及时防治，绿化带未及时修剪或有杂物，路段应绿化而未绿化。损坏按长度（m）计算，每10m扣1分，累积长度不足10 m按10m计算。

四、公路技术状况检测与调查

（一）检测与调查内容

公路技术状况检测与调查包括路面、路基、桥隧构造物和沿线设施4部分内容。路面检测包括路面损坏、平整度、车辙、抗滑性能和结构强度5项指标。其中，路面结构强度为抽样检测指标。桥隧构造物调查包括桥梁、隧道和涵洞3类构造物。

（二）检测与调查单元

第一，公路技术状况以1 000 m路段为基本检测或调查单元。

第二，公路技术状况数据按上行方向（桩号递增方向）和下行方向（桩号递减方向）分别检测。二、三、四级公路不分上下行。

第三，采用快速检测方法检测路面使用性能评定所需数据时，每个检测方向至少检测一个主要行车道。

（三）检测与调查方法

1. 路面检测

（1）路面损坏状况检测

路面损坏状况检测，宜采用自动化的快速检测方法，条件不具备时，可人工检测。

采用快速检测设备检测路面损坏时，应纵向连续检测，横向检测宽度不得小于车道宽度的 70%。检测设备应能够分辨 1mm 以上的路面裂缝，检测结果宜采用计算机自动识别，识别准确率应达到 90% 以上。

采用人工方法调查时，调查范围应包含所有行车道，按表 6-1、表 6-2、表 6-3 规定的损坏类型实地调查。调查及汇总表的样式详见《公路技术状况评定标准》附录。有条件的地区，可借助便携式路况数据采集仪进行现场调查、汇总、计算与评定。紧急停车带按路肩处理。

路面损坏检测数据应以 100m（人工检测）或 10m（快速检测）为单位长期保存。

（2）路面平整度检测

路面平整度检测以采用快速检测设备，可结合路面损坏和车辙一并进行检测。单独检测路面平整度时，宜采用高精度的断面类检测设备。路面平整度检测设备必须定期标定，每年至少标定 1 次，标定的相关系数应大于 0.95。

条件不具备的三、四级公路，路面平整度可采用 3 m 直尺人工检测。

路面平整度检测数据应以 100 m（人工检测）或 20m（快速检测）为单位长期保存。

（3）路面车辙检测

路面车辙宜采用快速检测设备，可结合路面损坏和路面平整度一并检测，路面车辙检测设备必须定期标定，每年至少标定 1 次。根据断面数据计算路面车辙深度（RD），计算结果应以 10 m 为单位长期保存。

（4）路面抗滑性能检测

路面抗滑性能检测，宜采用基于横向力系数的路面抗滑性能检测设备或其他具有可靠数据标定关系的自动化检测设备。检测设备必须定期标定，每年至少标定 1 次。路面抗滑性能检测数据（横向力系数）应以 20m 为单位长期保存。

（5）路面结构强度检测

路面结构强度检测宜采用自动化检测设备检测。

自动检测时，宜采用具有可靠数据标定关系的自动化检测设备，检测结果应能换算成我国相关技术规范规定的回弹弯沉值。自动化检测设备必须定期标定，每年至少标定 1 次，标定的相关系数不得小于 0.95。弯沉检测数据应以 20 m 为单位长期保存。

采用贝克曼梁检测时，检测数量应不少于 20 点 /（km• 车道）。

抽样检测时，检测范围可控制在养护里程的 20% 以内。

2.路基、桥隧构造物和沿线设施调查

公路技术状况和所需要的路基、桥隧构造物和沿线设施数据，应按《公路技术状况评定标准》中调查及汇总表格式确定。有条件的地区，可借助便携式路况数据采集仪进行现场调查、汇总、计算与评定。

（1）桥梁检查

桥梁检查分为经常检查、定期检查和特殊检查。

①经常检查

经常检查主要是对桥面设施、上部结构、下部结构及附属构造物的技术状况进行的检查。经常检查一般每月不得少于1次。

②定期检查

定期检查是指为评定桥梁的使用功能，制订管理养护计划提供基本数据，对桥梁主体结构及其附属构造物的技术状况进行全面检查，它可以为桥梁养护管理系统搜集结构技术状况的动态数据。定期检查周期根据技术状况确定，最长不得超过3年。

③特殊检查

特殊检查是查清桥梁病害原因、损坏程度、承载能力、抗灾能力，确定桥梁技术状况的工作。特殊检查分为专门检查和应急检查。专门检查是根据经常检查和定期检查的结果，对需要进一步判明损坏原因、缺损程度或使用能力的桥梁，针对病害进行专门的现场试验检测、验算与分析等鉴定工作；应急检查是指当桥梁受到灾害性损坏后，为了查明破损状况，采取应急措施，组织恢复交通，对结构进行的详细检查和鉴定工作。

（2）涵洞检查

涵洞检查分为经常检查和定期检查。

①经常检查每月至少进行2次，在洪水、冰雪前后及行洪期间应加强检查。经常检查的内容包括：进水口是否堵塞，沉沙井有无淤积，洞内有无淤塞及排水不畅，洞口周围是否有杂物堆积，涵洞是否清洁、漏水，周围路基填土是否稳定和完整，涵洞结构是否损坏等。

②定期检查每年至少进行1次，检查内容包括：涵洞位置及过水能力是否适当；进水口铺砌、翼墙、护坡、挡水墙、沉沙井是否完整；排水是否顺畅；涵体侧墙是否漏水、开裂、变形或倾斜；涵身顶部盖板或拱顶是否开裂、漏水、变形下挠、松动脱落等。

（3）隧道结构检查

隧道结构检查分为日常检查、定期检查、特别检查和专项检查。

①日常检查是对隧道土建结构的外观状况进行的日常巡视检查，通过日常检查，可以及时发现早期损坏、显著病害或其他异常情况，并确定对策措施。

②定期检查是按规定的周期对隧道土建结构的基本技术状况进行全面检查。通过定期检查，应系统掌握结构基本技术状况，评定结构物功能状态，为制订养护工作计划提供依据。检查周期一般为每年1次。

③特别检查是在隧道遭受自然灾害、发生交通事故或出现其他异常事件后，对遭受影响的结构立即进行的详细检查。通过特别检查，应及时掌握结构受损坏情况，为采取对策措施提供依据。

④专项检查是根据定期检查和特别检查的结果，或者通过其他途径，判断需要进一步查明某些破损或病害的详细情况而进行的更深入的专门检测。通过专项检查，应完整掌握破损或病害的详细资料，为其是否实施处置及采取何种处置措施等提供技术依据。

五、工程检查与验收

检查和验收是确保公路改善及大中修工程质量的重要环节。工程质量检查与验收应通过"政府监督、施工监理、企业自检"所组成的完善质量保证体系，根据部颁《基本建设工程质量监督管理暂行办法》及有关相应规定的办法执行。其主要内容如下。

（一）作业检查

在整个施工过程中，由施工单位的现场技术负责人对作业班组的每个施工环节、每道工序、工程位置及各部尺寸、所用材料及操作程序等通过班组自检后进行检查，填写原始记录，并经工地监理工程师查验核实、签证。

（二）定期检查

定期检查是综合性的全面检查或重点检查。省公路管理局每年不少于一次，地市公路管理局每半年一次，县公路管理局每月一次。工程检查内容包括：施工组织及设备是否符合要求；技术安全措施是否得当；工程进度和质量情况；材料计量和规格质量是否符合要求；技术操作是否符合规定；各项原始记录中完成的指标与实际是否符合；与设计要求的相符程度；好路率；财务开支；计划的执行情况等。

（三）中间检查

中间检查主要是对隐蔽工程的检查，其包括：路基填土前的原地面处理；路面铺筑前的底层和路槽；基础施工前的基底土质、高程和各部尺寸。浇筑混凝土前的埋设钢筋规格、数量、位置及其他隐藏部分的检查。还有局部工程检查，其包括路基、路面、桥梁、涵洞、构造物等部分工程已完工时进行的检查，另外还有暂停未完工程的检查。中间检查应经工地或上级监理工程师检查签证。

（四）竣工验收检查

当工程已按施工合同及设计文件的要求建成，并已按规定编制竣工文件，施工单位可提出验收申请，经建设单位核实确已具备验收条件时，可报请主管部门或投资建设单位组织验收。

养护工程项目原则上采用一阶段竣工验收。竣工验收参照现行《公路工程竣工验收办法》执行，检验评定标准按现行《公路技术状况评定标准》（JTG H20—2007）执行。验收委员会（组）对整个工程质量应做出评价，按优良、合格、不合格评定工程质量等级，并应对验收合格的工程提出竣工验收鉴定书，报上级主管部门批准。

对于改善、大中修工程一律实行保养制度，保修期为 2 年，以工程竣工验收接养之日起算。

在保修期内凡因施工造成的破损一律由原施工单位无偿修复。

对小修保养工程的养护和施工，要建立实地检查、中间检查和上下工序交接制度。每项保养作业和小修工程项目完成后，应分别由县公路管理局或地市公路管理局进行验收。

竣工工程全部资料、征用土地产权等凭证均交给养护单位接管存档。

六、技术档案管理

（一）建立技术档案的意义

各级公路管理部门和较大的工程都应建立技术档案。技术档案是公路技术历史记录的汇总，是以路线为单元的全部技术变更过程的资料，应对其分别建立专案存档并装订成册，以便查阅。

应设置专人保管（或兼管），并建立有关制度，对重要图纸和绝密资料更要妥善保管，要拨给资金购置相应的设备，做好防火、防盗、防虫蛀等工作，并明确岗位责任制。

（二）技术档案的主要内容

1.公路路况调查登记

它是反映路线和结构物技术经济状况、改善路况决策的依据。

这些技术资料的要求，应按现行《公路养护技术规范》（JTG H10—2009）中的规定进行办理。

2.改建和大、中修工程的技术条件

其主要内容包括：

①每个工程的设计文件及施工图纸、预算及原始资料；

②图纸会审记录；

③材料、构件、仪器的质量出厂证明及试验单据；

④各项工程原始施工记录；

⑤质量与事故及处理情况有关资料；

⑥竣工图表，决算及竣工验收文件；

⑦施工总结等。

3. 养路技术管理资料

其主要包括公路养护远景规划、年度计划、改革成果、养路机械效果、相关的各种报表及统计资料及其他有关资料。

4. 科学试验的有关技术资料

其主要有科研计划、科研方案、试验资料、试验报告等。

5. 公路交通情况观测

其只要是指《公路养护技术规范》（JTG H10—2009）中所规定的各项资料。

6. 图片、照片和实物

其只要是指有关的图片、照片和实物。

七、GBM 工程简介

GBM 工程是指实现公路标准化、美化和管理规范化的目标和全面规划，GBM 是其简称。

实施 GBM 工程的目的，是为满足国家经济建设日益发展和对外交往的需要，从而必须切实改善和提高国、省干线公路的养护和管理水平，并以此推动我国公路标准化、美化的建设进程。实施 GBM 工程的作用是可以从根本上治理公路脏、乱、差、费现象，从而达到改观换貌，提高公路和公路职工的社会地位。

（一）基本要求

第一，凡公路的新、改建工程和养护工程必须符合部颁的有关设计，施工和养护技术标准、规范的要求，体现公路自身的建筑美。

第二，公路沿线要因地制宜，采取多种措施和手段，突出一个"畅"字，保持一个"洁"字，实现一个"绿"字，注重一个"美"字。基本达到路、景、物交织协调，构成流畅、安全、舒适、优美的公路交通环境。

第三，公路养护无差等路，年平均好路率保持在 90% 以上，并应具有较大抗洪能力（路基设计洪水频率不低于 1/50）。

第四，现有公路桥梁承载能力不足汽车 -20 级、挂 -100 标准的，要逐步采取改建或加固措施，保障安全畅通。

第五，公路全线常年保持路面中心线相适应的流畅、顺适、鲜明的分车道线，路缘石线，路肩外缘线等公路特征线型。

第六，公路养护与公路管理工作实现规范化。

（二）具体标准

在《国省干线 GBM 工程实施标准》中，对路面、路基、桥涵构造物、沿线设施、绿化和管理，都具体规定了 GBM 工程的标准。下面介绍关于管理的 GBM 工程标准。

第一，认真贯彻执行《中华人民共和国公路法》，坚持依法治路，强化路政管理，保护公路路产，维护公路路权，达到公路无路障，路面、路肩及沿线设施无侵犯、无损坏。严格控制公路两侧建筑红线，防止公路街道化。穿越村镇路段，可采取半封闭等措施，消灭脏、乱、差，保障安全畅通。

第二，公路沿线道班的设置以专业化、机械化养护大道班（或工区）形式为主，每 30 ～ 50 km 设置一个。本着布局合理、实施适用、环境整洁、方便生活的原则，建设道班房。

第三，公路管理机构组织实施公路养护工程作业时，应掌握交通运行情况，根据作业场地的总长度、宽度及作业时间，采取措施，维持交通，并按照保障作业人员安全的原则，选定养护作业方案。

第四，公路路面部分、桥上和桥头两端各 50 m 内全路幅、弯道内侧的路肩均严禁堆放砂石料等堆积物；其余路段的路肩，因养护工程作业需临时堆料的，应有规则地整齐堆放；桥涵、挡土墙等大中修工程作业只允许单侧路肩堆料，长度不得超过 50 m；路面工程在路肩上堆料连续长度不得超过 50 m。

第五，因养护工程作业，使现有公路不能正常通行时，应当实行作业交通安全控制，并在作业处或施工路段设置明显的施工标志；必须实行单向行车且作业路段较长，影响会车视距者，在路段两端还须增设交通警戒员，以红绿旗或红绿灯警视信号指挥来往车辆。影响行车安全的，夜间还需设置红灯警视信号。

第六，在交通流量大的公路上进行大中修或改善工程，可能造成交通堵塞时，公路管理机构应选定绕行路线或修筑行车便道，并维护使之处于良好状态。同时函告当地公安交通管理机关，共同疏导交通；需中断交通时，应与当地公安交通管理机关共同发布通告。

第七，公路遇有水毁或其他自然灾害损毁时，公路管理机构要及时组织抢修。因水毁或其他灾害断绝交通时，在阻车地两端要设立阻车标志和绕道标志。

第八，养路工上路作业必须着安全标志服。经常上路作业的各种车辆和机械均以橘黄色为标志色涂漆，并设置黄色标志灯饰。在车辆和机械的显著部位应有公路路徽标记。在作业现场，要加强施工车辆、机械管理，禁止乱停乱放。夜间停放车辆的机械前应设置警告标志。

第九，逐步建立有线或无线通信设施，解决道班（或工区）抢险救护等方面的通信问题。并根据公路技术状况，配置相应的养护机械、巡路车和检测试验仪器设备，逐步实现科学化、机械化养路。

第十，道班应建立健全政治、文化、业务学习制度，劳动考勤制度，生产检查验收制度，巡回查路抢修制度，材料机具管理制度，安全生产劳动保护制度。并设置以下图表：管养公路示意图、出勤出工统计表、公路养护月计划完成情况表、材料耗存登记表、成本核算表、公路养护质量示意图、晴雨记录表及道班基本情况图。

第十一，各级公路管理机构要系统地观察公路的使用情况，做好交通量调查，掌握各项技术经济指标，充实和修订公路路况技术档案，逐步建立现代化数据库管理系统。

第十二，公路沿线不宜设置道路交通标志以外的其他标志。如确需设置广告牌、店名牌、宣传标语等标志时，须经县级公路管理机构审查批准，方予以设置，标志设置应做到整齐划一、美观大方。审批、设置工作只收取工本费，严禁经营性管理。

第十三，交通部发布的 GBM 工程标准可作为干线公路设计和新改建工程竣工验收标准的补充内容。

第三节　养护的生产管理

公路养护生产管理是对其日常生产活动的计划、组织和控制，以及与工程项目生产密切相关的各项管理工作的总称。生产管理的任务就是运用组织、计划、控制的职能，把投入生产过程的各种生产要素（如人力、资金、材料机具、信息等）有效地结合起来，形成有机体系，按照最经济的方式，保质、保量、安全、按期或提前完成施工的任务。

一、养护生产的组织方式

第一，公路改善与大中修工程，其生产组织方式与公路基本建设工程相似，采取内部竞标或对外公开招标的方式进行。

第二，小修保养工程，由于具有点多、面广、线长、作业分散等特点，一般采用包干负责制组织施工，把养路责任与个人物质利益相结合。有条件的地区应采取公开招标或内部竞标的方式，选择养护生产企业。对养护单位的管理实现合同管理。

包干负责制一般有如下两种形式。

（一）全面包干负责制

以一个行政区域某一干线公路范围为单位，组织相应的养护机构，对所辖范围的公路养护工作负全部责任。具体做法是：省公路局对地市公路局，地市公路局对县公路局，县公路局对道班定里程、定养护等级、定人员编制、定材料消耗、定使用经费、定生产任务指标、定奖励的办法、定检查评比。

（二）局部包干负责制

这是以某一单项工作进行包干负责的制度。范围一般较小，可以落实到人，制定养护定额，养护投资实行计量支付。目前一般有：

①干部分片包干制；

②养路队（道班）分段保养负责制，如路面、桥涵专业队等形式；

③养路队（道班）分工负责制，如路基分段包给个人等形式；

④绿化管理负责制；

⑤主要养护机械单项核算制；

⑥县公路管理站（公路段）对养路队（道班）实行合同制。

包干负责制在实施过程中必须建立和执行"小修保养工程保修制度"，明确规定保修期限、责任、处理方法。

二、计划管理

（一）公路养护计划管理的任务和作用

公路养护工程的计划管理，是指从事公路养护的各级部门，用计划来组织、协调其生产、技术、财务活动的一种综合性管理工作。做好计划管理工作，可以大幅度地提高劳动生产率，合理地使用人力、物力、财力，取得显著的经济效益。

公路养护计划管理的任务主要是：

第一，确保完成上级下达的公路小修保养、大中修、改善工程的任务，提高好路率，消灭差等路，不断提高公路技术标准，完善公路沿线设施。

第二，合理地组织和安排公路局，生产班组的人力、物力和财力，在认真做好综合平衡的基础上，积极挖掘公路局、道（施工）班的生产潜力，采用先进的养护技术和科学的管理方法。

第三，结合管养路段的自然条件、技术状况和资金的可能，在计划安排上应贯彻先重点路线、后一般路线，先小修保养、后大中修和改善的原则，做到任务平衡，人力、物力安排得当。

公路养护计划，包括制定长远规划，编制、执行、检查年度、季度、月（旬）作业计划；按计划内容可分为公路保养小修计划、大中修工程计划、改善工程计划、公路绿化计划、养护经费收支计划、劳动工资（包括民工建勤）计划、物资供应计划等。通过计划的编制，可使各级公路养护部门明确各个时期的任务和奋斗目标，调动各级职工的积极性；制订劳力、材料、机具计划，为完成任务提供可靠依据；并按计划要求预先做好各项准备工作，及时进行调度、平衡，保证养护工程顺利完成。

（二）计划编制的内容与方法

1. 远景规划

远景规划是指超过 1 年以上较长时期的计划，如 3 年、5 年、10 年规划等。养路远景规划是一个粗线条的指标性计划，只突出几个较大的指标，作为主观奋斗目标。制订养路远景规划，要有高瞻远瞩的眼光，预见国内外形势发展的趋向，要掌握国民经济发展规律和对公路发展的要求。根据客观规律的变化，提出编制养路远景规划项目和指标。

公路远景规划的编制可分以下三步进行。

（1）搜集和整理资料

主要是搜集有关公路发展的经济调查资料和现有公路技术状况的基本资料。经济调查资料要向工矿、农村、水电、铁路、水运和汽车运输等部门了解情况，摸清各个部门的远景设想及对公路发展的要求，特别集中反映在交通量和载重汽车的吨位上，以便考虑公路设计标准。同时，还要搜集有关部门的建设对公路干线干扰的资料，以便考虑公路局部改线方案。现有公路技术状况的基本资料，包括线路、里程、技术等级、桥涵状况、载重标准、水淹地段、历史水毁特征和交通量等情况，以及国内外公路发展水平和科技发展水平等。

（2）编制公路发展的远景规划

通过整理分析各项调查资料，便可着手编制公路发展的远景规划，并要求其与国民经济的发展相适应，以免造成失调现象。公路管理部门要争取主动，确定的公路技术改造目标要走在国民经济发展的前一步，真正起到先行的作用。在一条路线或一个站程之内，应按同一技术标准要求进行全面改造，以适应运输需要。

（3）反复调整、综合平衡、落实

实现远景规划，首先要有足够的资金。根据需要与可能的原则，反复调整，养路费收入与公路技术改造所需要资金相适应，以达到综合平衡。使编制规划落实在可靠的基础上。

2. 年度计划

养路年度计划要根据远景规划的要求和本年度计划的执行情况编制，以保证做好各方面的综合平衡工作。其具体编制过程大体可以分三个阶段进行：收集资料；编制计划草案；上报审批计划。

除了现行《公路养护技术规范》（JTG H10—2009）中规定的各级公路部门应进行的路况调查登记和交通量调查统计工作等外，还应搜集下列各项资料，作为编制下一年度计划的主要依据：本年度计划执行情况和预计年末完成情况；远景规划要求考虑安排项目的资料；预计下年度养路资金情况；亟待进行的（主要是一季度）工程项目的调查资料；需要补充的生产能力和技术革新措施的资料；小修保养年公里预算定额资料等。

公路养护年度计划是在计划年度内全部养护生产、经营活动的实施方案，是养路工作最主要的综合性计划。它既是养护远景规划的具体化，又是季度计划、月度计划的依据。

公路养护年度计划在年度开始前制订，在制订新的年度计划时，首先要对上一年度计划执行的情况进行全面分析研究，它是制订新年度计划的基础。编制新年度计划时必须遵照国家关于公路养护工作的方针、政策，根据公路的整体规划，综合上年度计划项目，具体安排落实。

编制计划时，一般是按照先重点线路，后一般线路；先小修保养，后大中修和预留水毁等预备费用，如还有可能，再行安排改建和提高项目的原则，由省级公路管理部门分配指标给地市公路管理部门，再由这些部门提出各自的计划草案，上报省级公路管理部门汇总平衡，并经省级交通部门审定和省级计划部门批准。

3.月度计划

月度计划是为了保证年度计划的实现，防止前松后紧、严重不平衡情况发生的重要计划。养护单位包括基层班组，为了适应气候对公路的影响，主要采用月度作业计划来指导生产。根据自然条件、运输需要、物资供应、机械调度、劳力安排、资金分配等情况编制。它编制的内容应紧密配合年（季）度计划。月度计划只是更具体、更切合实际，它的施工进度安排力争提前，不宜推迟；它是年（季）度计划的具体化，并做了必要的调整和补充，使各项生产工作有秩序地、紧凑地进行，更好地发扬计划指导生产的积极作用。公路管理部门的各个职能科室或有关人员都应根据职能范围，围绕养路年度计划安排及当时的具体情况，在每月初制订月度作业计划并付诸实施。月末检查小结，并按规定汇总上报。

（三）小修保养计划的编制

公路工程小修保养计划，是指导和控制小修保养生产的主要依据。

1.小修保养生产计划的内容

（1）产量指标：公路养护里程和小修保养的工程数量和工作量。

（2）质量指标：包括各单项工程质量标准和要求。

（3）小修保养工程年公里成本和单项工程成本。

（4）主要材料消耗。

（5）主要机械台班消耗。

（6）员工出勤率和直接生产率。

（7）主要机械完好率和利用率。

（8）为完成任务、实现进度、保证质量、降低成本应采取的技术组织措施和安全生产措施。

2. 计划的编制

（1）小修保养年度计划的组成文件

①文字说明：对计划编制必要的说明。

②小修保养路况计划表：主要包括各等级的计划里程、计划综合值等。

③小修保养工程进度计划表：主要包括工程项目、工程量、工作量、全年分季度完成的工程量和工作量。

④小修保养工程材料使用计划表：主要包括材料名称、本年度计划用量、分季度使用量。

⑤小修保养工程机械使用计划表：主要包括机械名称、本年度计划用量、分季度使用量。

⑥小修保养劳动力计划表：主要包括道班人数、计划出勤率、计划出勤天数、计划出工日数、计划直接生产利用率、计划直接生产工日、全年计划总用工数、分季度用工数。

⑦小修保养完成各项经济技术指标措施计划表：主要项目包括计划达到的指标与要求、计划实施方案和内容的说明、负责实施的人员等。以上各表均按路线并按道班填列。

（2）年度计划的编制方法

小修保养年度生产计划，由县公路管理局负责编制，将全县各条公路上各个道班的计划内容统一汇总编制。年度计划编制完成后，应与年度预算一起上报审查批准。

3. 小修保养季度生产计划的编制

（1）季度计划的组成

其包括：季度好路率计划表；季度工程计划表；季度材料使用计划表；季度机械使用计划表；季度劳动力措施计划表；季度技术组织措施计划表。

（2）季度计划的编制方法

季度计划是落实年度计划的基础。县公路管理局根据上级批准的年度计划，结合生产实际情况，编制季度小修保养生产计划。在编制季度计划时，可按实际情况对年度计划进行调整。季度计划应按规定时间上报，批准后方可贯彻执行。

4. 小修保养月份生产计划的编制

（1）月份计划的内容

月份计划是以道班为单位按旬分列的。某个道班月份生产计划表中主要包括：工程计划和机具使用计划、劳动力计划和工程进度计划。

（2）月份计划的编制方法

月份计划是实施性生产计划。县段于上月下旬（25 H）在路况检查评定（自检）的基础上，根据批准的季度计划和路况实际进行编制。县段于月末前下达到道班，并报上级备查。

5. 旬作业计划的编制

旬作业计划由道班根据县公路管理局下达的月份生产计划编制。旬作业计划的格式各省有统一规定。各道班根据旬作业计划，每天将次日的生产安排公布在道班的布告牌上，以利作业计划的贯彻执行。

（四）现代化计划管理简介

现代化计划管理，是相对于目前大量应用的生产型管理中的计划管理而言的，它包括预测技术、决策技术、全面计划管理（含目标管理）及公路养护 ABC 分析法等。为了促进公路养护生产计划管理向现代化计划管理方向过渡，现仅将其基本知识加以介绍。

1. 预测技术

（1）基本概念

预测是对未来尚未发生或目前还不明确的事物进行预先的估计和推测，是在现时对事物将要发生的结果进行探讨和研究的一种技术。预测技术在公路养护管理中的例子是不胜枚举的，如怎样才能准确地估算出拟建公路的远景交通量问题，怎样确定与变化着的工农业、人口、综合运输能力等因素相适应的公路网密度问题，公路在使用年限内是否会达到预期的经济效益问题等。

（2）基本原理

由于预测对象受多种偶然因素的影响，所以预测对象的发展常常表现得杂乱无章，似乎没有规律。但是，这种偶然性始终是受内部隐蔽着的规律支配的。认识事物的发展变化规律，利用规律的必然性，是进行科学预测所遵循的总原则。在进行预测时，人们一般借助于以下几项原则：惯性原则、类推原则、相关原则、概率推断原则。

2. 决策技术

（1）决策的定义

决策就是对未来的行为确定目标，并从两个以上的可行方案中选择一个合理方案的分析判断过程。正确的决策产生正确的行动，得到好的结果；错误的决策产生错误的行动，得到坏的结果。在同样条件下，决策水平的高低，往往会带来"天地之差"的结果。

（2）决策方法

关于决策方法的分类，可以概括为"两种不同情况，三种不同决策方法"，即确定情况下的决策和不确定情况下的决策。其中，不确定情况下的决策根据所掌握数据资料的不同，又分为风险型情况下的决策和完全不确定情况下的决策。

（3）决策原则

①确定性决策问题。这类问题有时很简单，如贷款修路，当有几个利率方案可供选择，当然选用利率低的方案来决策。②风险型决策问题。风险型决策的标准有3个：期望值标准、机会均等的合理性标准和最大可能性标准。③完全不确定性决策问题。在进行这种决策时，选择最佳方案的准则有悲观原则、乐观原则和最小后悔原则。

3. 全面计划管理的概念

所谓公路施工企业全面计划管理，是指在国家统一计划指导下，结合建筑市场的需求情况，根据企业现代化大生产客观规律的要求，对企业的生产经营活动制订计划目标，实行有计划的组织、指挥、协调和控制的管理工作。它的特点是全面的、全过程的、全员性的综合管理。

它要求企业各个部门、各个环节的各项工作都要计划化；要对企业生产经营活动的全过程实行计划管理；要使企业的全体人员都要关心和参与计划的制订和执行。

4. 确定公路养护重点的 ABC 分析法

ABC 分析法，就是将公路养护工程任务（路段、桥、涵等）分为 ABC 三大类，其中 A 类数量最少，但属于急需修理或养护的任务；B 类是数量较多，但需要修理或养护的，程度次于 A 类；C 类是数量很多，但需修理或养护的，程度尚次于 B 类，从而可以确定修理或保养工程任务的先后次序的方法。公路养护 ABC 分析的方法分两种：第一种是较简便的按实际交通量分类法；第二种是评分分类法。

三、文明安全生产与劳动保护

文明生产是指按照社会化大生产的客观要求，科学地从事企业生产的一切活动。企业从事一切生产活动都应当讲文明、讲科学、讲安全。

（一）文明施工

1. 文明施工教育

通过文明施工教育，施工现场人员应掌握文明安全生产知识，提高对文明安全生产的认识。使施工现场人员成为有高度责任感和事业心，具备科学技术知识和管理知识，能够严以律己的劳动者。养护作业人员进行养护作业时，应当穿统一的安全标志服，利用车辆进行养护作业时，应当在公路作业车辆上设置明显的作业标志。现场管理员工应统一着装，胸前佩挂证卡，并应自觉遵守工地各项规章制度和劳动纪律，杜绝"三违"现象。

2. 文明管理

文明管理指管理的科学化和民主化。

科学化是指建立文明施工管理和监督管理网络，推行现代管理方式。建立和贯彻一整套科学管理生产的规章制度，包括各项责任制、工艺规程、操作规程、设备维护与检修规程、安全技术规程等。

民主化是指充分发挥职工管理企业的积极性和创造性。

3. 文明的环境

文明的环境指工地、作业区、机器、设备等整洁、舒适和安全。

第一，施工单位应按照场地总平面图设置各项临时设施，布局合理，养护作业区按规定进行交通控制。文明责任区划分明确，并有明显标志，同时应设置明显的标牌，标明工程项目名称、工程概况、建设单位、设计单位、监理单位、施工单位、项目经理和技术负责人的姓名，开、竣工日期。

第二，施工现场作业区道路平整、设有路标。机具材料应做到"二整"：施工机械设备应保持状况良好、停置整齐；施工材料堆放有序、存储合理规整。

第三，作业区道路和现场按工程需要必须有足够的照明设施；施工电源要集中布置，统一接线，专人负责，并定期检查。

第四，工地现场外观应做到"三洁"：施工场地整洁、生活环境清洁、施工产品美观净洁。施工范围内的沟道，地面无废料、垃圾和油垢，应做到工完、料尽、地清。办公室、作业区、仓库等场所内部应整洁。生活区中的食堂、供排水、浴室、医务室、宿舍和厕所应符合卫生通风照明等要求，职工宿舍内外应保持卫生，施工产品符合规范要求，外观洁净、美观。

第五，禁烟区严禁吸烟。禁止边作业边吸烟。

第六，遵守国家有关环境保护规定，避免和降低灰尘等对周围环境的污染。

（二）安全生产

安全生产就是要保证人和机器设备在生产中的安全，在生产过程中，要坚持"安全第一、预防为主"的安全生产方针。要把安全第一的思想铭刻在心，切实做到"生产必须安全，安全促进生产"。

1. 施工现场安全管理规定

第一，施工现场必须具备良好的施工环境和作业条件，实行安全生产，避免发生人身伤亡事故和工程事故。进入施工现场的所有人员必须遵守施工现场安全管理规定。

第二，施工现场安全生产实行项目经理负责制。应建立健全工地安全组织保障体系，制定和完善安全管理制度，采取各项安全防护措施，确保施工正常进行。

第三，施工现场所有施工人员必须经过上岗前的安全教育。应备有各个工种安全生产手册或须知，做到每个职工人手一册，使从事施工活动的每个职工具备本工种的安全常识，增强防范意识。特种工种必须经过专业培训，持证上岗。

第四，进入施工现场的所有人员，应穿戴、使用有关防护用品、用具。

第五，施工现场应设置必要的提示、警示、警告等各种安全防范标志，避免施工现场的人员可能发生意外伤害。

第六，施工现场必须杜绝违章指挥、违章作业、违反劳动纪律的"三违"行为。

第七，施工现场必须做好防火、防电、防爆和防坠落等防护工作。

①必须遵守国家有关消防规定，各种消防设施配置齐全，并由专人负责，经常检查和定期更换。油库、易燃品存储等重点防火区域必须禁止火源进入。

②供电线路布设及施工用电必须遵守有关安全用电的规程和规定，应避免妨碍作业和交通。

③炸药、高压气瓶等易爆品的使用和管理必须遵守国家有关安全规定，并保持足够的安全距离，确保安全。

④高处作业必须遵守有关作业规程，设置必要的安全防护网或防护栏杆。特殊情况下应使用安全带。

第八，施工现场应建立完善的机具设备例保、检修制度，保证机械设备正常安全运作。

2. 小修保养生产中的安全工作

第一，路上作业，应在作业区两端竖立明显的警告标志及档栅，设专人进行交通指挥，夜间应配装红灯信号警告；施工路段设置的便道应加强维护；在正线上作业留出的行车道应有足够的安全宽度和会车处。

第二，雨季施工和水上水下作业，应与有关气象、水文台站建立全天情报联系，以便采取应变措施，做到有备无患。

第三，遇有道路毁坏中断，应立即设置路障，并通知交通管理部门或登报通告阻、通日期及相应措施。

3. 公路养护生产中应注意的安全问题

第一，严禁采用底脚挖土（俗称挖神仙土，即下面掏空，使土自动塌落的操作方法），以免塌土伤人。

第二，撬除悬岩、陡坡上松动的石块，要系好安全带。不可站在石块的下方，并忌用力过猛，以防人随石下，发生危险。

第三，铁锤、铁锹及十字镐等带柄工具，要随时检查木柄是否松动、伤折，以防脱落伤人。

第四，凡皮肤受伤或呼吸系统及面部等暴露部分患病职工，不得参加熬油、喷洒等接触沥青的工作。

第五，沥青加热时要防止溢锅烫伤及引起燃烧，现场必须设置灭火器、消防砂、湿麻袋等消防器材，以防不测。

第六，各类脚手架，跳板必须牢固、稳定、不起翘。

第七，拆下的模板、脚手板等木料，不得随地乱丢，带钉的木板要及时拔除。

第八，桩锤未放下或桩锤起落时，禁止撬移桩架。

第九，雨季、汛期作业，应与气象、水文站保持联系，以便及早采取措施，加以防范。如遇洪水突然袭击，应迅速组织力量将机具设备、材料转移到安全地点。

（三）劳动保护

劳动保护工作是为了保护劳动者在生产过程中的安全与健康进行的组织管理工作，以及为此而采取的一系列技术措施。它专指对劳动者在劳动生产过程中的安全与健康的保护。

1. 劳动保护的任务

第一，保证安全生产，防止工伤事故和职业病发生。

第二，合理确定工作时间和休息时间，注意劳逸结合。

第三，对女工实行特殊保护。

第四，开展工业卫生工作。

2. 劳动保护的内容

（1）安全技术

为了消除企业生产中引起伤亡事故的潜在因素，以及为了保证工人在生产中的安全，而必须采取的各种技术措施，称之为安全技术。

（2）工业卫生

为了改善生产劳动条件，避免因生产活动可能引起的对职工健康的危害，避免有毒、粉尘、噪声、振动，防止职业病的发生而采取的各种技术组织措施，称为工业卫生。

（3）劳动保护制度

劳动保护制度指为切实做好安全文明生产和保障职工身体健康而建立的一系列生产行政管理和生产技术管理制度。它由两方面内容组成：一是属于生产行政管理方面的制度，如安全生产责任制、安全教育制度、安全生产监督检查制度、工伤事故调查分析处理制度，卫生保健制度等；二是属于生产技术管理的制度，如安全操作规程、设备维护制度等。

3. 油路养护中的劳动保护工作

第一，对患有皮肤病、眼病、喉病、面部或手部有破伤，以及对沥青有过敏感染的人员不应担任沥青（特别是煤沥青）的加工、运输和操作等工作。

第二，对运油、熬油、洒油、摊铺等工序，凡经常接触沥青的人员，其外露皮肤需涂上防护油膏，应穿长袖、长裤工作服，戴口罩、帆布手套、护目眼镜等，并用干毛巾围裹颈部。用手摇洒布车洒油人员还需穿上鞋罩。

第三，接触沥青人员在上下班时，还需点眼药水一次，以保护眼睛，眼药水的品种及点滴标准由医生决定。

第四，每天工作完毕，应将防护用品除下，脸和手用肥皂洗净，再擦一些润滑脂。若皮肤或手已染有沥青，应立即用松节油洗净，不宜使用汽油、柴油等油类擦洗。

第五，如果有人被沥青灼伤，应立即将粘在皮肤上的沥青，用酒精、松节油或煤油等擦干净，再用高锰酸钾溶液或硼酸水洗伤处，必要时请医务人员治疗，事故严重的应立即报告医务人员进行急救。

在施工现场或拌和厂、加热站等处，都需要配备灼伤防暑等药品，以备急需。如气候炎热，工地应保证供应茶水及清凉饮料，同时还应采取相应的防暑降温措施。

第七章 公路桥面的养护与维修

第一节 桥面铺装层的养护维修

一、桥面铺装层的种类及其构造

桥面铺装是车辆直接作用的部分，它的主要功能有以下三个方面：防止车辆轮胎或履带直接磨耗桥面板，保护主梁免受雨水侵蚀，分散车轮的集中荷载。

因此，桥面铺装质量的好坏直接影响着行车是否舒适、畅通与安全，是桥梁日常养护工作的重点，必须认真做好桥面铺装的日常养护工作。

目前，桥面铺装常用形式主要有沥青混凝土铺装和水泥混凝土铺装。

随着科学技术的发展，最近几年还出现了钢纤维混凝土铺装和改性沥青与 SMA 铺装层。

1. 沥青铺装层的构造

从上到下它主要由沥青混凝土、混凝土保护层、钢筋网、防水层、混凝土整平层等部分组成。

2. 水泥混凝土铺装层的构造

它主要由水泥混凝土、钢筋网、防水层、混凝土整平层等几部分组成。

3. 钢纤维混凝土铺装层的构造

它主要由钢纤维混凝土、钢筋网、防水层、混凝土整平层等几部分组成。

4. 改性沥青与 SMA 铺装层的构造

常用的改性沥青可分为两类：一类是合成橡胶类，另一类是塑性体类。SMA 是一种由沥青、纤维稳定剂、矿粉及少量的细集料组成的沥青玛蹄脂填充间断级配的粗集料骨架间隙组成的沥青混合料。

我们以钢桥面铺装为例来说明其构造。从上到下它主要由铺装层上面层、黏层油、铺装层下面层、黏层油、防水层、黏结层、钢板防锈层等几部分组成。其中最重要的是铺装层、防水层和防锈层。黏层油和黏结层不是独立的层次。

二、桥面铺装层的常见缺陷及成因

桥面铺装层直接承受车轮荷载的作用，经受车轮对它的撞击、磨耗，所以铺装层易产生各种缺陷。其常见缺陷主要有表面松散，露骨，纵、横向裂缝或龟裂，表面磨耗、坑槽等。

1. 沥青铺装层常见缺陷及成因

沥青铺装层的常见缺陷有沉陷、纵裂、龟裂、车辙、推移、波浪、壅包、收缩裂缝、老化开裂、磨耗、松散、泛油等。其主要缺陷的分类及产生原因见表7-1。

表7-1 沥青铺装层常见缺陷分类及产生原因

缺陷分类		主要产生原因及说明
局部裂缝	纵裂横裂龟裂	施工不当，基层的裂缝反射
	老化开裂	沥青材质不良
	收缩裂缝	由材料收缩引起的温度应力超过了材料的抗拉强度，为寒冷地区的一种常见缺陷
变形	车辙（推移波浪）	为铺装层的各层在汽车荷载重复作用下进一步压实和沥青层中材料的侧向位移而形成的永久变形。热稳定性差的面层材料，侧移下沉现象严重，即车辙明显
磨耗	磨光剥落松散坑槽	面层混合材料不良，主要是石料抗磨耗性能不好，石料与沥青的黏附力不良、碾压不足等。光滑桥面铺装层上高速行驶的汽车在雨天时，轮胎与地面之间易形成水膜，造成汽车的"水漂"祸害，因此，必须注意提高路面的抗滑性能

2. 水泥混凝土铺装层常见缺陷及成因

常见缺陷主要有表面裂缝、表面磨耗、露骨、坑槽等。其中裂缝最为常见。

（1）大面积裂缝

大面积裂缝一般呈均匀分布的龟状细裂缝，通常是在水泥混凝土板铺装过程中，由于表面整修收水不当、气温较高、养护不周等原因，导致混凝土板表面因失水过快而引起的表面收缩裂缝，这种裂缝一般只是深入混凝土表面几毫米，不会随时间延长而发展。

另外由于混凝土材料的不稳定，如采用的材料产生了碱集料反应等原因，也会引起铺装层大面积的开裂，裂缝呈不规则状况，有些会引起翘曲现象等。

（2）局部裂缝

局部裂缝一般分施工时产生的初期裂缝和使用后产生的纵横向裂缝、板角裂缝及结构附近裂缝等几种。

初期裂缝产生的原因一般是水泥混凝土硬化过程中，表面砂浆沉降开裂及早期混凝土塑性收缩产生的开裂，其长度一般为数厘米到数十厘米。

纵横方向和板角处的裂缝均为贯通裂缝。

3. 钢纤维混凝土铺装层常见缺陷及成因

常见缺陷主要有表面龟裂（网裂、纵裂、横裂）、脱皮或局部破损露骨、表面磨损等。当桥面排水不良时，对钢纤维混凝土面层的整体性也有影响。

4. 改性沥青与SMA桥面铺装层常见缺陷及成因

如前所述，改性沥青与SMA是桥面铺装层采用的一种新型材料，是为解决沥青混凝土路面的车辙问题发展起来的。我国大约在20世纪末开始将其用作桥面铺装材料，由于使用时间短，至今尚未发现重大缺陷。但值得注意的是，1997年首次将该材料应用于广东省虎门大桥钢桥面铺装时，由于级配不合适等原因，在1997年7—8月夏季高温季节，产生了过大的车辙和横向变形。

三、桥面铺装层的养护维修

每日应对桥面铺装层进行清扫，桥面不得有污物及过往行人或车辆丢弃的杂物，以保持干净的工作状态。同时还应加强检查与养护，如检查行车道和铺装层下的泄水孔的排水效果，使其保持排水畅通。雨量大时，应注意观察桥面有无积水。

1. 沥青铺装层的养护维修

对沥青铺装层应观察其是否平整，有无跳车现象；是否有龟裂，是否有松散、露骨，即桥面是否出现锯齿状的粗糙状态；是否有车辙、推移、波浪等现象。一经发现，应视其病害情况及时进行相应的修补和整治。

（1）裂缝的养护维修

沥青铺装层的裂缝有多种形式，应根据裂缝产生的不同情况采取相应的养护措施。

（2）车辙的养护维修

一般可采用沥青混合料覆盖车辙并加铺沥青混合料薄层罩面的方法。条件许可时，可用加热切割法（使用铣刨机及或加热切削整平机）铣刨或切削，然后参照沉陷处理的方法进行车辙部分的维修。

（3）坑槽的养护维修

桥面坑槽的修补在养护维修作业中是比较常见的。补坑所用沥青混合料有采用加热拌和式和常温拌和式两种。常温拌和式材料能够贮藏、袋装，便于搬运及冬季施工作业；但是常温材料修补桥面坑槽的耐久性一般较差，仅作为临时修补使用。

2. 水泥混凝土铺装层的养护维修

对水泥混凝土铺装层应观察其是否平整，是否有裂缝，是否有露骨等现象。其中，最关键的是要观察是否有大面积裂缝或局部裂缝（错台）。

（1）板块断裂的维修

当损坏分布全桥面板时，可用多个风镐将旧板凿碎清除，再根据通车期限要求，选用合适的材料浇制板块、抹面、压纹或拉槽,养护灌缝:如为局部损坏,则画线凿除或用锯缝机配合在上口锯除损坏部分(包括边缘松动部分)清除干净,将接缝处清除干净,必要时还应刷上水泥或其他黏结剂,并立即用适宜的修补材料予以修补,其表面压纹或拉毛尽量与原板块相同,为了加强新旧混凝土结合,需在接缝处再加耙钉或锚筋。其原有纵横缝应认真恢复,必要时其上部锯缝深度应加深。如损坏处布有钢筋时尽可能不要弄断,不得已切断时,经论证分析认为应恢复时,必须接好。

(2)裂缝的修补

①压注灌桩法

对宽度在 0.5 mm 以下的非扩展性的表面裂缝,可采取压注灌浆法。灌注材料可用环氧树脂或其他黏结材料。

②扩缝灌浆法

局部性裂缝且缝口较宽时,可采取扩缝灌浆法。修补材料可用聚合物混凝土或其他新型快硬高强材料。

③条带罩面法

对贯穿全厚层的开裂状裂缝,宜采取条带罩面法进行修补。

④表面龟裂的处置

对于表面裂缝较多及表面龟裂,可把裂缝集中并划为一个施工面,将其中所有裂缝四周松动部分切割成一个深 20 cm 的凹槽,把混凝土碎屑吹刷干净,灌筑早强混凝土,喷洒养护剂养护到设计强度。

(3)孔洞坑槽的维修

孔洞、坑槽主要是由于混凝土材料中夹带松木、纸张和泥块等杂物所致,影响行车的舒适性。其修补方法如下:

①先将孔洞凿成形状规则的直壁坑槽。

②用钢丝刷将损坏处的尘土、碎屑消除。

③用压缩空气吹干净。

④用快硬砂浆或早强混凝土进行填补。

⑤喷洒养护剂进行养护。

(4)混凝土铺装层的局部修补。

铺装层的边或角的破损可采用局部修补的方法维修。

3. 钢纤维混凝土铺装层养护维修

应经常观察其表面是否平整、是否有龟裂,表面是否脱皮或局部破损露骨,表面是否磨耗呈平滑状态;还应观察铺装层下的排水效果,一旦铺装层下积水,会影响铺装层本身的使用寿命。

钢纤维混凝土桥面如发生纵缝、横缝或网缝,要及时修补:对宽度 < 0.2 mm 的

缝可用环氧树脂胶泥封闭；对宽度 ≥ 0.2 mm 的缝可用环氧树脂浆液压力灌浆。

钢纤维混凝土桥面如果局部损坏严重，可将损坏严重的部分凿除重新铺装；如果严重损坏的面积大，长远考虑，应改为改性沥青混凝土桥面。

4. 改性沥青混凝土铺装层的养护维修

（1）检查桥面

检查桥面铺装层是否有坑槽、纵裂、横裂、网裂、车辙、松散、不平、磨耗，以及是否有桥头跳车现象等。这些检查一般目测即可完成。桥面的平整情况则可借助板尺等简单工具进行测量。

检查出桥面铺装层的病害后，应针对不同病害分别采取不同的养护维修措施。

（2）局部裂缝的养护维修

由于沥青材料性能不良、老化或桥面板本身出现损坏而引起沥青混凝土桥面铺装层的裂缝，养护维修有多种形式。对纵裂、横裂或网裂等形式，可根据裂缝产生的不同原因采取相应的措施。通常的做法是将已损坏的沥青混凝土凿除，按工艺要求重新铺沥青混凝土。

（3）坑槽的养护维修

桥面坑槽的修补在养护维修工作中是比较常见的。修补坑槽应仍用改性沥青混凝土。修补作业的具体做法如下：

①用切割机垂直切除坑槽四边损坏部分，并将切割下来的松散的残渣清除干净。

②切割完毕后，在坑槽四壁，即在修补范围内涂刷黏结剂。

③摊铺改性沥青混凝土。

④整平、压实修补处。

第二节　桥面伸缩缝的养护维修

一、桥面伸缩缝的种类及其构造

1. U 形锌铁皮伸缩缝

中小跨径的装配式简支梁，变形量在 20 ~ 40 mm。U 形锌铁皮分上下两层。

2. 钢板伸缩装置

梁端变形量较大，在 4 ~ 6 cm 以上。

3. 橡胶伸缩缝

二、伸缩缝的常见缺陷及成因

1. 伸缩缝的常见缺陷

桥面伸缩缝由于设置在梁端构造薄弱部位，直接承受车辆反复荷载的作用，又大多暴露于大自然中，受到各种自然因素的影响，因此，可以说伸缩缝是易损坏、难修补的部位，经常发生各种不同程度的缺陷。

伸缩缝的常见缺陷根据采用形式的不同而有所区别，现分述如下：

（1）锌铁皮伸缩缝

锌铁皮伸缩缝使用多年后均有损坏现象，其形式有以下几种：

①软性防水材料如沥青砂或聚氯乙烯胶泥等老化、脱落。

②伸缩缝凹槽填入其他硬物，不能自由变形。

③铸铁皮上压填的铺装层（如水泥混凝土或沥青混凝土等）断裂、剥离。

④伸缩缝上后铺压填部分发生沉陷，高低不平。

⑤由于墩（台）下沉，出现异常的伸缩，车辆行驶时出现冲击及噪声。

（2）钢板伸缩缝

钢板伸缩缝（包括梳形钢板伸缩缝）的常见缺陷如下：

①角钢与钢筋混凝土锚固不牢，使钢板松动，在车辆行驶时受到冲击振动，更加速了它的破损。

②缝内塞进石块或铁夹物，使伸缩缝接头活动异常，不能自由变形。

③排水管发生破坏损伤或被土沙堵塞。

④表面钢板焊接部位破坏损伤。

⑤梳形钢板伸缩缝在梳齿与承托板的焊接处出现裂缝，更严重者出现剪断现象。

（3）橡胶伸缩缝

橡胶伸缩缝是近年来在国外广泛采用的构造。国内采用的橡胶伸缩缝构造虽不复杂，但还不适应较大变形量的要求。这种伸缩缝的常见缺陷如下：

①橡胶条破坏损伤。

②橡胶条剥离。

③橡胶嵌条连接部位漏水。

④锚固构件破损、锚固螺栓松脱。

⑤伸缩缝构造部位下陷或凸出。

⑥车辆行驶时不适，产生噪声。

2. 伸缩缝缺陷产生的原因

伸缩缝产生缺陷的原因是多方面的，但其主要原因如下：

（1）车辆的冲击作用明显变大

交通量增大，重型车辆不断增多，随之车辆的冲击作用也明显变大，因此设计、施工上即使稍有缺陷就成了破坏的原因。

（2）设计方面的原因

①有些桥梁结构，桥面板的刚度不足，当桥面板受到汽车荷载作用时，因翼板较薄，横向联系较弱，导致桥面板变形过大。

②很多设计是将伸缩装置的锚固件置于桥面铺装层中，与主梁（板）连接的部分很少，这些锚固方法在荷载作用下容易造成开焊、脱落，而且力的分布不容易传递，微小的变形可能演变成大的位移，最终导致混凝土黏结力失效。

③伸缩量计算不准确，没有考虑到伸缩装置时的实际温度对伸缩装置的影响等，在伸缩装置本身不具备或很难具备调整初始位移量，以适应安装温度对位移的要求时，选型不当是造成伸缩装置破坏的重要原因。

④设计上未对伸缩装置两侧的后浇混凝土和铺装层材料选择、配合比、密实度和强度提出严格要求或规定。

⑤对于大跨桥、斜桥、弯桥等设计时没有形成与一般的梁（板）结构相符合的构造形式和锚固方法。

⑥使用黏结材料、橡胶材料等新形式的伸缩装置，错误地选定构造和材料且防水、排水设施不完善，由于漏水、溢水，锚固件受腐蚀，梁端和支座侵蚀严重，多成为破坏的原因。

（3）施工方面的原因

①对桥梁伸缩缝装置施工工艺要求重视程度不够，未能严格掌握施工工艺标准和安装工序进行施工。

②锚固件焊接质量不能得到保证，只注意表面，忽视内部质量是否达到标准要求。

③后浇混凝土（或其他填充料）浇筑不密实，达不到设计的强度要求，时常出现蜂窝、空洞等，难以承受车辆荷载的强烈冲击。

④由于赶工期，草率从事，放松了伸缩装置的施工质量，甚至不按设计图纸要求施工，是目前造成伸缩装置破坏的重要原因之一。

⑤伸缩装置两侧混凝土和沥青混凝土铺装层结合不好，碾压不密实，形成两张皮，容易产生开裂、脱落，最终引起伸缩装置的破坏。

⑥缺乏统一的质量验收标准。

（4）管理维护原因

①平常对伸缩装置上的砂土、杂物未能及时、认真地清扫，使原设计的伸缩量不能保证。

②原有桥梁逐渐老化，维修又不充分，因此破坏不断扩展。

③桥梁超载情况不能得到有效控制，特别是夜间缺乏管理，车辆不按规定行驶，超载车辆自行上桥，对桥梁伸缩装置的有效使用和耐久性也常带来严重危害。

三、伸缩缝的养护维修

桥面伸缩缝是最容易遭破坏而又相对难以加强和修复的部位。如果置小破损于不顾，势必会发展成严重的破坏，就会严重影响交通，甚至会危及行车安全，这时就得进行修补或彻底更换。所以，注意做好经常性的检查、养护等工作，及时进行修补，是非常重要的一项工作。

1. 伸缩缝的日常检查

有计划、有组织地做好经常性的检查工作可以尽早地避免因小的损坏而演变成大的破坏。日常检查工作主要包括以下方面：伸缩缝是否堵塞、挤死、失效；各部分的构件是否完好；锚固连接是否牢固，连接件是否松动；有无局部破损；密封橡胶带是否老化、失去弹性、异常变形或开裂；伸缩缝是否有不正常的响声或异常的伸缩量；伸缩缝各基本单元间隙是否均匀；钢构件是否锈蚀、变形；伸缩缝处是否平整，有无跳车现象等。

为便于养护维修，对检查应做好记录，建立检查记录档案。

2. 伸缩缝的养护

桥面伸缩缝要经常注意养护，使其发挥正常作用。其日常养护工作的主要内容如下：

（1）伸缩缝应经常养护

比如清除碎石、泥土杂物；拧紧螺栓，并加油保护；修理个别损坏部分等，使其发挥正常作用。若有损坏或功能失效要及时修理或更换。

（2）经常检查其使用情况并及时进行更换

早期使用的伸缩缝主要有以下几种类型，应经常检查其使用情况并及时进行更换。

①U 形钵铁皮伸缩缝，要防止杂物嵌入，若钵铁皮老化、开裂、断裂，应拆除并更换为新型伸缩缝。

②钢板伸缩缝或钢梳齿板伸缩缝，应及时清除梳齿间的杂物，拧紧连接螺栓。若钢板变形、螺栓脱落、伸缩不能正常进行时应及时拆除更换。

③橡胶条伸缩缝，若橡胶条老化、脱落，固定角钢变形、松动，则应及时拆除更换。

④板式橡胶伸缩缝，若橡胶板老化、预埋螺栓松脱、伸缩失效则应及时更换。

3. 伸缩缝的维修

第一，修补前应查明原因，采用行之有效、与之相适应的修补方法。修补工作要依据缺陷的程度，或部分修补，或全部更换。

第二，对于钵铁皮伸缩缝，当其软性填料老化脱落时，在充分扫清原缝泥土后，重新注入新的填缝料。当铺装层破坏时，要凿除重新铺筑。凿除破损部位要画线切割（或竖凿）。清扫旧料后再铺筑新面层，当采用混凝土浇筑时，要采用快硬水泥并注意新旧接缝要保持平整，对铺筑部分要加以初期养生。

第三，对于钢板伸缩缝，当钢板与角钢焊接破裂时，应清除垢秽后重新焊牢；当梳齿断裂或出现裂缝后，也要采取焊接方法进行修补。排水沟堵塞后应及时予以清除。

第四，桥面伸缩缝的修补或更换工作大都不阻断交通。因此，通常可考虑采用限制车辆通行，半边施工、半边通行车辆；或白天使用盖板，夜间施工时禁止通行；或白天使用盖板，夜间限制车辆通行，半边施工、半边开放交通等方法。总之，均要注意抓紧时间，尽量缩短工期，且保证修补质量。

第五，伸缩缝的更换要选型合理，以满足桥跨结构由于温度及混凝土收缩、徐变等引起的变形的需要，使行车平稳、不漏水。对于中小跨径桥梁，当位移量小于 80 mm 时，可选用浅埋式单缘型钢伸缩缝或弹塑体伸缩缝；位移小于 50 mm 时，可选用弹塑体填充式伸缩缝；对于大位移量桥跨结构，可选用结构性能好的大位移组合伸缩缝（如毛勒缝）。

第三节　桥面排水设施的养护维修

一、桥面排水设施的设置概况及要求

为了迅速排除桥面积水，防止雨水滞留在桥面并渗入梁体而影响桥梁结构的耐久性，需要在桥梁上设置一套完整的排水系统，并经常进行养护维护，使其处于正常状态。

桥面排水设施主要包括桥面纵横坡和一定数量的泄水管等。

通常当桥面纵坡大于 2% 而桥长小于 50 m 时，一般能保证雨水从桥头引道上排水，桥上就可以不设泄水管。此时，可在引道两侧设置流水槽，以免雨水冲刷引道路基。

当桥面纵坡大于 2% 而桥长大于 50 m 时，为防止雨水积滞，桥面就需要设置泄水管，每隔桥长 12 ~ 15 m 设置 1 个。

当桥面纵坡小于 2% 时，泄水管就需要设置更密一些，一般每隔桥长 6 ~ 8m 设置一个。泄水管的过水面积通常按每平方米桥面上不小于 2 ~ 3cm²。泄水管可沿车行道两侧左右对称排列，也可交错排列。泄水管离缘石的距离为 10 ~ 50cm。

桥梁上常用的泄水管有竖向泄水管道、横向泄水管道和封闭式泄水管道等形式。制造泄水管道的材料一般为铸铁、钢、钢筋混凝土及塑料等。当桥长较短时，纵向排水管的出水口，可以设在桥梁两端的桥台处；对于长大桥，除了在桥台处设置出水口外，还需在某些桥墩处布置出水口，并利用竖向管道将水引到地面。纵向排水管道一般可设在箱梁中或梁肋内侧；竖向排水管道应尽可能布置在墩（台）壁的预留槽中，或布置在桥墩（台）内部预留的孔道中。

二、桥面排水设施的常见缺陷及其养护维修

桥面是供车辆行驶的部位，当桥面因排水不畅或排水设施破坏而形成障碍时，应尽快进行处理，以保证车辆的正常通行。

桥面排水设施的常见缺陷有桥面积水管、泄水管堵塞及泄水管被截断导致水流方向改变等。对于钢筋混凝土桥梁，桥面积水将使雨水渗入混凝土的细小裂纹中，会使混凝土产生破坏而缩短使用寿命，同时水分还会使钢筋锈蚀；对于钢桥，桥面积水将会加速对梁体表面的侵蚀，使钢梁表面锈蚀。

1. 排水设施的检查

应经常检查桥面是否有坑槽，是否有积水。泄水管是桥面排水的重要设施，应经常检查泄水管是否完好、畅通；泄水管的盖板是否损坏、丢失，管口是否被杂草或石块堵塞；管体有无脱落，管口处有无泥石杂物堆积，出水口是否畅通；桥头排水功能是否完好等。

2. 排水设施的养护

第一，桥面要经常清扫，使其保持整洁。桥面不得凹凸不平，如发现桥面有坑槽，应及时进行修补，避免积水。

第二，泄水管盖板（进水管口处）上的杂物应及时清除，避免杂物掉入管内堵塞管道而影响排水。

第三，若发现泄水管出水口处有泥石杂物堆积，应及时清除掉。

第四，泄水管应经常进行疏通。

第五，当发现泄水管损坏时要及时修补，接头不牢、已掉落的要重新安装接上，损坏严重的要予以更换。

第四节　栏杆及防撞护栏的养护维修

一、栏杆及防撞护栏的设置概况与要求

桥梁的栏杆或护栏是桥梁上的一种安全设施，除了浸水桥或与路基同宽的小桥涵以外，公路与城市道路的桥梁上均需设置栏杆或护栏。栏杆给行人和车辆以视觉上的

安全,可以保障行人的安全,但不能抵挡机动车辆的冲撞;护栏则既能保障行人的安全,又能抵挡车辆的冲撞,使车辆不致冲出桥外。护栏适用于高速公路或汽车专用公路上的桥梁,它应具有一定的强度,坚实而牢固。不过从行人安全来讲,采用柔性而又牢固的护栏更为理想。

1. 桥面栏杆的设置

公路桥梁的栏杆作为一种安全防护设施,是桥梁上部结构一个不可缺少的组成部分。同时,从艺术角度来看,栏杆又是美化桥梁的一种艺术装饰。栏杆为人们感观所直接接触,一座桥梁当其栏杆美观、新颖、完好无缺,并能体现民族风格和时代特色时,将会使桥梁平添无限生机,更加完美,同时也提高了交通的安全感和舒适感。

公路上的钢筋混凝土梁式桥上所采用的多为钢筋混凝土装配式栏杆,最简单的栏杆由栏杆柱和扶手组成。复杂的在栏杆柱和扶手之间再设置有一定艺术造型的花板。

在城市桥梁或市政公路桥梁上,为便于行人夜间通行,还往往在栏杆柱上(或人行道内侧)设立灯柱。灯柱通常用钢筋混凝土制作,亦可用钢管制成。

对于一些重要的城市桥梁或特大桥梁,有时也采用金属栏杆,由于金属栏杆易于制成各种图案和铸成富有艺术性的花板,因此,可设计得更富有艺术性。但由于金属栏杆要花费较大数量的金属材料且要经常进行油漆养护,故一般只在有特殊要求的情况下才采用。

2. 防撞护栏的设置

一般情况下,桥梁的外侧危险程度明显高于道路。车辆越出桥会造成车毁人亡的重大恶性事故,越是等级高的公路,车速越高,车辆越出桥的事故严重程度越大。因此,对于高速公路、一级公路等高等级公路上的特大桥、大桥和中桥,均应无条件地设置桥梁护栏。一般公路的特大、大、中桥在条件许可的情况下也应设置桥梁护栏。

高速公路、一级公路上的小桥、涵洞,由于跨径较短,所设桥梁护栏本身不能满足护栏最短长度规定的要求,如与两头路线上的护栏形式不一,破坏了护栏整体的连续性,既不协调又不美观,因而在不降低桥涵区段安全性的前提下,对小桥、涵洞的护栏可按路段护栏的要求设置。

在有人行道的桥梁上,虽然路缘起到了护轮带、防止车辆跌落桥下的功能,但难免会有车辆碰撞行人和非机动车辆的严重事故发生。因此,为保护行人和非机动车辆,同时把机动车和非机动车在平面上分隔开,提高车辆与行人的安全性,应按实际需要在人行道和行车道分界处设汽车行人分隔护栏。

设置于桥梁上的护栏,按防撞等级划分为 PL1、PL2、PL3 三级。每一防撞等级的桥梁护栏应避免在相应设计条件下的失控车辆越出。在选择桥梁护栏时,首先应确定其防撞等级,然后才进行构造形式的选择,而构造形式的选择又要综合考虑公路等级、桥梁护栏外侧危险物的特征、美观性和经济性、养护维修等因素。

常用桥梁防撞护栏按使用材料可分为混凝土护栏和金属护栏。按防撞性能可分为刚性护栏、半刚性护栏和柔性护栏。

二、栏杆及防撞护栏常见缺陷和损伤

公路桥梁的栏杆反防撞护栏都是桥面上的安全防护设施，暴露在自然环境条件下，加之受人为作用或车辆的撞击，出现各种各样的缺陷或损伤是不可避免的。其常见的缺陷主要有下几种：

1. 撞坏

多数是在交通事故中由车辆冲撞所致，也有的是车辆在运输超宽物件时不慎被碰坏或被船只撞坏等。

2. 缺损

缺乏养护管理，被人偷拆，或者金属、木料栏杆遭到锈蚀、腐烂破坏，造成个别部件缺损。

3. 裂缝

钢筋混凝土栏杆长期外露，混凝土表面常因水分浸入、钢筋锈胀而使构件产生裂缝，混凝土保护层出现损坏、剥离、脱落等现象。

4. 变形过大

金属栏杆或护栏的部件虽未造成破坏或缺损，但变形过大，如立柱局部变形、钢质波形板变形过大等。

5. 腐蚀

金属栏杆或护栏，一旦油漆脱落又长期未重新涂刷，将会受到自然环境的侵蚀。

三、栏杆及防撞护栏的养护维修

为了保证行人和车辆的安全，栏杆、护栏必须始终处于完好的状态，如有撞坏、缺损、裂纹、变形或腐蚀，应迅速采取相应的措施进行修复。

桥梁的栏杆、护栏损坏虽然不妨碍交通，但会丑化桥容，使桥上交通缺少安全感，降低交通安全的舒适水平。因此，对损坏的桥梁栏杆要及时修理，同时，平时也要加强对栏杆的养护工作，使桥梁栏杆经常保持完好状态，水平杆件要能自由伸缩。如已撞坏，要及时重新安装；如有缺损，应及时补齐；钢筋混凝土栏杆如发现有裂缝或剥落，轻者可用环氧树脂黏结材料灌注封缝修补，严重者要凿除损坏部分，重新修补完整；金属栏杆要经常刷漆养护，如发现油漆有麻点、脱皮，应重新进行油漆；桥头端柱和导向柱，油漆要鲜明，并经常校正纠偏。

第五节　桥面照明系统的养护维修

一、桥面照明的技术要求

桥梁照明属道路照明系统，照明设施应做到维修方便、照明度适当，灯具需美观大方，使行车安全舒适、景观悦目。

特大型桥梁的照明要进行专门设计，既要满足照明功能要求，又要顾及艺术效果，做到和大桥的风格相协调。

大、中型桥梁的照明应与其连接的道路一致，若桥面的宽度小于与其连接的路面宽度，则桥的栏杆、人行道缘石要有足够的亮度，在桥的入口处应设灯光照明或反光标志，以保证行车安全。

桥梁照明要限制眩光：一是避免给正在桥头引道上或与桥位相邻道路上的行车者造成眩光；二是当桥下有船只通航时，避免给船上的领航员造成眩光。为此，必要时应采用严格控光灯具，有时在灯具内装上专用的挡光板或格栅。

桥面照明方式主要采用灯杆照明，有时也有栏杆照明。

桥面照明的技术指标通常有亮度、照度、眩光限制和诱导性四项指标，其中亮度、照度、眩光都与光通量、发光强度有关。

二、保证桥面照明完好的重要性

桥面照明是桥梁工程中的重要组成部分之一，照明条件的好坏直接影响着夜间桥面的行车速度及交通事故潜在发生率。

桥面设置照明的主要目的是为了使车辆在不使用前大灯的条件下，也能够看清前方桥面（或道路路面）形状、周围交通情况，并能够及时认清前方障碍及各类标志等。因此，具有良好的照明条件不仅可以提高行车速度，提高桥面的利用率，而且还可以减轻或消除驾驶员的紧张与不安全感。对于城市桥梁除了考虑行车安全需要的正常照明外，还需要设置供夜间观赏的立面照明。这种照明会产生较强的艺术效果，所以显得尤为重要。

三、桥梁照明系统的养护维修

桥面照明系统在桥面系统中处于非常重要的位置，所以，必须对其进行检查、养护及必要的维修。

检查是养护和维修的重要依据。所以，检查工作要形成制度，由专人认真执行，并做好检查记录，记录要有专用的格式。通常，检查可分为日常检查、定期检查和特殊检查：日常检查主要是对照明系统的状况等进行日常的巡视检查，便于及时发现问题进行小修保养；定期检查主要是采用仪器设备对桥面照明系统的技术状况每隔一定时间进行一次较详细的检查工作；特殊检查是指桥面照明系统遭受自然灾害的损坏或定期检查时难以判明原因时进行的检查。照明系统的检查主要包括以下几个方面：照明系统设施是否完好并处于正常工作状况；电压是否稳定；灯光亮度及照明效果是否正常；特殊部位、相关场所的平均亮度，照明的色显、照度等是否正常；配电房内的变压器、配电盘及开关的工作状态等。照明系统的养护维修，检查的目的是为了查清照明系统存在的病害，并据此进行养护与维修。为了使桥面照明系统能正常工作，必须保持桥面所有照明设施处于良好状态，如有损坏或不正常状况应及时进行维修和更换，确保夜间桥上行车的安全。

当照明灯泡已坏时，应及时更换；灯柱锈蚀应及时除锈；灯柱残缺不齐时应补齐；金属灯柱的镀铸层有脱落时，应及时补镀；标志不正或脱落时应扶正并固定或重新更换，因照明线路老化而断路或短路时应及时更换。

第六节　桥上交通标志和标线的养护维修

一、概述

桥梁是道路的重要组成部分，所以桥上交通标志和标线属于道路交通标志标线的范畴。桥上交通标志和标线是桥上交通使用的说明书，是一种无声的语言，是保证行车畅通、有序、安全的重要设施，同时还是桥面的装饰工程、形象工程和美化工程。

交通标志是用图案、符号或文字对过往桥梁的行人和驾驶员（连同车辆）等交通参与者，进行指示、导向、警告、控制和限定的一种交通管理设施，使其获得确切的交通情报，从而达到交通的安全、迅速、低公害与节约能源的目的。

交通标线是由不同颜色、不同种类的路面（包括桥面）标线、箭头、文字、立面标记、突起路标和道桥边线轮廓标等所构成的交通安全设施，其主要作用是管制和引导交通，因此又常称其为交通安全控制设施。

交通标线可以和交通标志配合使用，也可以单独使用，它具有法律的性质，在交通管理中占有重要的地位。

二、标志和标线的养护与维修

交通标志和标线是依据交通法规及国家有关标准制定的，是交通法规的具体体现，也是管理道路交通的安全设施，其作用非常重要，因此成为桥梁养护与维修中必不可少的部分。为确保标志和标线的正确性，必须经常对其进行检查，检查所有标志是否齐全完好，所有标线是否清晰，对各种标志、标线、轮廓标等的反光情况还要在夜间进行巡查。巡视检查人员在检查中发现标志、标线遭到损坏或污染，应记录下来并及时反映给桥梁管理有关部门或有关领导。

检查工作是养护与维修的基础。只有全面了解标志、标线的现状后才能采取有效的措施进行养护与维修。为此，桥上交通标志和标线要经常保持明显、清晰，确保行车安全。标志牌架要保持清洁，做好油漆防腐工作，保证设施完好、结构安全。当交通条件有变化时应进行相应的变更和增补。标线应结合日常养护经常清扫或冲洗。当发现因剥落、污染、磨损而影响识别性能的标线占该路段中总标线的一半以上时，应予以重画；局部损坏的则进行修补，同时要注意避免与原标线错位。

第八章　桥梁支座的养护与维修

第一节　支座的类型

一、垫层支座

垫层支座是由油毡、石棉泥或水泥砂浆垫层做成的简单的支座，10 m 以下跨径的简支板、梁桥，可不设专门的支座，而将板或梁直接放在垫层上。垫层支座变形性能较差，固定支座除了设垫层外，还应用锚栓将上下部结构相连。

二、铸钢支座

（一）弧形钢板支座

弧形钢板支座又称切线式支座或线支座。上支座为平板，下支座为弧形钢板，二者彼此相切而成线接触的支座。钢板采用 40 ~ 50 mm 的铸钢板或热扎钢板，缺点是移动时要克服较大的摩阻力，用钢量大，加工麻烦，一般用于中、小桥梁上。

（二）铸钢支座

铸钢支座是采用碳素钢或优质钢，经过制模、翻砂、铸造、机械加工和热处理等工艺制成的支座，有尺寸大、耗钢量大、容易锈蚀和养护费用高等缺点。

三、球面支座

球面支座又称点支座，为适应桥梁多方面转动的要求，将支座上、下两部分的接触面分别做成曲率半径相同的凸、凹的球面支座。

四、板式橡胶支座

板式橡胶支座由若干层橡胶片与薄钢板经加压硫化而成。按其形状可分为矩形、圆形、球冠和圆板坡形板式橡胶支座。

五、盆式橡胶支座

盆式橡胶支座是橡胶块紧密地放置在钢盆里的大吨位橡胶支座。由于橡胶块受到三向压力作用，因此使支座的极限承载能力有所加强。

六、辊轴支座

辊轴支座为活动支座。在垫板下安有数根辊轴，使支座能前后移动。该支座必须设置保持各根辊轴隔开的装置和防止支座上浮的装置。

第二节　桥梁支座常见的缺陷和病害

一、铸钢支座缺陷类型

铸钢支座缺陷类型包括钢组件出现钢支座固定螺栓松动、锈蚀、损伤、断裂，锚固件及定位件失效，上、下座板变形，活动支座无法活动，位移超限、转角超限和支承垫石部位缺陷等。

支座上下错位过大，有倾倒脱落的危险。钢部件损伤包括铸钢件及锻钢件裂损、脱焊、锈蚀及支座钢件磨损和发生塑性变形。

支座锚固件及定位件失效包括销钉剪断、支座锚（螺）栓松动及剪断、牙板挤死与折断、辊轴连杆螺栓剪断等。

活动支座不活动、位移超限和转角超限等缺陷，通常是由于设计不当造成的，结果常引起锚栓剪断和摇轴或削扁辊轴倾斜度超差不能恢复等损伤。

支承垫石部位缺陷包括支承垫石不平、翻浆、积水和开裂等，应采取措施及时修补。

二、板式橡胶支座缺陷类型

板式橡胶支座性能劣化类型包括橡胶老化开裂、钢板外露、不均匀鼓凸与脱胶、脱空、剪切超限和支座位置串动等。

开裂是指板式橡胶支座表面形成的龟裂裂纹。一般板式橡胶支座在一定使用年限后均会出现表面的龟裂裂纹，但裂纹宽度及深度均不大。

钢板外露是指由于橡胶龟裂或支座制作不佳使板式橡胶支座内部的钢板裸露。

不均匀鼓凸与脱变发生在橡胶与钢板黏结破坏时。通常板式橡胶支座在荷载作用下，钢板之间的橡胶向外发生均匀的凸起属正常现象。当橡胶与支座内加劲钢板黏结不良，在荷载作用下发生钢板与橡胶脱胶，引起不均匀的鼓凸。

脱空是指板式橡胶支座与桥梁底面及支承垫石顶面之间出现的缝隙大于相应边长的25%。通常板式橡胶支座使用时，应通过转动计算，使支座顶、底面与桥梁全面积接触。局部脱空，一方面会造成支座压应力增加，另一方面，支座脱空部位与外界空气接触，容易产生橡胶老化。

剪切超限是指板式橡胶支座在最高及最低温度条件下的最大恒载剪切变形，即 $\tan\alpha > 0.45$。

支座位置串动是由于支承垫石不平，造成支座局部承压，引起支座位置串动，严重时可能会造成个别支座脱落。

三、盆式橡胶支座缺陷类型

盆式橡胶支座缺陷类型包括钢件裂纹和变形、钢件脱焊、锈蚀、聚四氟乙烯滑板磨损、支座位移超限、支座转角超限和锚栓剪断等。

钢件裂纹和变形是指盆式橡胶支座的钢件中出现肉眼可见的裂纹，以及支座钢板在荷载作用下发生翘曲。

钢件脱焊是指支座焊接件及不锈钢板与基层钢板之间的焊缝脱焊。

聚四氟乙烯板磨损是指盆式橡胶支座中由于聚四氟乙烯板和不锈钢滑板之间平面滑动所产生的磨损。磨损程度用测量聚四氟乙烯板的外露高度来表示。

支座位移超限是由于设计及安装不当造成支座聚四氟乙烯板滑出不锈钢板板面范围。

支座转角超限是由于设计及安装不当造成支座转角超过相应荷载作用下最大的预期设计转角。支座转角应由盆式橡胶支座顶、底板之间的最大和最小间隙求出。

其他类型支座的缺陷类型可参照上述支座来确定。例如，球型支座的缺陷类型可以由钢件裂缝、位移及转角超限、聚四氟乙烯板的磨损、锈蚀及锚栓剪切等缺陷来评定。

第三节　桥梁支座的养护维修

一、桥梁支座检查

桥梁支座的正常使用与日常的养护维修和性能检验分不开。支座一般可每半年检查一次，并应检查支座附近梁体有无裂缝。支座检查可借助检查小车进行，或修建专用检查梯。

支座检查主要检查支座功能是否完好，组件是否完整、清洁，有无老化、变形、锈蚀、断裂、错位和脱空现象。上、下座板与梁身和支座垫石相互之间是否密贴，有无三条腿等不正常现象；支承垫石是否完好，是否有积水或尘埃等。对柔性墩上的固定支座要观测有无变形；活动支座要检查其是否灵活，实际位移量是否正常，变位方向是否与温度变化相符，倾斜度是否在容许限度内，有无限位装置等。各类支座还应重点检查以下内容：

第一，平板橡胶支座应重点检查橡胶支座是否老化、变形；有无不正常的剪切外鼓变形；支座与梁身、支承垫石间是否密贴；四氟板式支座是否脏污、老化；钢板滑动支座是否干涩、锈蚀。

第二，盆式支座的固定螺栓有无剪断，螺母是否松动，电焊是否开裂，四氟板位置是否正常。

第三，辊轴（或摇轴）支座和弧形支座应定期测量其位移值和梁温，位移值不允许超过容许值。当发现弧形支座位移超过限值或固定支座不固定时，应起顶梁身检查活动支座销子有无异常、固定支座安装是否符合标准。测量辊轴（或摇轴）支座位移应安装位移指示标（尺）并检查辊轴有无变形、磨损。对使用年久、铺设无缝线路、位于长大坡道及曲线上的桥梁，应认真检查其上、下锚栓（特别是弧形支座）有无弯曲断裂，如有剪断，还应检查墩（台）有无变位。

第四，混凝土支座有无剥落、露筋、锈蚀、碎裂等。

二、桥梁支座的养护

（一）养护的一般要求

第一，支座各部应保持完整、清洁，位置正确，活动支座伸缩与转动正常。每半年一清扫，清除支座周围的垃圾杂物，保证支座正常工作。

第二，橡胶支座应经常清扫，排除墩帽积水，要防止橡胶支座接触油脂，防止支座因橡胶老化、变质而失去作用。

第三，支座与梁底、支座与砂浆垫层之间的接触面应平整。梁体位移及转角应不受阻碍。支座垫板与锚螺栓应紧密接触，并不得有锈蚀。支座垫层上如有积水，应立即清除。

第四，支座或支座组件如有缺陷或产生故障不能正常工作时应及时予以修整或更换。

第五，梁支点承压不均匀，板式橡胶支座出现脱空或过大压缩变形时应予以调整，板式橡胶支座发生过大剪切变形、老化、开裂等应及时更换。支承垫石空洞、不密实缺陷等应及时进行处理。

第六，对盆式橡胶支座应设置防尘罩，防止尘埃落入或雨雪渗入支座内。支座外露部分应定期涂红丹防锈漆进行保护。防尘罩应经常清洁和防蚀处理，防止橡胶老化变质失去弹性。如橡胶老化，剪切变形 $\tan\alpha > 0.7$，橡胶有裂纹、鼓出、钢板锈蚀者应更换；锚螺栓剪断、盆边顶坏发生塑性变形时应更换。

（二）盆式橡胶支座的养护

盆式橡胶支座在使用期间应每年定期进行一次检查及养护，主要应进行以下养护工作：

第一，检查支座锚栓有无剪断，支座橡胶密封圈有无龟裂和老化。

第二，检查支座相对位移是否均匀，并逐个检查支座位移量。

第三，清除支座附近的杂物及灰尘，并用棉丝仔细擦净不锈钢滑板表面的灰尘。

第四，松动锚栓螺母，清洗上油，以免螺母锈死。

第五，定期对支座钢件进行油漆防锈，但不锈钢滑动面不用油漆。

第六，校核并定点检查支座高度变化，以便校核支座内聚四氟乙烯板的磨耗情况，当支座高度变化超过 3 mm 时，应考虑是否需要更换聚四氟乙烯板。

根据德国交通部的经验，对聚四氟乙烯板的磨耗情况，应重点检查聚四氟乙烯板的外露高度 ho：

当 ho $\geqslant$ 1.0mm 时，支座正常；

当 0.5mm $\leqslant$ ho $\leqslant$ 1.0mm 时，应每年测量高度变化；

当 0.2mm $\leqslant$ ho $\leqslant$ 0.5mm 时，应缩短检查期限，或更换，或经专家鉴定；

当 ho < 0.2 mm 时，应立即更换，或经专家鉴定。

盆式橡胶支座养护质量要求：

第一，梁底支承部位平整、水平，支承部位相对水平偏差不大于 0.5 mm。

第二，桥墩支承垫石顶面平整，相对允差 1mm；支承垫石顶面高程准确，允差

0 ～ –4mm，相邻墩（台）上支承垫石顶面相对高差不大于 3 mm。

第三，支座与支承垫石顶面应紧密接触，局部缝隙不得超过 0.5 mm。

第四，恒载剪切变形角 tanα ≤ 0.45，最大剪切变形角 tanα ≤ 0.7。

三、桥梁支座常见病害诊治

（一）支座常见病害诊治方法

1. 小跨度钢筋混凝土板梁横向移动的诊治

跨度小于 6m 的钢筋混凝土板梁，由于梁体重量轻，支座又均系沥青麻布或石棉垫，因而受列车的冲击和振动易发生横向移动。对该种梁，除顶起移正梁身外，均应在墩（台）顶上靠板梁侧埋设角钢或加筑挡墙。

2. 支座上、下锚栓折断、弯曲、锈死的诊治

（1）下锚栓

在支座底板旁斜向凿去部分混凝土，取出旧锚栓，更换新锚栓，如锚栓被剪断而埋置于垫石内的栓杆仍牢固，也可采用清除剪断的锚栓上部，电焊接上一段新栓的方法处理。

（2）上锚栓

①可将支座上摆与混凝土梁底镶角板焊起来（当镶角板与梁体为整体时），如每个支座用 2 根 200mm 长，∠ 60 × 40 × 8 L 的不等边角钢，沿梁长方向将角钢短肢焊在梁底镶角板上，长肢焊在支座上摆上。

②用夹板加固法。每个支座用 2 块 4 mm 钢板，以 2 根 φ20 mm 螺栓将其置于支座上摆两侧夹紧于梁体上（如支座与梁梗不等宽，则钢夹板与支座间加填板并与钢板焊牢）并在夹板中间钻孔做丝扣，用顶丝顶紧在支座上摆上，使夹板与支座上摆连成一体。

3. 支承垫石裂损、梁体有"三条腿"，个别支座出现明显悬空，以及因线路大修需抬高梁体的诊治

第一，采用压力灌浆。适用于抬高量小于 30mm 者，抬高量很小时，也可采用灌铅法。

第二，支座下捣垫半干硬性水泥砂浆，适用于抬高量 30 ～ 100 mm 者。

第三，垫入铸钢板，适用于抬高量 50 ～ 300 m 者。

第四，就地灌注钢筋混凝土垫块，或更换钢筋混凝土顶帽，适用于抬高量在 200 mm 以上者。

实践经验证明在支座下捣填半干硬砂浆（也可用环氧树脂配制的砂浆）的办法效果好，并且有使用工具简单、封锁时间短的优点。

支座下捣垫半硬性砂浆操作方法：

（1）凿毛

①将支座与梁临时连接，用千斤顶架空梁身，比实际需要高程高出 1～2mm；②在支座四周 200 mm 范围内，将支承垫石支承面凿毛，凿毛应用风镐，使用多种形式钎头进行；③先凿外侧一半并垫实，再凿内侧一半，全部凿毕用水冲洗干净，临时垫以硬木头，四周顶死才允许放行车辆，并指定专人检查。

（2）捣垫砂浆（现多采用环氧树脂水泥砂浆代替半干硬性砂浆）

①砂浆质量配合比——水泥比 1：1～1：2，水灰比 1：4～1：5，拌和砂浆稠度以手捏成团不松散、不湿手为宜；②捣垫前支座的三面必须牢固地用模壳封妥，用水湿润凿毛面；③刷水泥浆一遍；④分次填入砂浆用镐捣实，手工操作每次厚度约 50 mm，捣固必须认真以保证强度要求；⑤捣固完毕，将捣固的一面用模壳固封（一般用螺栓对拉或加撑头）才能开通桥梁；⑥一般捣垫砂浆以不高于 100 mm 为好，如需超过，可分两层两次捣固，如一次捣垫在 100～200 mm，则必须经过养生，等砂浆达到一定强度，才能使其受力；⑦捣垫完毕，其四周应用水灰比为 0.3：0.35 的砂浆锤制流水坡，坡度为 1：1.5，靠支座边，其高度应比支座略低 1～2mm，以利排水。

（3）养生

锤制流水坡后 1～2h，用湿草袋覆盖，保持湿润 7 d。

4. 支座陷槽、积水、翻浆、流锈病害的诊治

应使支座底板略高出墩（台）支承垫石，并采用细凿垫石排水坡的办法，结合支座下垫沥青麻布或胶皮板进行处理，能取得一定效果。流水坡约为 3%，使水能很快排走。

具体细凿方法：先在离垫石外缘 20 mm 处开始向中心推进（防止损坏边缘），最后将周边的窄条敲下来，稍加修凿即成。细凿完成后用废砂轮打磨光滑。另一种做法是先在垫石四边（桥台为三边）的外侧打上要凿去的线条，用扁凿对准线条朝里敲打，其余方法同前。在细凿过程中，如发现有局部麻坑不平或边缘缺损等，可用环氧树脂砂浆腻补，凝固后一并用旧砂轮打磨平整。

要防止挡砟墙上的水流到桥台，必要时挡砟墙与支座垫石间要凿小槽排水，防止支座底板下面进水。

5. 支座位置不正、滑行或歪斜，超过容许限度的诊治

应用千斤顶起顶梁身并进行适当的修理或矫正，或移正梁身后重新安装支座。

起顶梁身所用千斤顶的数量和能力，应根据梁和桥面的重量来确定，为了保证施工安全，其起重能力必须超过荷载的 50%～100%；钢桁梁和钢板梁一般在起顶横梁均预留有放千斤顶的位置。在墩（台）顶的排水坡面安放千斤顶，一般不必顾虑滑移问题，只要用硬木垫平并有足够的安全承压面积即可。但要注意千斤顶位置不要妨碍

矫正支座工作的顺利进行。

钢筋混凝土梁和预应力钢筋混凝土梁可将千斤顶放在支座附近梁下起顶。如梁下净空不够安放千斤顶时，可以凿低一部分顶帽混凝土以便安放千斤顶，或在桥孔内搭枕木垛支承千斤顶。对于双片钢筋混凝土梁也可以用钢轨做成 V 形扁担放在梁下用两个千斤顶将梁抬起；如经过检算认为可以时，也可以将千斤顶安在端横隔板下起顶。

旧式板梁的端横梁下面无起顶横梁时，也可用临时木撑顶紧后起顶。起顶钢梁也可采用这种方法，但这种方法在桥梁重量较大时，顶起后移动钢梁或底板施工较复杂，仅在不得已时采用。

起顶连续梁处理支座病害时，应同时起顶本联内的全部支座，并事先计算各支点的反力，用带压力表的油压千斤顶进行计量，要防止因起顶梁身造成支点高程与设计不符，改变梁跨各杆件受力，从而发生裂纹或损坏。

总之，起顶梁身时要视梁跨结构形式、墩身及周围具体情况的不同选用比较合理的施工方法。在起落过程中，为了保证安全，防止千斤顶发生故障及千斤顶放松时结构受到突然的冲击，必须有保险木垛，并一路调整木垛上的模子使其顶面保持与梁底不超过 5 mm 的空隙。

利用拉紧框架或弹簧整正支座辊轴的方法可以免除起顶梁身的麻烦。框架由两个角钢和两端带丝扣及螺帽的拉杆组成，整正时，把一个角钢支承在支座底板上，另一角钢紧贴住辊轴的连接角钢上，上紧拉杆螺栓，利用列车通过时辊轴的滚动及时拧紧拉杆，使列车通过后辊轴不能返回原位，这样经数次整正，就能把辊轴调整过来。

弹簧整正支座辊轴是用千斤顶横向顶住辊轴来移正位置，千斤顶一端支承在固定支座或挡砟墙上，在千斤顶和辊轴之间垫上弹簧，把弹簧顶紧，利用列车通过时辊轴的滚动，辊轴会被顶动，再适当上紧千斤顶，经过多次整正也可以把辊轴顶回原来位置。

6. 摇轴或辊轴活动支座倾斜超限的诊治

造成辊轴或摇轴活动支座倾斜超限的原因多为施工安装不正确或墩（台）有位移等。整治的办法是起顶梁身，按照当时钢梁温度计算的位移量矫正摇轴或辊轴的倾斜度，移动底板，重新锚固锚栓。

大跨度钢梁的辊轴支座，由于笨重，移动底板重新锚栓施工困难，且工作量大，故当矫正量不大时，可用带有异形牙板（防爬齿）的辊轴更换原有正常牙板的辊轴，而不再移动底板重新锚固锚栓。异形牙板辊轴可根据矫正支座倾斜超限的具体需要设计。使整正后的辊轴倾斜符合计算要求。这样整正后，下摆中心线虽然不会与底板中心线一致，但能使辊轴倾斜正常，保证安全。

《铁路桥隧建筑物大修维修规则》技术标准关于行车时速 120 ～ 160km 繁忙干线的桥隧设备行车条件规定：钢梁桥不得采用橡胶支座，设置板式橡胶支座的圬工梁，必须加设可靠的横向限位装置，梁体横向位移不得大于 2 mm，横向限位装置应按统一的设计图加工。

橡胶支座使用一定时间后，由于受力及老化的作用发生剪切变形，其容许值应小于或等于 0.7ho（目前使用的橡胶支座 ho=27 ~ 62 mm），远大于 2 mm，故根据橡胶支座设计使用条件及准高速容许位移的要求，必须设置可靠的限位装置，并且必须检查梁底支承面有无限位钢板条，若没有，必须补上。

第四节　桥梁支座的更换

支座是桥梁上、下部结构的连接点，其作用是将上部结构的荷载安全地传递到桥梁墩（台）上去，同时保证上部结构在荷载、温度变化、混凝土收缩徐变等因素作用下的自由变形，以便使结构的实际受力情况符合计算图式，并保护梁端、墩（台）帽梁不受损伤。在早期建设的一些梁式桥中，普遍存在着支座年久失养问题，橡胶支座日趋老化，钢板锈蚀失效，还有一些跨径较小的简支桥梁原本就没有设置支座，使得上述桥梁在目前的大吨位、大交通量的荷载作用下，出现了一系列问题，急需进行支座的更换或增设。同时，由于交通运输的需要，不中断或尽量缩短中断交通时间又对支座的更换施工提出了更高要求，因此桥梁支座的整体更换极其重要。

一、桥梁支座的更换方法

在早期建设的一些梁式桥中，以简支梁桥居多，梁体之间横向联系多以横隔板并辅，以钢板间隔连接。即使桥面系可以整体清除，但上部结构仍是一个整体。因此，支座的更换必须建立在各桥跨的整体施工上。为此，应根据桥梁的具体情况，采用一系列起重或顶起设备，在墩（台）顶面或者在预先设置的支架上，选择安全、合适的位置，对已解除纵向约束的桥孔分头进行整体顶起，即可安全从事支座的更换工作。

1. 更换前的准备工作

首先，对桥梁进行特殊检查，按基础、墩（台）、主梁、桥面系和附属工程逐一进行全面检查，并做好记录和拍照。对基础、墩（台）所存在的病害应先进行正规处置，然后再处置主梁。需更换支座的，视桥面系和附属工程的具体情况，再决定是否对桥面系和附属工程予以保留或全部清除；需予以保留的，要事先对各桥孔的所有纵向连接予以解除，最后才能进行支座更换施工。支座更换办法基本可分为以下三类：

（1）T 形梁桥、箱梁桥

墩（台）结构无任何病害，可以直接考虑在盖梁顶面和 T 梁翼缘板（箱梁横隔板）下实施顶升，这是最容易施工的一种类型。

（2）板梁桥或需加固墩（台）的桥

有可以利用的扩大基础或承台，需搭设顶升支架实施作业，但顶升点应尽可能地靠近原支点。

（3）板梁桥或需加固墩（台）的梁桥

没有可以利用的扩大基础或承台，需重新浇筑临时承重基础，再搭设顶升支架实施作业。这种情况多发生在柱桩对接的桥墩或实体式墩（台）结构，遇到深水基础更为困难。

2.更换步骤

（1）承重基础

支座更换前，应首先根据各桥墩（台）处的地质情况考虑临时受力结构。地质情况较好时可修建临时承重基础，当没有承台可以利用，同时地质较差时，可以利用立柱作为顶梁的临时受力结构。

（2）顶梁设施

在梁底设置横梁，横梁分上、下两种，中间安装顶梁的千斤顶。为了保证起顶过程中不致损伤梁底，在梁底和工字钢接触处用木板垫实，确保软接触密合，使横梁不与梁底部位接触。调节高度采用小钢板块。在基础和下横梁间要根据桥下净空高度搭设受力支架，同时也要预留一定的操作空间，可采用由多组贝雷架构成支撑架，作为支架。

（3）试顶

支撑架、横梁、千斤顶安装完毕，待临时承重基础强度满足要求后，即可开始试顶。试顶主要是为了消除支撑本身的非弹性变形或沉降，在主梁还没有正式顶起时即可停止，并停放数小时进行观察，无任何变化后才能开始整体顶升。

（4）整体顶升

试顶完成后，在专业人员的统一指挥下所有千斤顶慢慢用力整体顶起梁体，使其离开原支座约2cm立刻停止，并立即在上、下横梁间增设若干个钢筋混凝土预制块，形成临时固定点，以增加接触点和面积，提高顶升系统的稳定性，确保桥梁整体安全。

（5）台帽、盖梁维修

如果台帽、盖梁存有病害，应立即进行相应的规范处置。

（6）支座更换

台帽、盖梁处置完成后，即可去除原有支座，支座下方用高标号环氧树脂砂浆找平，精确计算出需增加的高度，用合适厚度的钢板来调节，调节施工完毕，重新安装新的支座，就可以慢慢地落梁，去掉混凝土块和千斤顶，拆除临时支撑，整孔梁体在施工过程中相对几乎是不动的，对桥面系结构也基本没有任何影响，支座更换前后支撑反力变化也不大，但梁体的支撑条件可大大改善。

3.施工注意事项

第一，由于整体更换支座一般是在保证正常行车的情况下进行的，所以保证通车和安全工作显得尤为重要：一是确保施工中整个桥梁结构完整且不受损伤；二是施工中要确保人身和设备的绝对安全。这就要求施工前要做好全面检查，根据具体情况确定维修加固范围，按次序依次实施。整体更换支座施工方案，要通过准确的分析和计算，配备足够的机械设备和劳动力；同时，在顶起和落梁这很短时间内，要有专业人员统一指挥，确保所有被顶的梁体同步上升、同步下降，缩短临时封闭交通时间。

第二，要认真做好测量、观察记录工作。要准确计算出原支座和现支座的高度差，以指导施工，确保梁体、桥面系支座更换前后的高程不变。

第三，支座的质量检验及安装是保证支座正常使用的关键。支座安装前应进行检验，应根据不同的支座类型按照相关要求进行安装。

二、桥梁支座安装要求

1. 一般要求

正确安装与定期养护是保证桥梁支座正常工作的重要措施。

设计者在设计支承垫石时，应考虑使梁底与桥墩顶面之间有 30 cm 的净空，以便对支座的使用状态进行检查和养护，并在必要时可安放千斤顶，进行支座的更换。

支座在出厂时，一般应有明显的标记，注明支座型号、反力和位移，以免在安装时发生混淆。

支座通常在工厂组装好后整件运输到工地，为保证运输过程中支座的整体性，应用临时定位装置将支座各部件连接起来。这些临时定位装置在支座正式工作之前，应予以拆除，具体拆除的时间，应由工地工程技术人员根据支座的形式及结构受力状态决定。例如，活动支座的上、下连接板应在张拉梁体预应力前拆除，以使支座能适应梁体预施应力的变形。

在支座安装之前应先对支座的安装位置进行测量检验，支座安装平面应和支座的滑动平面或滚动平面平行，其平行度的偏差不宜超过 2‰。

支座安装前应对活动支座顶、底板的相对位置进行检查。辊轴支座和滑动支座的预制位移量必须符合设计要求。当受支座安装温度的限制，活动支座的预置位移量必须进行调整时，应在专业工程师的指导下进行支座位移的预调工作。

支座安装后，滚动和滑动平面应水平，其与理论平面的倾斜度不大于 2‰。支座上、下板中心应对中，其偏差不大于 2‰。

为保证支座安装平整，一般应在支座底面与支承垫石顶面之间，捣筑 20 ~ 50 mm 厚的干硬性无收缩砂浆垫层（或环氧砂浆垫层）。该砂浆垫层的强度必须和结构混凝土等强。当支撑平面较大时，也可以先铺设塑性的砂浆垫层，砂浆层的中间呈凸球形，支座座下时使砂浆压平。如果在支座安装时，采用螺丝或钢模块等措施进行支座调平，在灌注砂浆垫层凝固后，必须拆除调平螺丝及钢模块，以确保使砂浆垫层均匀传力。在安装预制梁体时，一般应先用辅助结构支撑梁体自重，待支撑砂浆凝固并达到要求的强度后，才能承受梁体重量。

2. 盆式橡胶支座安装要求

盆式橡胶支座的安装步骤：

第一，检查桥墩（台）支承部位的尺寸、预留（或预埋）螺栓孔的位置、支座的安装高程。要求支座支承平面水平及平整，支承面四角高差不得大于 2 mm。

第二，支座安装前方可开箱，并检查装箱清单，包括配件清单、原材料检验报告复印件、支座产品合格证和使用说明书。施工单位开箱后，不得任意松动上、下支座连接板，并不得任意拆卸支座。

第三，支座出厂时，应由生产厂家将支座调平，并紧固上、下支座连接板，以防止支座在运输安装过程中改变位置。如支座需要预设位移时，可由生产厂家在装配时预先调整好。

第四，支座安装步骤：

①支座开箱并检查装箱清单及合格证。

②在桥墩（台）支承部位画出中心线位置，并在支座顶底板上标注中心线位置。

③安装支座及地脚螺栓：先在下支座板四角用钢模块调整支座水平，并使下支座板底面高出桥墩顶面 20 ~ 50 mm，找正支座纵、横向中线位置，使其符合设计要求。用环氧砂浆灌注地脚螺栓孔及支座底面垫层。

支座安装时也可以先把地脚螺栓用 M5 砂浆或细石混凝土锚固在预留螺栓孔中，待砂浆或混凝土达到强度后，放上支座，上好锚栓螺母，用四角钢楔块调平支座水平，并使下支座底面高出桥墩顶面 30 ~ 80 mm，然后用 M5 干硬性砂浆，仔细捣入支座底板与桥墩之间，或者用重力压浆法向支座底板与桥墩之间注入 M5 干收缩砂浆。当地脚螺栓采用套筒螺栓方式时，套筒螺栓必须用模板准确定位，支承垫石灌注的顶面高程应低于设计高程 30 ~ 80mm，以便安装支座后灌注无收缩砂浆。在安装支座时，宜在套筒螺栓顶面设置一层石棉垫圈，以免钢套筒在拆除支座四周的钢垫块后成为下支座板的刚性支点。

④在环氧砂浆或无收缩砂浆硬化后，拆除支座四角临时钢楔块，并用砂浆填满抽出钢楔块的位置，以免钢楔块成为下支座板的刚性支点。

⑤在梁体安装完毕后，或现浇混凝土梁体形成整体并达到设计强度后，在张拉梁体预应力之前，拆除上、下支座连接板，以防止约束梁体的正常转动和位移。

⑥拆除上、下支座连接板后，检查支座外观，并及时安装支座外防尘围板。

⑦当支座与梁体及墩（台）采用焊接连接时，应先将支座准确定位，然后用对称

间断焊缝将下支座板与墩（台）上预埋钢板焊接。焊接时应防止烧伤支座与混凝土。

由于盆式橡胶支座各方向的转动性能一样，因此在预制 T 形梁上使用盆式橡胶支座时，应特别注意安装阶段的侧向稳定性，为此应在梁端支座两侧附加适当的临时支撑，以防止梁体倾斜。特别是在铁路标准混凝土梁上使用时，由于梁体外侧有挡砟槽，梁体自重向外侧偏心，因此在安装阶段必须有适当的临时支撑，只有待两片 T 形梁之间的横隔板连接件焊成整体后，才允许拆除临时支撑，使两片 T 形梁整体工作。

3.球形支座的安装要求

球形支座的安装要求，基本上与盆式橡胶支座一样，此处不再详述。但由于球形支座转动灵活，在工地无法调整上、下支座板的平行度，因此球形支座需在制造工厂的专用台座上调平，并用连接螺栓固定，在工地上不得任意拆卸，只能在支座安装、梁体混凝土浇筑完成后才能拆除连接螺栓，以使支座能正常转动和位移。

第九章 桥涵构造物的养护与维修

第一节 概述

桥梁营运过程中，由于频繁承载，甚至超载，再加上自然因素（如雨、雪等）的影响，以及交通事故等人为事端的侵袭，会造成桥梁损伤和局部破坏。随着使用年限的增加，桥梁的损伤种类和损伤部位会越来越多，其程度也会越来越严重。如果因设计和施工的原因修建了一座先天不足的桥梁，运营中则会问题不断，难以维持正常使用状态。因此，桥梁结构的耐久性问题和养护维修工作显得越来越重要。只有认真地、不断地对桥梁结构的病害进行养护维修才能保持桥梁的各组成部分处于健康状态，确保桥梁抵抗自然灾害的能力。应在保证安全运营的同时，最大限度地实现和延长桥梁的设计和使用寿命。

同样，一些涵洞年久失修，有的变得坑洼不平，有的已经不能满足交通的需求，有的因大雨影响，发生内部坍塌，造成涵洞上面土方及路面整体塌陷，甚至造成人员伤亡。因为涵洞在公路交通中处于相当重要的位置，这些难行的涵洞就像一只无形的手，已经"轻轻扼住"了公路交通的咽喉，让老百姓在这里放慢了脚步。

为保证公路畅通无阻，应尽量保证桥涵构造物处于完好的技术状态，延长其使用年限，满足承载力和通行能力要求，因此对桥涵构造物进行经常性的养护维修是十分必要的。桥涵构造物不能满足实际承载能力及通行能力要求时，需对其进行必要的加固、拓宽等技术改造。

桥涵构造物的养护维修主要是对危害桥涵正常运营的部分进行经常性的修缮工作，如保持桥面清洁、伸缩缝完好并能伸缩自由以及疏通泄水孔、铺砌加固涵洞进出口等。

一、桥涵养护与修理工作范围

第一，技术检查与检验。

第二，建立和健全完整的桥涵技术档案。

第三，桥涵构造物的安全防护。

第四，桥涵构造物的经常保养、维修与加固。

二、桥涵养护与修理工作规定

第一，公路桥涵养护应符合下列要求：

①桥涵外观整洁。

②桥面铺装坚实平整、横坡适度。

③桥头顺适。

④排水、伸缩缝、支座、护墙、栏杆、标线等设施齐全良好。

⑤结构无损坏。

⑥基础无冲刷、淘空。

⑦与路基不同宽度的小桥，应逐步改建成与路基同宽。

第二，公路桥涵养护工作应贯彻"预防为主，防治结合"的方针，以桥梁结构安全为中心、以承重部件为重点加强全面养护。

第三，应加强桥涵的日常巡查。桥涵日常巡查是桥涵日常工作的重要内容之一，应予以充分重视，发现隐患或病害应及时处置。

第四，桥涵构造物的养护，应首先使原结构保持原设计汽车荷载等级的承载要求及设计交通量的通告要求。

第五，桥涵养护工程应重视经济技术方案的比选，并充分利用原有工程材料和原有工程设施，以降低成本。

第六，桥梁管养单位应对辖区内所有桥梁建立"桥梁基本状况卡片"，将有关信息输入数据库，建立信息化档案。

第七，为便于分析判断桥梁可能发生的病害原因，应在结构正常状况时设置永久性控制检测点。

第八，加强桥涵档案管理工作。

三、桥涵养护工程分类

（一）小修保养

1.保养

第一，清除污泥、积雪、积冰、杂物，保持桥面清洁。

第二，疏通涵管及桥下河槽。

第三，伸缩缝养护，泄水孔疏通，钢支座加润滑油，栏杆油漆。

第四，桥涵的日常养护。

2. 小修

第一，局部修理、更换桥栏杆及修理泄水孔、伸缩缝、支座和桥面的局部轻微损坏。

第二，修补墩、台及河床铺底和防护圬工的微小损坏。

第三，涵洞进出口铺砌的加固修理。

第四，通道的局部维修和疏通修理排水沟。

（二）中修工程

第一，修理、更换木桥的较大损坏构件及防腐。

第二，修理更换中小桥支座、伸缩缝及个别构件。

第三，大中型钢桥的全面油漆除锈和各部件的检修。

第四，永久性桥墩、台侧墙及桥面的修理和小型桥面的加宽。

第五，重建、增建、接长涵洞。

第六，桥梁河床铺底或调治构造物的修复和加固。

第七，通道的修理与加固。

第八，排水设施的更换。

第九，各类排水泵站的修理。

（三）大修工程

第一，在原技术等级内加宽、加高、加固大、中、型桥梁。

第二，改建、增建小型桥梁和技术性简单的中桥。

第三，增建、改建较大的河床铺底和永久性调治结构物。

第四，吊桥、斜拉桥的修理与个别索的调整更换。

第五，大桥桥面铺装的更换。

第六，大桥支座、伸缩缝的修理更换。

第七，通道改建。

（四）改建工程

第一，提高公路技术等级，加宽、加高大、中、型桥梁。

第二，改建、增建小型立体交叉。

第三，增建公路通道。

第四，新建渡口的公路接线码头引线。

四、桥梁养护的技术政策

第一，公路桥涵养护工作应贯彻"预防为主，防治结合"的方针，以桥梁结构安全为中心，以承重部件为重点加强全面养护。

第二，推广应用先进的养护技术和科学的管理办法，改善养护手段，提高养护技术水平，采用先进公路桥涵养护机械。

第三，公路桥涵的养护按其工程性质、规模大小、技术难易程度划分为小修保养、中修、大修、改建四类。

第四，建立并执行公路桥梁养护管理工作制度，加强桥梁的检查、维修、加固和改建，逐步消灭危桥，并及时处理废桥、碍洪桥，以及改建加宽宽路窄桥和不符合公路荷载等级的桥梁。

第五，重视环境保护和综合治理，保护河道自然平衡，保护景观和文物古迹，防止河道变迁和环境污染。

第六，桥涵养护工程应重视经济技术方案的比选，并充分利用原有工程材料和设施，以降低成本。

第二节 桥梁的检查、评定与检验

桥梁的检查与检验是桥梁养护工作的两个重要环节，也是桥梁养护的基础性工作。对桥梁进行检验与检查，目的在于系统地掌握桥梁的技术状况，较早地发现桥梁的缺陷和异常，进而提出合理的养护措施。

一、桥梁检查

（一）桥梁检查的分类

桥梁检查分为经常检查、定期检查和特殊检查。

1.经常检查

经常检查也叫一般检查，主要对桥面设施和桥台附属构造的技术状况进行日常巡视检查，及时发现缺损，进行小修保养工作。

桥梁的经常检查至少每月进行一次，汛期要加强检查。经常检查一般采用巡视目测的方法，当场填写《公路桥涵养护规范》（JTG H11—2004）要求的"桥梁经常检查记录表"，登记检查项目的缺损类型、估计缺损范围及养护工作量，提出相应的小修保养措施，并组织实施。桥梁的经常检查包括如下内容：

第一，外观是否整洁，有无杂物堆积，是否有杂草蔓生。构建表面的涂装层是否完好，有无损坏、老化变色、开裂、起皮、剥落、锈蚀。

第二，桥梁铺装是否完整，有无裂缝、局部坑槽、积水、沉陷、波浪、碎边；混凝土桥面是否有剥离、渗漏；钢筋是否露筋、锈蚀；缝料是否老化、损坏；桥头有无跳车。

第三，排水设施是否良好，桥面泄水管是否堵塞和破损。

第四，伸缩缝是否堵塞卡死，连接部件有无松动、脱落、局部破损。

第五，人行道、缘石、栏杆、扶手、防撞护栏和引道护栏有无撞坏、断裂、松动、错位、缺件、剥落、锈蚀。

第六，观察桥梁结构有无异常变形、异常的竖向振动、横向摆动等情况，然后检查各部件的技术状况，查找异常原因。

第七，支座是否有明显缺陷；活动支座是否灵活，位移量是否正常。

第八，桥位区段河床冲淤变化的情况。

第九，基础是否受到冲刷损坏、外露、悬空、下沉；墩台及基础是否受到生物腐蚀。

第十，墩台是否受到船只或漂浮物撞击二次受损。

第十一，翼墙（侧墙、耳墙）有无开裂、倾斜、滑移、沉降、风化剥落和异常变形。

第十二，锥坡、护坡、调治构造物有无塌陷，铺砌面有无缺损、勾缝脱落、灌木杂草丛生。

第十三，交通信号、标志、标线、照明设施及桥梁其他附属设施是否完好。

第十四，是否有其他显而易见的塌坏或病害。

2. 定期检查

定期检查也叫详细检查，桥梁的定期检查是桥梁养护管理系统中采集结构技术状况动态数据的工作，为评定桥梁使用功能、制订养护计划提供基本数据。

按规定周期，由实践经验丰富的专职桥梁养护工程师参与，对桥梁主体结构及其附属构造物的技术状况进行全面检查，主要检查各部件的功能是否完善有效、构造是否合理耐用，发现问题需及时进行大修、中修，以改善或限制交通的桥梁缺损状况。同时，还需检查小修保养状况。

定期检查以目测为主，辅以必要的测量仪器、望远镜、照相机、探查工具和现场器材等设备，必须接近或进入各部件以仔细检查其功能材料的缺损状况，并在现场完成以下工作：

第一，现场校核桥梁基本数据并填写有关的表格、卡片，记录各部件缺损状况并做出技术状况评分。

第二，实地判断缺损原因，估定维修范围及方式。

第三，对难以判断损坏原因和程度的部件，提出特殊检查（专门检验）要求。

第四，对损坏严重、危及安全运行的危险桥梁，提出暂时限制交通的建议。

第五，根据桥梁的技术状况，确定下次检查时间。

定期检查的时间应符合下列规定：

第一，新建桥梁交付使用 1 年后，进行第一次全面检查。

第二，桥梁检查周期一般为 3 年，可视被检桥梁技术状况确定，每 1～5 年检查一次。

第三，临时桥梁每年检查不少于一次。

第四，在经常检查中发现的重要部（构）件的缺损明显达到三、四、五类技术状况时，应立即安排一次检查。

桥梁定期检查后应整理提出检查文件，并符合下列要求：

第一，桥梁定期检查数据表。每天检查的现场记录，应在次日整理并填写好。每座桥梁定期检查数据表。

第二，典型缺损和病害的照片及附录说明，主要说明缺损的部位、类型、性质、范围、数量和程度等。

第三，每座桥梁应有两张总体照片，一张为桥面正面照片，另一张为桥梁上游侧立面照片。桥梁改建后应重新照一次。

第四，桥梁清单。

第五，桥梁基本状况卡片。定期检查完成后，应将本次检查的桥梁各部件技术状况评定结果登记在桥梁卡片内。

第六，提出定期检查报告，应包括下列内容：①辖区内所有桥梁的保养小修情况；②需要大中修或改善的桥梁计划，说明修理的项目、拟用修理方案、估计费用和实施时间；③需要特殊检查的桥梁的报告，说明检验的项目及理由；④需限制交通的桥梁的建议报告。

3. 特殊检查

桥梁特殊检查根据桥梁破损状况和性质，采用适当的仪器设备，以及现场勘探、试验等特殊手段和科学分析方法，查明桥梁病害原因、破损程度和承载能力，确定桥梁的技术状态，以便采取相应的加固、改善措施。

桥梁特殊检查分为应急检查和专门检验。

（1）应急检查

桥梁遭受洪水、流冰、漂流物、船舶撞击及滑坡、地震、风灾和超重车辆通过之后，应立即对结构做详细检查，查明破损状况，采取应急措施，尽快恢复交通。应急检查通常由地（市）级公路管理机构的专职桥梁养护工程师主持。

（2）专门检验

对定期检查中难以判明损坏原因及程度的桥梁、要求提高载重等级的桥梁及技术状况为四类的桥梁，要求针对病害进行专门的现场试验检测、验算与分析等鉴定工作，以便采取有效的养护措施。

专门检查通常由省级公路管理机构的总工程师或授权的专职桥梁养护主管工程师主持，委托公路桥梁检测中心或具有这种能力的科研设计单位、工程咨询单位，签订特殊检查合同后实施。

实施特殊检查前，应充分收集资料，包括计算书、竣工图、材料试验报告、施工记录、历次桥梁定期检查和特殊检查报告及历次维修资料等，原资料不全或有疑问时，可现场测绘构造物尺寸、测试构件材料组成及性能、勘察水文地质情况等。

特殊检查之后，应提交检查报告。检查报告包括以下内容：①概述检查的一般情况，包括桥梁的基本情况及检查的组织、时间、背景和工作过程等；②当前桥梁技术状况的描述，包括现场调查、试验与检测项目及方法、检测数据与分析结果和桥梁技术状况评价等；③详细阐述检查部位的损坏原因及程度，并提出结构构件和总体的修理、加固或改造的建议方案。

（二）桥面系检查

1. 桥面铺装的检查

桥面铺装的检查首先是调查桥面铺装的类型，然后检查铺装层存在的主要缺陷。

目前永久性公路桥梁常用的桥面铺装有两大类，即沥青桥面铺装和水泥混凝土桥面铺装。沥青桥面铺装的主要缺陷与损伤现象有轻微裂缝（发状或条状）、严重裂缝（龟裂、纵、横裂缝）、坑槽、车辙、拥包、泛油、磨光和起皮等。水泥混凝土桥面铺装的主要缺陷与损伤现象有裂缝、剥落、坑洞和磨光等。

2. 伸缩缝装置的检查

伸缩缝装置的缺陷首先有可能导致跳车，影响行车舒适，引起司机心里不快，从而造成交通事故。

伸缩缝装置的检查主要是通过目测，必要时用直尺测量破坏的范围，并在记录中详细描述缺陷的形式。

对 U 形伸缩缝，主要检查伸缩缝是否堵死、缝内的沥青是否挤出或冷缩、锌铁皮是否拉脱。对钢制梳形板式伸缩缝，主要检查钢板是否破坏、伸缩缝间隙是否被石块等杂物卡死、连接螺栓是否损坏。对目前使用较多的橡胶伸缩缝，则主要检查橡胶件的剥离、损坏或老化状况，锚固螺栓是否失效，伸缩缝是否有下陷或凸起等缺陷。

最近又出现了一种新型伸缩缝装置，有人称其为填充型伸缩缝，也有人称其为弹塑性体伸缩缝。这类伸缩缝在使用过程中主要检查填充体（或弹塑性体）与桥面铺装或梁体黏结是否有效、可靠，填充体范围内的平整度是否满足要求等。

各种伸缩缝装置本身的缺陷主要是容易漏水，从而加速支座和结构本身的损坏。

因此，在雨雪后，宜对伸缩缝装置安排较为详细的检查。

3. 桥面排水设施的检查

桥面排水设施的检查主要是检查桥面泄水管槽有无破损、堵塞及桥下是否漏水。

桥面排水设施的缺陷在降雨、化雪时最易观察，因此最好在此时检查，也可在雨后进行。

桥面排水设施的缺陷往往导致桥面积水，降低桥面摩擦系数，引起车辆打滑。同时，积水通过桥面铺装裂缝或伸缩缝缺陷浸入桥梁主要承重结构，进而影响这些承重结构的耐久性。

4. 栏杆、扶手及人行道的检查

栏杆、扶手及人行道的检查主要是检查人行道、缘石、栏杆混凝土有无剥落、裂缝、露筋，扶手、立柱是否松动、脱裂、缺件等。

5. 桥面附属设备的检查

如果桥梁上设有标志牌、照明设备或过桥管线，则应检查标志牌是否醒目、齐备，照明设施是否满足使用要求，过桥管线是否有漏水、漏油、漏气等现象，通信电缆及电线绝缘性能是否安全可靠。

（三）桥梁上部结构的检查

桥梁上部结构是桥梁的主要承重结构，由梁、板、拱肋等基本构件组成。

1. 桥梁基本构件缺陷的检查

桥梁基本构件的缺陷一般出现于施工或使用过程中。对钢筋混凝土桥梁上部结构的基本构件，主要检查构件表面是否存在以下现象：

第一，混凝土局部酥松、砂浆少、集料多，且骨料之间有空隙，形成蜂窝状孔洞。

第二，混凝土表面缺浆、粗糙，或有许多麻面形成。

第三，空洞现象，常发生在钢筋密集处或预留孔洞或预埋件处。

第四，露筋现象，即构件的主筋或箍筋无保护层而外露。

第五，保护层剥落。

第六，缝隙夹层，即施工缝处混凝土结合不好，有缝隙或夹有杂物。

第七，构件表面裂缝。

上述现象一般可简单地通过目测或用超声波进行检测。而混凝土裂缝则一般应检查裂缝发生的位置、形态、发展长度、宽度及裂缝数量，除裂缝的宽度需用仪器检查外，其他项目一般可目测进行。

裂缝宽度一般用刻度放大镜（或称为读数显微镜）量测，目前常用 JDX-3 型，放大倍数为 20 倍，测量精度为 0.01 mm。

检查裂缝的方法如下：①在裂缝的起点及终点用红油漆或红粉笔与裂缝垂直画线，

同时也可在裂缝附近沿裂缝延伸方向画细线，以标明裂缝的形态和发展长度；②在标注的裂缝上，选择目测裂缝宽度较大的位置用刻度放大镜量测裂缝的宽度；③量出主要裂缝宽度后，将裂缝的位置、走向、长度、分布情况及特征用坐标法绘制裂缝展开图。

2. 梁式桥横向联系的检查

基本构件的横向联系是保证桥梁上部结构整体的重要组成部分。对横向联系的检查，一般包括联系本身状况的检查及与基本构件连接状况的检查。

对有横隔板的梁式桥，主要检查横隔板的损伤裂缝及连接钢板的锈蚀情况；对无横隔板梁式桥，则主要检查桥道板的开裂状况。

3. 桥梁拱桥的检查

拱桥的检查主要是检查拱圈的拱脚、L/4（L为跨径）、3L/4、拱顶和拱上结构的变形，以及混凝土开裂与钢筋锈蚀等缺损状况。

拱上立柱（或立墙）上下端、盖梁和横系梁应检查混凝土有无开裂、剥落、露筋和锈蚀，下承式拱桥的吊杆上下锚固区的混凝土有无开裂、渗水，吊杆锚头附近有否锈蚀或断裂现象。

双曲拱桥应注意检查拱肋间横向连接拉杆是否松动或断裂，拱波与拱肋接合处是否脱裂，拱波之间砂浆有否松散脱落，拱坡顶是否开裂、渗水等。

圬工拱桥的检查应包括下列内容：①主拱圈有无变形、灰缝松散脱落、渗水，砌块有无断裂、脱落；②实腹拱的侧墙与主拱圈间有无脱裂，侧墙角有无变形，拱上填土有无沉陷或开裂；③空腹拱的小拱是否变形、错位，立墙或主柱有无倾斜、开裂；④砌体表面是否长苔藓，砌缝有否滋生草木。

4. 桥梁支座的检查

桥梁支座主要检查其功能是否完好，组件是否完整、清洁，有无断裂、错位和脱空现象。各种支座的检查应包括下列内容：

①简易支座的油毡是否老化、破裂或失效。

②钢板滑动支座和弧形支座是否干涩、锈蚀。

③摆柱支座各组件相对位置是否正确，受力是否均匀。

④四氟板支座是否脏污、老化。

⑤橡胶支座是否老化、变形。

⑥盆式橡胶支座的固定螺栓是否被剪断，螺母是否松动。

⑦辊轴支座的辊轴是否出现不允许的爬动、歪斜。

⑧摇轴支座的辊轴是否倾斜。

⑨活动支座是否灵活，实际位移量是否正常。

⑩支承垫石是否破碎。

另外，由于支座变形或其他因素的影响，支座上、下的结构也可能出现异常，所以应尽可能同时进行检查。

5. 桥梁墩台与基础的检查

墩台与基础的检查，应包括下列内容：

第一，是否有滑动、倾斜、下沉或冻拔。

第二，台背填土有无沉降裂缝或挤压隆起。

第三，混凝土墩台及帽梁有无冻胀、风化、腐蚀、开裂、剥落、露筋等。空心墩的水下通水洞是否堵塞。

第四，石砌墩台是否有砌块断裂、通缝脱开、变形，砌体泄水孔是否堵塞，防水层是否损坏。

第五，墩台顶面是否清洁，有无泥土杂物堆积、滋生草木，伸缩缝处是否漏水。

第六，基础下是否发生不许可的冲刷或掏空现象；扩大基础的地基有无侵蚀；桩基顶段在水位涨落、干湿交替变化处有无冲刷磨损、颈缩、露筋，有无环状冻裂，是否受到污水、碱水或生物的腐蚀。

墩台的变位（包括沉降、位移和倾斜）检查，通常先用目测并结合桥梁上部结构检查进行初步判断。墩台沉降的详细检查用水准仪量测，应以永久水准点为基准并按国家一、二等水准测量规范检查。在墩台上设置固定的铅垂线测点，用经纬仪或吊垂球来测定墩台身的倾斜度。墩台的水平位移可用钢线尺丈量或由小三角测量确定跨径，与竣工时的跨径进行比较即可得出水平位移值。有关吊桥及斜拉桥的检查，可参见《公路养护技术规范》（JTG H10—2009）。

二、桥梁技术状况的评定

（一）评定分类

桥梁评定分为一般评定和适应性评定。

桥梁一般评定是依据桥梁定期检查资料，通过对桥梁各部件技术状况的综合评定，确定桥梁技术状况等级，提出各类桥梁的维护措施。

桥梁适应性评定是依据桥梁定期及特殊检查资料，结合试验与结构受力分析，评定桥梁的实际承载力、同行能力、抗洪能力，并提出桥梁维护方案、改造方案。评定的周期一般为 3 ~ 6 年。

（二）桥梁技术状况评定流程

《公路桥梁技术状况评定标准》（JTG/T H21—2011）评定的流程：构件评定—部件评定—组成评定—总体评定。从实际使用来看，构件的评定最为复杂。新的评定标准越来越多地用到量化指标，造成查表工作量越来越大，评定的细则越来越多，计算工作量也很大，建议采用电算程序进行计算。

（三）评定方法及标准

1. 桥梁各部件技术评定的方法

第一，根据缺损程度（大小、多少或轻重）、缺损时结构使用功能的影响程度（无、小、大）和缺损发展变化状况（趋向稳定、发展缓慢、发展较快）三个方面，以累加评分方法对各部件缺损状况做出等级评定。

第二，重要部件（如墩台与基础、上部承重构件、支座）以其中缺损最严重的构件评分，其他部件，根据多数构件缺损状况评分。

第三，全桥总体技术状况的等级评定应采用考虑桥梁各部件加权系数的综合评定方法，也可以重要部件最差的缺损状况评定，或对照桥梁技术状况评定标准（见表9-1）进行评定。

表9-1　桥梁技术状况评定标准

	一类 （良好状态）	二类 （较好状态）	三类 （较差状态）	四类 （很差状态）	五类 （危险状态）
总体 评定	1.重要部件功能与材料均良好； 2.次要部件功能良好，材料有少量（3%以内）缺损或污染； 3.承载能力和桥面行车条件符合设计指标。	1.重要部件功能良好，材料有局部（3%以内）缺损或污染，零缝宽小于限值； 2.次要部件有较多（10%以内）缺损或污染； 3.承载能力和桥面行车条件达到设计指标。	1.重要部件材料有较多（10%以内）缺损，裂缝宽超限值，或出现轻度功能性病害，但发展缓慢，尚能维持正常功能； 2.次要部件有大量（10%～20%）缺损，功能降低，进一步恶化将不利于重要部件和影响正常交通； 3.承载能力比设计降低10%以内，桥面行驶不舒适	1.重要部件材料有大量（10%～20%）缺损，裂缝宽超限值、风化、剥落、露筋、锈蚀严重，或出现轻度功能性病害，且发展较快，结构变形小于或等于规范值，功能明显降低； 2.次要部件有20%以上的严重缺损，失去应有功能，严重影响正常交通； 3.承载能力比设计降低10%～25%	1.重要部件出现严重的功能性病害，且有继续扩张现象，关键部位的部分材料强度达到极限，出现部分钢筋断裂、混凝土压碎或杆件失稳变形的破损现象，变形大于规范值，结构的强度、刚度、稳定性和动力响应不能达到平时交通安全通行的要求； 2.承载能力比设计降低25%以上

	一类 （良好状态）	二类 （较好状态）	三类 （较差状态）	四类 （很差状态）	五类 （危险状态）
墩台 与基 础	1.墩台各部均完好； 2.基础及地基状况良好。	1.墩台基本完好； 2.3%以内的路面有风化、麻面、短细裂缝，缝宽，小于限值，砌体灰缝脱落； 3.表面长有璃青苔、杂草； 4.基础无冲蚀现象	1.墩台3%～10%的表面有各种缺损裂缝宽超限值，有风化、剥落、露筋、锈蚀现象，砌体灰缝脱落、局部变形等； 2.出现轻微的下沉、倾斜、滑动等现象，发展缓慢或趋向稳定； 3.基础有局部冲蚀现象，桩基顶被磨损	1.墩台10%～20%的表面有各种缺损，裂缝宽而密，剥落、露筋、锈蚀严重，砌体大面积松动变形； 2.墩台出现下沉、倾斜、滑动、冻拔现象，变形小于或等于规范值，台背填土有沉降裂缝或挤压隆起，变形发展较快； 3.基础冲刷大于设计值，基底冲空面在10%～20%以内，桩基顶段被侵蚀、露筋、缩颈，或有冻裂，木桩腐蚀、蛀蚀严重	1.墩台不稳定，下沉、倾斜、滑动、冻拔现象严重，变形大于规范值，造成上部结构和桥面变形过大，不能正常行车； 2.墩台、桩基出现结构性裂缝，裂缝宽度超过限值； 3.基底冲刷深度大于设计值，冲空面达20%以上，地基承载能力降低，桥台岸坡滑移
支座	1.各部分清洁、完好，位置正确； 2.支座工作状态正常	1.支座有尘土堆积，略有腐蚀， 2.支座滑动面干涩	1.钢支座固定螺栓松动，锈蚀严重； 2.橡胶支座开始老化； 3.混凝土支座有剥落、露筋、锈蚀现象	1.钢支座的组件出现断裂； 2.橡胶支座老化开裂； 3.混凝土支座碎裂； 4.活动支座坏死，不能活动； 5.支座上下错位过大，有倾倒脱落的危险	支座错位、变形、破损严重，已失去正常支承功能，使上下部结构受到异常约束，造成支撑部位的缺损和桥面的不平顺

	一类 （良好状态）	二类 （较好状态）	三类 （较差状态）	四类 （很差状态）	五类 （危险状态）
砖、石、混凝土上部结构	1.结构完好，无渗水，无污染； 2.次要部位有少量短细裂纹，裂纹宽度小于限值	1.结构基本完好； 2.3%以内的表面有风化、麻面、短细裂缝，缝宽小于限值，砌体灰缝脱落； 3.上、下游侧表面有水迹污染，砌体滋生杂草	1.结构3%~10%的表面有各种缺损，裂缝宽超限值，有风化、剥落、露筋、锈蚀，桥面板裂缝渗水； 2.石砌拱桥砌体灰缝脱落，局部松动、外鼓； 3.横向连接件断裂、脱焊或松动，边梁或边拱肋有横移或外倾迹象	1.结构10%~20%的表面有各种缺损，重点部位出现接近全截面的开裂，裂缝宽超限值，顺主筋方向有纵向裂缝，钢筋锈蚀和混凝土剥落严重，桥面开裂渗水严重，砌体有较大松动、变形； 2.结构存在明显的永久变形，变形小于或等于规范值，桥面竖向成波形	1.结构永久变形大于规范值； 2.重点部分出现全截面开裂，裂缝宽度超过限值，部分钢筋屈服或断裂，混凝土压碎。主拱圈出现四铰，成不稳定结构； 3.受压构件有严重的横向扭曲变形； 4.承载能力比设计降低25%以上
钢结构	1.各部件及焊缝均完好； 2.各节点铆钉、螺栓无松动； 3.各部分油漆均匀、完整，色泽鲜明	1.各部件完好，焊缝无开焊； 2.少数节点有个别铆钉、螺栓松动变形； 3.油漆变色、起泡剥落，面积在10%以内	1.个别次要构件有局部变形，焊缝有裂纹； 2.连接铆钉、螺栓损坏在10%以内； 3.油漆失效面积在10%~20%之间	1.个别主要构件有扭曲变形、损伤裂纹、开焊、严重锈蚀； 2.连接铆钉、螺栓损坏在10%~20%之间； 3.油漆失效面积在20%以上	1.主要构件有严重扭曲变形、开焊，锈蚀削弱截面10%以上，钢材变质，强度性能恶化，油漆失效面积在50%以上； 2.节点板及连接引钉、螺栓损坏在20%以上； 3.结构永久变形大于规范值； 4.结构振动或摆动过大，行车和行人有不安全感
人行道栏杆	完整清洁、无松动，少数构件局部有细裂纹、麻面	个别构件破损、脱落，3%以内构件有松动、开裂、剥落和污染	10%以内构件有松动、开裂、剥落、露筋、锈蚀、破损、脱落	10%~20%构件严重损坏、错位、变形、脱落、残缺	

续表

	一类 （良好状态）	二类 （较好状态）	三类 （较差状态）	四类 （很差状态）	五类 （危险状态）
桥面铺装、伸缩缝	1.铺装层完好、平整、清洁，或有个别细裂缝； 2.防水层完好，泄水管完好、畅通； 3.伸缩缝完好、清洁； 4.桥头平顺，无跳车现象	1.铺装层10%以内的表面有纵横裂缝，浅坑槽、波浪； 2.防水层基本完好，泄水管堵塞，周围渗水； 3.伸缩缝局部缺损； 4.桥头轻度跳车，台背路面下沉在2 cm以内	1.铺装层10%～20%的表面有严重龟裂、深坑槽、波浪； 2.桥面板接缝处防水层断裂渗水，泄水管破损、脱落； 3.伸缩缝普遍缺损； 4.桥头跳车明显，台背路面下沉2～5 cm	1.铺装层20%以上表面有严重的破坏，桥面普遍坑洼不平、积水； 2.防水层老化失效，普遍断裂，渗水、泄水管脱落，泄水孔堵塞； 3.伸缩缝严重破损、失效，难以修补； 4.桥头跳车严重，台背路面下沉大于5 cm	
调制构造物	1.构造设置合理，功能正常； 2.构造物完好	1.构造功能基本正常； 2.构造物局部断裂，砌体松动、变形	1.构造本身抗洪能力不足，基础局部冲蚀； 2.构造物20%以内出现下沉、倾斜、局部坍塌	1.构造本身抗洪能力太低，基础冲蚀严重； 2.构造物20%以上被破坏，部分丧失功能或功能下降	
	1.翼（耳）墙完好无损，清洁； 2.锥（护）坡完好，无垃圾堆积，无草木滋生； 3.桥头排水沟和行人台阶完好	1.翼（耳）墙出现个别裂缝，缝宽小于限值，局部剥落，砌体灰缝脱落，面积在10%以内； 2.锥（护）坡局部塌陷，铺砌缺损，垃圾堆积，草木丛生； 3.桥头排水沟堵塞不畅通，行人台阶局部塌落	1.翼墙断裂与桥台前墙脱开，但无明显外倾、下沉、砌体灰缝脱落、局部松动外鼓，面积小于20%； 2.锥（护）坡出现大面积塌陷，铺砌缺损，形成冲沟或积水坑，坡脚有局部冲蚀； 3.桥头排水沟和行人台阶损坏，功能降低	1.翼墙断裂、下沉、外倾失稳，砌体变形，部分严重倒塌； 2.锥（护）坡体和坡脚冲蚀严重，有滑坡、坍塌，坡顶下降较大，作用明显减小； 3.桥头排水沟和行人台阶全部损坏，几乎消失	
照明标志、附属设施	完好无缺，布置合理	照明灯泡坏，灯柱锈蚀，标志不正、脱落，附属设施基本完好	灯柱歪斜不正，灯具损坏。标志倾斜损坏，附属设施需保养维修	照明线老化破断或短路，灯柱、灯具残缺不齐，标志损失严重，附属设施需维修与更换	

2.桥梁技术状况评定标准

根据《公路桥涵养护规范》（JTG H11—2004）的规定，桥梁技术状况评定等级分为一类、二类、三类、四类、五类。桥梁总体及部件技术状况评定标准如表9-1所示。

（四）维护措施

对一般评定划定的各类桥梁，分别采取不同的养护措施：一类桥梁进行正常保养；二类桥梁需要进行小修；三类桥梁需进行中修，酌情进行交通管制；四类桥梁需进行大修或改造，及时进行交通管制，如限载、限速通过，当缺损较严重时应关闭交通；五类桥梁需进行改建或重建，及时关闭交通。

对适应性不能满足的桥梁，应采取提高承载力，加宽、加长基础防护等改造措施；若整个路段有多座桥梁的适应性不能满足，应结合路线改造进行方案比较和决策。

三、桥梁检验

桥梁专门检验是对桥梁结构及部件的材料质量和工作性能方面所存在的缺损状况进行详细检测、试验、判断和评价的过程。检验的项目主要有以下两个方面：①结构材料缺损状况诊断，包括材料损坏程度检测、材料物理和化学性能测试及缺损原因的分析判断；②结构整体性能、功能状况鉴定，包括结构承载能力（强度、刚度和稳定性等）鉴定、桥梁抗洪能力的鉴定。

结构材料缺损状况的检测宜根据缺损的类型、位置和检测的要求，可选择表面测量、无破损检测技术和局部试样等有效、可靠的方法。试样宜在有代表性构件的次要部件中获取，检测与评定要依照相应的试验标准进行。采用没有标准依据的检测技术，应事先通过模拟试验，制定适用的检测细则，保证检测结果具有一定的可靠性。

结构整体性能、功能状况鉴定可采用以下两种方法：①根据实际的结构技术状况进行结构验算、水文和水力验算；②当验算结果不满足功能要求或难以确定时，可采用承载力试验鉴定。

（一）桥梁检验的准备工作

检验前应尽量收集有关资料（见表9-2），并做好现场核对工作。

表9-2　桥梁技术资料搜集项目内容简表

类别	收集资料的主要内容
桥梁概况及历史资料	1.桥梁所在公路路线名称，跨越河流名称，桥梁全长、孔数、跨径组合、桥面净宽、横坡及纵坡等； 桥梁净空与通航河流等级及其最高洪水位等； 桥梁各部结构形式及建桥材料种类； 桥梁建造年代； 桥梁发生损伤、破坏、事故、水害等的程度及抢修、恢复情况； 建造及修复（包括加固）时所依据的设计标准（包括载重、洪水频率、地震烈度等）； 桥梁营运使用、交通量变化情况； 历年经常维修养护的一般情况，包括经常养护工作中频繁出现的主要问题和缺陷。
桥梁技术资料	1.建造及加固（包括大修）时的设计资料、竣工图样，预制梁出厂合格证明书； 2.材料试验、施工记录、设计变更及隐蔽工作检验，竣工验收、总结等资料； 桥梁定期检查的有关记录资料； 3.建桥前后的水文、地质及航道交通变化等资料。

（二）桥梁结构检算

桥梁结构检算应按实际断面尺寸及缺损状况、材料的实际强度和弹性模量、地基实际容许承载力和水文条件进行计算，并按现行《公路桥涵设计通用规范》（JTG D60—2004）和《公路旧桥承载能力鉴定方法》有关条文办理。

（三）桥梁静、动载试验

承载力试验分为静力荷载和动力荷载试验，试验评定方法按照《公路旧桥承载能力鉴定方法》或《大跨径混凝土桥梁的试验方法》的有关内容实施。

静力荷载试验按设计荷载或被控制的车辆荷载，并计及冲击系数的结构件应作为最大试验荷载，同时测量结构控制截面和约束部位的位移、应变（或应力）和裂缝等结构力学性能参数。将实测数据与计算值或规范值进行比较，当各项实测参数均小于或等于规定值时，一般可认为结构承载能力满足使用荷载的要求。

动力荷载试验通常采用一辆重车按可能的最高车速，分为四种以上车速进行往返行车试验，以及在跨中或 L/4 处进行跳车或制动试验，同时测量结构动力响应（位移、速度或加速度等参数的时间历程曲线），处理分析结构自振特性（振型、频率和阻尼系数）和受迫振动性能（位移峰值、冲击系数与临界车速等），评定结构动力性能是否满足行车和行人安全舒适的要求。

承载力试验结果不满足的桥梁，在加固改善之前，应采取限载、限速或封闭交通的措施，并可继续监测结构变化状况。

桥梁定期检查、特殊检查、养护对策和维修、加固或改造的设计、施工、竣工验收等有关技术文件，均应按统一格式完整地归入桥梁养护技术档案。

第三节　桥梁上部构造的维护与加固

桥梁上部构造通常包括桥面铺装、防水和排水设备、伸缩缝、支座、栏杆和桥跨结构等。上部结构是养护维修的重点，因为其大部分构造天然敞露，受车辆及大气影响十分敏感。

一、栏杆的养护维修

栏杆是桥上的一种安全防护设施，是桥梁上部结构一个不可缺少的组成部分，也是桥梁美化的一种艺术装饰。

桥梁栏杆应经常保持完好状态。公路桥梁栏杆的缺陷主要有撞坏、缺损、裂缝。栏杆损坏虽然不妨碍交通，但会丑化桥容，使桥上交通缺少安全感，降低交通安全的舒适水平。因此，应及时修理损坏的桥梁栏杆。

栏杆柱应竖立正直，水平杆件能自由伸缩，如有缺损，应及时补齐；如已撞坏，需及时重新安装。钢筋混凝土栏杆如发现有裂缝或剥落，轻者可灌注环氧树脂，严重者应凿除损坏部分，重新修补完整。钢质栏杆应经常清刷，每年定期油漆一次。桥梁两端的栏杆柱，涂以 20 cm 宽红白相间的油漆，顶部下 20 cm 为红色，油漆鲜明。

二、桥面排水设施的养护维修

桥面排水设施主要有泄水管道和引水槽两种，这两种排水设施的常见缺陷有以下几种：

第一，泄水管管道破坏、损伤。在外界作用影响下产生局部破裂、损伤，出现洞穴而产生漏水等。

第二，管体脱落。主要由于接头连接不牢而产生掉落，失去排水作用。

第三，管内有泥石杂物堆塞，从而造成排水不畅，甚至水流不通。

第四，管口有泥石物堆积。

第五，引水槽有堆泥、堵塞、水流不畅、槽口破裂损坏而出现漏水、积水等。

桥面排水设施出现缺陷会导致桥面积水，给行车带来不利影响，降雨时引起车辆滑移，成为交通事故的原因，严重时还会损坏桥梁结构本身安全。当雨水由伸缩缝进入支座时，将会使支座的功能恶化。在城市桥梁或立交跨线桥中，由于桥面积水，车辆过桥时污水四溅，殃及行人和破坏周围环境，使桥下居民受害。所以，必须加强对桥面排水系统的维修养护，主要要做到以下几点：

第一，桥面的泄水管、引水槽要及时清扫、疏通。缘石的横向泄水孔道，不够长的要接长，避免桥面流水沿梁侧流泻。

第二，泄水管损坏要及时修补，接头不牢或已掉落的要重新安装接上，损坏严重的要予以更换。

第三，引水槽已破裂的要重新修理，长度不足时应接长。当槽口太小，不能满足排水需要时要扩大槽口重新修筑。

三、桥面伸缩缝的养护

目前常用的桥面伸缩缝有锌铁皮伸缩缝、钢板式伸缩缝和橡胶伸缩缝三种。由于伸缩缝设置在桥梁梁端构造薄弱部位，直接承受车辆反复荷载作用，又多暴露于大自然中，受到各种自然因素的影响，因此，可以说伸缩缝是易损坏、难修补的部位，经常发生各种不同程度的缺陷。

伸缩缝出现缺陷后会使车辆行驶出现跳车、噪声，甚至引起交通事故。同时，缺陷不及时修补也会向结构主体进一步发展。因此，对桥面伸缩缝要注意经常养护、经常检查，出现破坏后，要进行必要的修补或者更换。

（一）伸缩缝的养护

伸缩缝应经常养护，清除缝内沉积物，拧紧螺栓，使其发挥正常作用。对于梳形伸缩缝，应及时清除锯齿内的杂物；搭板伸缩缝，如有损坏，应及时修复；橡胶伸缩缝，如有损坏和老化，应修理更换；早期修建的U形槽伸缩缝，大都已经损坏失去作用，可更换为橡胶伸缩缝等其他形式的伸缩缝；多孔简支梁（板）桥，在可能条件下，可改做成水泥混凝土或沥青混合料铺装的连续桥面，减少伸缩缝总数。

（二）伸缩缝的维修

桥面伸缩缝维修前应查明原因，采用行之有效的维修方法。伸缩缝产生破损的原因如表9-3所示。维修工作要依据缺陷的程度，或部分修补，或部分以至全部更换。其更换的操作程序如下：

表9-3 桥面伸缩缝缺陷的产生原因

产生原因	具体内容
设计方面的原因	桥面板端部刚度不足； 伸缩缝构造本身刚度不足； 伸缩缝构造钻固的构件强度不足； 过大的伸缩间距； 后浇压铸材料选择不当； 变形量计算不正确。
施工方面的原因	桥面板间伸缩缝间距施工不良； 后浇压铸材料养护管理不当； 伸缩缝装置安装得不好； 桥面铺装浇筑得不好； 墩台施工不良。
养护不良及其他外部因素的影响	车辆荷载增大，交通量增加； 桥面铺装层老化； 接缝处桥面凸凹不平； 桥面没有经常进行清扫； 地震等其他恶劣气候条件的影响。

第一，将伸缩缝两边各宽 40 cm 范围内的铺装层混凝土凿除，并清洗干净，调整原预埋螺栓锚筋及露出的桥面钢筋。

第二，如为新装橡胶伸缩缝，应凿挖或钻成埋置螺栓用的锚筋孔，并预先埋好锚筋。锚筋必须埋设牢固，尽可能直接焊接在桥面钢筋上，在孔内灌注环氧树脂浆胶，使其不易拔出。

第三，预埋的螺栓，必须保证位置正确、安装牢固。

第四，安装橡胶板伸缩缝，使橡胶板平整、坚实。

第五，按原式浇筑铺装层混凝土。为维持通车，可分半幅桥面进行，也可在伸缩缝上架设跨缝设施。桥面为沥青混合料铺装时，可采用钢筋混凝土盖板式伸缩缝。

对伸缩量在 50 ram 以内的各类中小跨径桥梁伸缩缝的更换或改造，可采用 TST 碎石填充新型伸缩装置。更换旧桥伸缩缝时，槽口切割尺寸应尽可能地接近标准槽口尺寸。

桥面伸缩缝的修补或更换工作不宜中断交通。因此，通常可考虑采用限制车辆通行，半边施工、半边通行车辆；或白天使用盖板，夜间施工时禁止或限制车辆通行。总之，既要注意抓紧时间缩短工期，又要保证修补质量。

四、桥面铺装的养护维修

桥面铺装材料主要有水泥混凝土和沥青类材料两种，由于使用材料的不同，产生缺陷形式也不一样。沥青类铺装层的缺陷主要有泛油、松散、露骨、裂缝、高低不平及产生"跳车"，普通水泥混凝土铺装层的缺陷主要有磨光、裂缝、脱皮、露骨及高低不平。

　　桥面铺装的养护工作包括以下内容：应经常清扫桥面，保持桥面清洁完整和有一定路拱；在雨后应随时将积水扫到泄水管口排除，冬天结冰或下雪后，应及时清除桥面上的冻块或积雪；严禁在桥面上堆置杂物或占为晒场等，以保证车辆过桥时行驶的安全。此外，桥面防水层如有损坏要及时进行修复。

　　水泥混凝土铺装层如有磨光、脱皮、露骨或破裂等缺陷时，通常可用如下方法进行维修：

（一）原结构凿补

　　将原水泥混凝土铺装层的表面凿毛，并尽可能深一些，使骨料露出，用清水冲洗干净并充分润湿，再涂刷上同标号的水泥砂浆（或其他黏结材料），最后铺筑一层 4 ~ 5 cm 厚的水泥混凝土铺装层（在桥梁荷载能力容许的前提下）。

（二）采用黑色路面改建桥面

　　采用黑色路面（沥青类材料）修补桥面铺装，一般较水泥混凝土铺装容易，且上下接合也比较牢靠，施工期间对交通影响也比较小。但路面改变了原有结构且必须主桥加铺，否则将影响美观。黑色路面修补的结构可采用沥青表面处置或沥青细砂罩面，也可加铺一层 2 ~ 3 cm 的沥青混凝土。采用沥青细砂时，应先涂刷黏层沥青，使之与旧面层接合良好。

（三）全部凿除，重筑铺装层

　　桥面铺装层如已损坏严重，可采用全部凿除并重筑铺装层的方法修补。

　　新铺的面层可采用普通水泥混凝土，也可采用钢纤维混凝土等其他材料。沥青类桥面铺装层出现缺陷后，应及时处理，经常保持桥面完好平整。

　　如因构件连接处沉陷不均引起桥面凸凹不平时，可采用在桥下以液压千斤顶顶升，调整构件连接处标高，使其顶面具有相同高度的方法进行维修。

五、桥梁支座的养护维修

（一）桥梁支座的养护

　　桥梁支座是桥梁上下部结构的结合点，一旦损坏将严重影响到桥梁承载能力和使用寿命，所以必须注意经常养护，保证其处于正常的工作状态。

　　当前，我国在钢筋混凝土梁式桥中采用的支座形式有垫层支座、弧形钢板支座、摆柱式支座和橡胶支座等。根据《公路桥涵养护规范》（JTG H11—2004）规定，桥梁支座的养护工作主要有以下内容：

第一，支座各部分应保持完整、清洁，每季一检查，半年一清扫，清除支座周围的油污、垃圾，防止积水、积雪，保证支座正常工作。

第二，在滚动支座滚动面上应定期涂上一层润滑油（一般每年一次）。在涂油之前，应把滚动面揩擦干净。

第三，为了防锈，支座各部分除钢辊和滚动面外，其余部位均应涂刷防锈油漆保护。

第四，及时拧紧钢支座各部分接合螺栓，使支承垫板平整、牢固。

第五，应防止橡胶支座接触油污引起老化、变质。

第六，滑板支座、盆式橡胶支座的防尘罩，应维护完好，防止尘埃落入或雨、雪渗入支座内。

（二）桥梁支座的维修与更换

支座如损坏时，应及时查明原因（见表9-4），制订可行的维修、加固计划进行修补。

表9-4　支座损坏的原因一览表

支座损坏原因	具体内容	支座损坏原因	具体内容
设计时缺乏足够的考虑	形式的选定与布置错误；材料选定错误；支座边缘距离不够；支座支承垫石补强钢筋不足；对螺栓、螺母等的脱落研究不够。	维修管理不善	滑动面、滚动面夹杂尘埃、异物；因防水、排水装置的缺陷，向支座污水、溢水，使支座锈蚀；螺母、螺栓松动、脱落，又没有及时修理。
施工制作时不完备	铸件等材料质量管理不够，质量较差；金属支座的油漆、防腐防锈处理不可靠；砂浆填充不可靠。	其他因素	桥台、桥墩产生的不均匀沉陷、倾斜与水平变位及上部结构位移，影响支座的正常使用。

第一，支座有缺陷或发生故障时的维修和更换。

①支座的固定锚销剪断，滚动面不平整，轴承有裂纹、切口及个别辊轴大小不合适时，必须予以更换。

②梁支点承压不均匀时，应进行调整。调整时可采用千斤顶把梁上部顶起，然后移动调整支座的位置。在矫正支座位置以后，降落上部构造时，为避免桥孔结构倾斜，应徐徐下落，并注意千斤顶的工作状态是否均衡，同时调整顶升用木框架的楔子，以保证上部结构能恢复原位。

③支座座板翘起、扭曲、断裂时，应予以更换或补充；焊缝开裂，应予整修。

④如需要抬高支座时，可根据抬高量的大小选用下列几种方法：a.垫入钢筋（50 mm以内）或铸钢板（50～100 mm）；b.更换为橡胶板支座；c.就地浇筑钢筋混凝土支座垫石，垫石高度按需要设置，一般应大于100 mm。

第二，油毡支座因损坏、掉落而不能发挥作用时，摆柱式支座工作性能不正常及有脱皮、露筋或其他异常情况发生或橡胶支座已老化、变质而失效时，都必须进行调整，加以维修加固。

第三，对辊轴（或摇轴）支座，支座辊轴的实际纵向位移应与计算的正常位移相符。如实际纵向位移大于容许偏差或有横向位移时，应加以修正。辊轴矫正时，可用液压千斤顶进行矫正。如纵向或横向移动不大，用倾斜安装的千斤顶进行顶移；如移动较大，可先用千斤顶把上部结构顶起，放于木井架的移动托板上，然后再用绞车或千斤顶进行移动矫正。

六、桥跨结构的养护维修

桥跨结构是桥梁的主要承重结构，除直接承受车辆荷载的作用外，还长期暴露在自然界中。由于长期受到自然界的各种因素的影响，当桥跨结构出现缺陷时，其势必会扩大、加深、发展，危及桥梁的安全。因此，发现桥跨结构出现缺陷后，必须及时进行调查研究，分析缺陷的产生原因、现状、发展趋势，以及桥梁遭受破坏的程度、对使用的影响等，及时采取措施进行维修加固。

（一）一般原则

应在桥梁检查及评定的基础上，针对产生病害的原因进行；应充分发挥原有结构的承载能力，并选择投资少、工效快、尽量不中断交通、技术上可行且有较好耐久性的方法进行。

（二）钢筋混凝土及预应力混凝土梁桥的养护维修

钢筋混凝土及预应力混凝土梁桥上部结构的主要缺陷有表层损坏、裂缝、蜂窝及锈蚀等，还会由于设计标准低、结构布置不合理、施工质量差、外在因素的影响等，致使桥梁结构受到破坏，承载能力和通过能力不足，危及结构的安全，影响桥梁的正常使用。所以，钢筋混凝土及预应力混凝土梁桥的养护维修工作的主要内容包括损坏表层、裂缝的修补、主梁（或横梁）的补强加固等。

1.钢筋混凝土及预应力混凝土表层损坏、裂缝的修补

实际混凝土桥梁结构中裂缝的成因多种多样，然而不管何种裂缝，只要其裂缝宽度超过规范的限定值，都将影响桥梁结构的耐久性，甚至会降低桥梁的承载能力。因此，在桥梁养护工作中，应充分重视裂缝的修补。目前，修补裂缝的材料主要有两大类，即水泥（砂）浆和高分子化学材料。

水泥（砂）浆通常用高标号干硬性水泥配制，适用于缺少修补机具的工程。当裂缝宽度较小时，一般用水泥浆修补；当裂缝宽度大于0.4 mm时，一般用水泥砂浆修补。

施工时，先采用凿毛、喷砂或钢丝刷拉毛等方法清除原构件混凝土的松散组织或石料的风化及破裂部分，并沿填裂缝长度凿成 V 形槽口，用高压气枪或水枪冲洗吹干，然后用水泥（砂）浆人工用力挤压填缝，同时加强养护。当采用机械灌浆时，水泥浆的水灰比一般不宜小于 1.6，方法与化学材料灌浆类似。

采用高分子化学材料灌浆修补裂缝的材料一般以环氧树脂为主，其黏结力强、稳定性好、收缩性小、耐腐蚀且可灌性好，适合于裂缝宽度在 0.1 ~ 0.4 mm 的修补工作。环氧树脂灌浆材料由主剂、固化剂、增塑剂及稀释剂四部分组成。主剂环氧树脂是一种线型高分子聚合物。未固化的氧树脂是热塑性材料。

固化剂的作用主要是与环氧树脂直接起化学反应，使其固化并形成强度。固化剂的用量应根据环氧树脂的种类严格控制，用量过多则化学反应加快，易产生暴凝，使胶液报废；用量过少会使环氧胶固化时间加长、强度降低甚至引起其他不良后果。常用的固化剂有脂肪族胺类、芳香族胺类和改性胺类三种。

增塑剂的作用主要是改善环氧树脂胶硬化后的脆性，提高抗弯抗冲击韧性。增塑剂有活性与非活性之分，把加入环氧树脂后不能起化学反应，也不能很好融合的称为非活性增塑剂，反之能参加固化反应的称为活性增塑剂。

稀释剂的作用在于降低环氧树脂的黏度，便于灌浆施工。稀释剂也分活性与非活性两大类。

2. 主梁的加固

钢筋混凝土及预应力混凝土梁桥主梁加固的方式很多，目前比较成熟且应用较广的技术有增加构件截面和配筋加固法、粘贴钢板加固法、施加预应力加固法、改变结构体系加固法及增加构件加固法等。

（1）增加构件截面和配筋加固法

对抗拉强度不足的简支梁桥，可在梁底部（受拉区）或侧面增配补强主筋，或在腹板上增设补强箍筋，然后喷涂或浇筑混凝土，从而使梁的抗弯截面增大，以提高梁的承载能力。

增加构件截面和配筋加固法的优点：能在桥下施工，不影响交通；加固工作量不大，而且加固的效果也较为显著，一般多用于梁板桥的加固，其加固程序如下：

①将梁下面的混凝土保护层凿去，露出主钢筋，并将原箍筋切断拉直。

②在暴露的原有主钢筋上缠上或焊上需要补充的拉力钢筋。补强钢筋的尺寸和数量应按强度计算确定。

③恢复箍筋，即将原箍筋接长，焊接成形。如计算箍筋不足，应增设箍筋，新增箍筋上端埋入桥面板中，梁腹上增设销钉固定新增箍筋位置。

④浇筑混凝土保护层。材料可采用环氧树脂混凝土或膨胀水泥混凝土。

⑤养护。

（2）粘贴钢板加固法

粘贴钢板加固法是采用化学粘贴剂将钢板粘贴在梁（板）的受拉缘或薄弱部位，使之与结构物形成整体，用以代替需增设的补强钢筋，提高梁的承载能力，达到补强效果的一种加固方法。20世纪60年代以来，该法在国内外得到了广泛的应用，取得了较好的效果。一般采用环氧树脂浆液作为黏结剂。

用粘贴钢板来加固桥梁，具有不需要破坏被加固的原有结构物、加固工程几乎不增加原结构的尺寸、施工工艺简单、便于操作、施工期短等优点。

粘贴钢板加固法的施工程序如下：

①表面处理。将梁（板）底面混凝土凿毛，使骨料露出，并清除破碎部分和浮尘。钢板表面的油污和锈蚀应清除干净。

②粘贴钢板。粘贴钢板一般可用注入施工法和压贴施工法来完成。从使用效果来看，压贴施工法较好。压贴施工法施工时先在混凝土粘贴面上用冲击钻成孔，钻孔可采用梅花形布置，安装膨胀螺栓，螺栓直径常用8～12 mm，在钢板的相应位置布孔；在钢板和混凝土粘接面上用刮刀均匀涂刷配制好的环氧树脂打底层，然后再用刮刀在钢板上均匀涂刷配制好的环氧树脂黏结剂；粘贴钢板后迅速拧紧螺母。用稠度较高的环氧树脂水泥砂浆填塞钢板与混凝土表面之间的缝隙及封住螺母。

③防护处理。目前，一般采取清除钢板外露面油污并除锈，即先涂一层环氧树脂薄浆罩面，然后再涂两层防锈漆。近几年出现的适用于工程的电化学镀锌（铝）工艺，已在西安市五路口人行天桥及广州市海珠大桥成功用于钢结构防锈，效果良好。

（3）施加预应力加固法

施加预应力加固法是运用预应力原理，在原梁体外受拉区域施加一定预压应力，来改善结构受力状态的一种加固方法。按施加预应力的方式划分为横向收紧张拉法、纵向张拉法、竖向顶撑张拉法和组合式预应力拉杆加固法等几种。

①横向收紧张拉法

横向收紧张拉法是将作为拉杆的粗钢筋分两层布置在梁肋底面两侧，在靠近梁端适当位置向上弯起，与固定在梁端的钢制U形锚固板焊接。粗钢筋弯起处用短柱支撑，纵向每隔一定间距设一道撑棍和锁紧螺栓。通过收紧器将拉杆横向收紧而使拉杆受拉，从而在梁体产生预压应力。

横向收紧张拉法的具体施工程序如下：

a. 粘贴锚固钢板。将梁端混凝土保护层凿除，使主筋外露，清除碎渣浮尘后用环氧砂浆粘贴U形锚固钢板。

b. 焊接拉杆粗钢筋。先将粗钢筋的弯起段按设计斜度焊在锚固板上，然后用夹杆将粗钢筋的水平段与弯起段焊在一起。

c. 安装张拉装置。先放好弯起点垫块撑棍，再安设中间撑棍及锁紧螺栓，紧贴锁紧螺栓处安放收紧器。

d. 预张拉。预张拉的目的在于检查拉杆的焊接质量，预张拉力按设计张拉力的80% ~ 90% 控制，预张拉保持 12 h 后卸除。

e. 张拉。旋紧收紧器，使两侧拉杆向中间收拢，按设计收紧量对称地分次收紧。达到设计收紧量后再收紧 1 ~ 2 mm，然后拧紧锁紧螺栓，并用双螺母锁住，最后卸除收紧器。各段拉杆横向收紧的距离按设计预应力值计算出拉杆总变形值，并通过几何关系计算出具体的数值。

f. 防护处理。拉杆粗钢筋及 U 形锚固板均需涂防护涂料以防锈蚀。

②纵向张拉法

当采用纵向张拉法补强加固时，拉杆钢筋仍沿梁底布置，两端向上弯起。它与横向收紧张拉法的不同之处在于拉杆两端弯起段通常都穿过翼缘板上的斜孔伸至桥面，拉杆端部设有丝扣，用轧丝锚锚固于梁顶锚固槽内。

纵向张拉法对拉杆钢筋施加预应力可以用旋紧螺帽，端部用张拉千斤顶张拉，拉杆中间设置法兰螺丝收紧丝扣及电热法张拉等手段完成。纵向张拉补强加固的施工工艺步骤如下：

a. 凿开梁端桥面铺装。在梁端顶部按设计斜度凿出锚固槽。

b. 钻孔。在锚固槽内沿梁腹板侧壁方向按设计斜度钻两个平行的孔洞。

c. 粘贴梁端锚固垫板和梁底的短柱支座垫板。

d. 安装拉杆钢筋。拉杆分水平段及弯起的锚固段两部分，各拉杆的松紧度应调整一致。

e. 张拉。每片梁上的几根拉杆应保持均衡张拉。

f. 封锚。用防水砂浆或环氧砂浆填入锚固槽封锚。

g. 防护处理。

③竖向顶撑张法

采用竖向顶撑张拉是在梁端底部设置 U 型钢锚固板，沿梁底设置拉杆，拉杆两端焊在钢锚固板上，在梁的 1/4 跨径及跨中（或跨向横隔板）位置设置张拉夹具，张紧夹具安装固定于梁腹或横隔板上的承托架上，给拉杆施加预应力，当拉杆达到设计应力值后，用钢筋混凝土垫块在拉杆与梁底面间楔紧，以固定拉杆位置并保持张拉力，最后卸除张紧夹具和承托架，并做好拉杆的防锈处理。

下撑式预应力拉杆加杆法是将水平的补强拉杆在接近支座处（一般设在 1/4 跨径处）向上弯起，锚固于梁板支座的上部，弯起点处设置钢筋混凝土或混凝土的承托架，再施加预拉应力，当拉杆达到设计应力值后，通过拉杆承托架传力，对梁结构产生作用力，起到卸载作用。下撑式预应力拉杆加固的施工程序如下：

a. 凿好主梁锚固点孔洞，孔洞直径应较锚固套管大 2 ~ 3 cm，以便用环氧树脂砂浆将套管增大。

b.装置张拉用的紧固件，并连接好槽钢和预应力拉杆粗钢筋。

c.拉杆施加预应力，可用双作用千斤顶等机械张拉法或电热张拉法，张拉达到规定吨位和长度后，拧紧两端螺母，使粗钢筋拉杆获得预拉应力。

采用下撑式拉杆进行补强加固时，在设计中必须考虑以下各部分的预应力损失：螺栓锚固引起的预应力损失、拉杆松弛引起的预应力损失、拉杆与混凝土间温差引起的预应力损失、混凝土弹性压缩引起的预应力损失、混凝土徐变引起的预应力损失、支座（短柱支座）摩擦损失等。

在下撑式预应力拉杆加固施工中必须注意：由于横向各片主梁的共同作用使各片主梁的受力相互影响这一特点，当张拉后一片主梁时，前一片已张拉过的主梁拉杆中的预应力值将减小。因此，需要对各片主梁进行反复补充张拉，以调整各主梁的预应力值，使各片主梁均达到设计值。

准确地控制拉杆的预应力值是保证下撑式预应力拉杆补强加固效果和施工安全的关键。预应力值的控制通常有以下几种方法：拉杆上贴应变片，测量拉杆的应变；直接由张拉千斤顶压力表读数；用测力扳手测定螺帽旋转力；控制螺帽转数，测量构件的上挠度。

无论采用哪一种方式对拉杆施加预应力，下撑式预应力拉杆均外露在结构外表，拉杆的锈蚀、梁下支撑的位移等都会影响到补强效果，特别是采用横向收紧张拉法施工时，撑棍的变形、锁紧螺栓在行车振动作用下可能发生的松动等，都会使拉杆中的预应力值受到损失，从而降低补强效果。为此，除严格各工艺过程的施工质量外，还要认真做好防护处理，并进行定期检查，加强维修。

④组合式预应力拉杆加固法

组合式预应力拉杆加固法是既布置有水平拉力箱杆，也布置有下撑式拉杆的一种加固方法。

（4）改变结构体系加固法

不同的结构体系受力特点也不同，如简支梁的跨中弯矩较同跨径的连续梁、拱式或刚架式体系要大得多，利用这一特点，通过改变原桥上部结构的结构体系可以达到改善结构受力、提高承载能力的目的。

改变结构体系的方法可以有多种，如在桥下净空和墩台基础受力许可的条件下，采用在梁（板）底下加八字撑的方法使简支梁变成连续梁。采用改变结构体系方法进行技术改造时，必须进行认真的计算并采取相应的措施。例如，在简支梁跨中增设支点时，应验算新增支点处由负弯矩产生的拉应力，并根据应力大小增加配置梁（或板）的上缘钢筋。此时也可以考虑利用原结构上缘的架立钢筋等承受部分负弯矩，也可按不产生负弯矩的原则选择支点位置，或者使新支点处产生的活载负弯矩与未增设支点前该处的恒载正弯矩接近，否则就有可能导致主梁上缘的开裂。该法一般要在桥下操作，且要设一些永久设施，因而会影响桥下净空，必须在不影响通航及排洪能力的情况下使用。

（5）增设构件加固法

①增加主梁加固

采用增加主梁的方法不仅可以较为有效地提高结构的承载能力，对同时要求拓宽桥面的 T 形梁桥，也是一种切实可行的方案。

当采用增加主梁的方法进行技术改造时，新增加的主梁一般设置在原有中梁的两侧。即在新增主梁位置上将原桥面凿开，切断原横隔梁，利用原结构设置悬挂模板，现场浇筑新增主梁混凝土。对预应力混凝土桥梁，考虑到在桥上无法进行预应力张拉，新增预应力梁必须先在预制场张拉后再安装就位。这种采用新增主梁的技术改造方法对过去常见的少主梁或双主梁整体现浇式桥梁的技术改造尤为有利，这种上部结构不仅仅主梁的间距大，新增的主梁容易布置与浇筑，增加主梁后对上部结构的承载能力可以明显得到提高，而且增加主梁后也改善了原有桥面板的受力状况。

为使新旧结构成为整体共同受力，通常需将原主梁的横隔梁内钢筋与新梁横隔梁的钢筋焊接起来，或通过预埋钢板将新旧横隔梁连接，有时还在横隔梁下部增设贯通全桥宽的连接钢筋，并加大横梁下缘混凝土截面，将此钢筋包裹在混凝土内。与此同时，整体浇筑桥面铺装混凝土，为进一步加强整体性，桥面铺装混凝土中常设置钢筋网。

②增加横梁加固

对因横向整体性差而降低承载能力的桥梁上部结构，可以采用增加横隔梁的方法增加各主梁之间的横向连接。此时，可在新增横隔梁部位的主梁梁肋上钻孔。设置贯通全桥宽的横向连接钢筋，此钢筋的两端用螺帽锚固在两侧主梁梁肋外侧。浇筑新增横隔梁混凝土之前，应将与主梁接合处的混凝土表面先凿毛清洗，然后悬挂模板浇筑横隔梁混凝土。

（三）拱桥的养护维修

1.圬工拱桥的维修

圬工拱桥的维修工作主要是修理拱圈和拱上结构砌体的个别损坏部分，如灰缝的脱落、裂缝、局部变形等，以防止缺陷进一步扩大，恢复损伤结构的整体作用。圬工拱桥常用的维修方法有以下几种：

（1）修理防水层

圬工拱桥为防止渗漏，均宜设防水层。如发现原桥没有防水层或防水层损坏失效时，可挖开拱上填料重铺防水层，或在桥面上加铺沥青混合料或水泥混凝土路面，可防止水渗入圬工砌体内。

（2）保护面层不受风化

圬工拱桥应注意灰缝的保养，如有脱落或缝内长草，应及时清除并修补好；如砖、石有风化剥落，可喷一层 1～3 mm 的 M10 以上的水泥砂浆，喷浆应分 2～3 层喷注，每隔 1～2 日喷一层，必要时可加布一层钢丝网，以增加喷涂层的强度。

（3）修补裂缝

圬工拱桥一旦开裂，裂缝往往容易发展，危及桥梁的使用和安全，应及时修补。修补的方法主要采用压注水泥砂浆和其他化学浆液的方法。

2. 圬工拱桥的加固

圬工拱桥的加固一般通过拱圈加固来实现。

（1）原拱圈下增设拱圈加固法

在桥下净空容许，或根据水文资料得出桥下泄水面积容许缩小时，可在原有拱圈下部增设拱圈，即紧贴原拱圈下面，喷射钢丝网水泥拱圈或浇筑钢筋混凝土新拱圈。

（2）原拱上增设钢筋混凝土拱圈加固法

在拱圈上面加一层新拱圈，即挖开原拱顶填土层直到拱背，洗净修补好，凿毛，加筑新拱圈。在加厚拱圈时，应同时考虑墩台受力是否安全可靠等因素。当多孔石拱桥需全部加设新拱圈时，拆除拱上填料必须对称地同时进行。

（3）用双银锭腰铁钳入、卡牢相邻拱石的加强拉结法

对石砌拱桥采用锁牢整体拱圈的办法，可使相邻拱石得到加强，该法在我国古代桥梁建造中最早使用。

（4）石拱桥拱圈加固的钢板箍（或钢拉杆）与螺栓锚固法

石拱桥也可在拱圈的跨中和1/4L处加设三道（或多道，视具体情况而定）钢板箍（钢板厚可用 6～8 mm）或钢拉杆，用螺栓在拱底及拱侧钻孔锚固，并注意将锚固点设在拱圈厚度的 1/3L 处，基锚固孔用膨胀水泥砂浆填塞牢靠。

3. 双曲拱桥的维修加固

双曲拱桥的维修加固，除对下部构造采取维修加固措施外，上部构造的维修加固主要是指对拱肋的加强、拱横向系梁的加强以及上部结构填料的调整等工作，具体分述如下。

（1）粘贴钢板加固拱肋法

为加固双曲拱桥桥肋强度，可以在拱肋表面清洁后，用环氧类砂浆粘贴钢板的方法提高其承载能力。在拱圈产生裂缝或承载能力不足时，采用该法加固效果明显。粘贴钢板的位置主要置于拱肋截面下，可用成条整板（或分块焊接）在拱圈弧形范围内间隔粘贴。一般可视具体情况选定尺寸，钢板厚度宜用 4～10 mm，过厚时施工比较困难。

（2）螺栓钢板接合加固拱肋法

此法与前述利用钢板加固拱肋的基本目的相同，但不是单纯依靠粘贴，而是除利

用胶黏剂之外，再按一定间距凿孔并埋入螺栓，然后就钢板预钻孔对准预埋件位置穿入并以螺母紧固。这种拱肋凿孔做法比较费劲，埋设位置不易准确，因此，钢板钻孔要留有余量，如采用椭圆形孔或扩大孔径，方可减少对位时的麻烦。

（3）粘贴钢筋加固法

此法与前述基本相同，但所采用的是钢筋加固件。从实际情况来看，此法与铜板粘贴法相比，具有与结构物黏附性能好、加固成形容易、补强效果更为显著的特点。

（4）扩大拱肋截面加固法

此法是通过采用钢筋和混凝土外包加大原拱肋，从而达到扩大拱肋的截面尺寸，增加拱肋断面的含筋率或变无筋拱肋为有筋拱肋，提高拱肋的抗弯刚度的一种加固方法。该方法作用明确、效果显著、应用广泛。

（5）增设拱肋加固法

可在原桥所有或部分拱肋下新增拱肋，也可在原桥最外侧两拱肋旁新增拱肋并加强横向联系。

（6）调整拱上自重、改变结构体系加固法

当双曲拱桥由于自重或地基承载力不足，致使拱脚发生水平位移或转动、拱轴线发生变形时，在条件许可的情况下，可采取调整拱上自重的布置，改变双曲拱桥结构体系的方法，来改善拱圈受力情况，以达到加固的目的。根据具体情况，常采用的方法有以下几种。

①拆除拱上建筑，改建为桁架拱，以减轻自重，并使主拱圈主要承受全部活载及活载引起的轴压力。拆除拱上建筑时应保留立柱脚钢筋，以便桁架节点固定在拱圈上。桁架腹杆以三角形为宜，它的下节点较少，可降低构造上的困难。

②清除拱上建筑及实腹段范围内的填料，降低拱顶断面高度，浇筑钢筋混凝土桥面板，并用混凝令土填料加强原有拱上建筑与桥面板的联系，从而加智强拱上建筑刚度，使整个体系向柔拱刚梁转化，促使主拱圈在活载作用下主要承担轴力，而弯矩转让给加固后的拱上建筑。

③当立柱无钢筋且改造为桁架有困难时，可将拱上结构改造为刚架拱。计算结果表明，刚架拱在空腹范围内主拱圈的弯矩要比无铰双曲拱小，而且拱脚弯矩也将减少很多。

（7）顶推加固法

顶推的基本做法是在一端桥台的拱脚处安装顶推装置，将拱肋自拱脚向跨中方向顶推，使两脚间已发生的相对位移减小以至于完全消除，以减轻或消除因桥台位移对上部结构产生的危害。

第四节　桥梁下部构造的维护与加固

一、墩台基础的养护

砖石、混凝土和钢筋混凝土桥梁墩台养护的目的和任务是为使结构物保持完整、牢固、稳定、不发生倾斜，并减少行车震动和基础冲刷。根据《公路桥涵养护》（JTG H11—2004）的规定，对墩台基础养护的主要工作内容如下。

第一，桥梁上下游各 1.5 倍桥长，在不小于 50 m 和不大于 500 m 的范围内，应做到：①河床要适时地进行疏浚，每次洪水过后，应及时排除、清理河床上的漂浮物和沉积物，使水流顺利宣泄；②不得任意修建对桥梁有害的水工建筑物，必须修建时，应采取必要的桥梁防护措施。

第二，墩台表面必须保持清洁，要及时清除青苔、杂草、荆棘和污秽。

第三，与工砌体长期受大气影响、雨水浸蚀而发生灰缝脱落，应重新勾缝。

第四，混凝土表面发生浸蚀剥落、蜂窝麻面等病害时，应及时将周围凿毛洗净，用水泥砂浆抹平。

第五，圬工砌体镶面部分严重风化和损坏时，应予以更换。用石料或混凝土预制块补砌，要求接合牢固，色泽和质地与原砌体基本一致。

第六，梁式桥墩台顶面没有流水坡或坡面凹凸不平、有裂缝时，应及时铺填水泥砂浆或混凝土，做成横向坡度以利排水。

二、墩台的修理与加固

第一，墩台身圬工砌体表面风化剥落或损坏时，损坏深度在 3 cm 以内的，可用水泥砂浆抹面修补，砂浆强度等级一般不应小于 M5。当损坏面积较大且深度超过 3 cm 时，不得用砂浆修补，而需采用挂网喷浆或浇筑混凝土的方法加固。

第二，当墩台出现变形时，应查明原因，采取下列针对性措施：①由于桥台台背填土遇水膨胀而变形，应挖去膨胀土，检修排水设施填以砂砾，修好损坏部位；②由于冻胀原因引起的变形，应挖去冻土，填以矿渣砂砾等，并封闭表面使其不渗水，修好损坏部位；③属于砌筑不良的变形，应凿去或拆除变形部分，重新砌筑或浇筑；④由于砌筑填缝不实、墩台有空洞的，可择空洞部位附近，开凿通眼，以压浆机压注水泥砂浆或环氧树脂修补。

第三，当墩台由于水泥混凝土温度收缩、局部应力集中及施工质量不良等原因产生裂缝时，应视裂缝大小分别采取下列措施：①裂缝小于规定值时，可进行封闭处理，一般涂刷环氧树脂胶；②裂缝大于规定值时，应采用压力灌浆法灌注环氧树脂胶或其他灌缝材料；③石砌圬工出现通缝和错缝不足时，应拆除部分石料，重新砌筑；④由于活动支座失灵而造成墩台拉裂时，应修复或更换支座，并处理裂缝；⑤由于基础不均匀沉降而产生的自下而上的裂缝时，应先加固基础，再视裂缝发展程度，确定采取灌缝或加固墩台措施。对已贯通墩台的裂缝，可用钢筋混凝土围带或钢箍进行加固。

第四，墩台发生水平位移和倾斜时，应分析原因并按照具体情况确定加固方案。

梁式桥台背上压力大，造成桥台向桥孔方向位移，可采取下列方法加固：①挖去台背填土，加厚桥台胸墙，更换内摩阻角大的填料，减小土压力；②小跨径简支架桥可在台间加设钢筋混凝土支撑梁，顶住桥台，以平衡台后土压力。

当拱桥桥台产生位移和转动，可选择下列加固方案。

①在桥台两侧加厚翼墙，翼墙与桥台牢固接合为一整体，增加桥台横断面尺寸和自重，借以抵抗水平推力。

②当桥台的位移转动尚未稳定时，可在台后增设小跨引桥和摩阻板，以制止桥台继续沉降位移。

桩式墩台如结构强度不足或桩柱有被碰撞折断等损坏，在基桩承载力许可条件下，可采用下列方法修理加固。

①桩柱式墩台结构的整体稳定性不足时，可采用加固整个桩柱式墩台的方法，即在桩或柱间用槽钢或角钢做横、斜撑连接，以增强整体性和稳定性，钢板箍和横夹板（用槽钢或角钢）用螺栓拧紧。斜夹板可用电焊接合，如盖梁强度不足，也可在盖梁下加横向夹梁，用螺栓拧紧，予以加强。

②迎水侧桩。迎水侧桩往往被船只或流冰等碰撞损伤，以致折断，可视情况采用下列修理方法：a.对损伤或折断的桩柱，凿除松动部分混凝土，添加必要的钢筋，立模浇筑混凝土按原式修复，施工时可在伤柱两侧加设临时支撑；b.在桩柱损伤处，将原混凝土凿毛，外面加设钢筋混凝土围带，使损伤部位得以加强。

三、基础的修理与加固

第一，基础局部被冲空时，可分情况采取下列措施。

①水深在 3 m 以下时，可筑围堰将水抽干，以砌石或混凝土填补冲空部分，达到顶端与基础顶面平齐或稍高于基础顶面。

②水深 3 m 以上时，可在四周打板桩或其他方法做坝围堰，灌注水下混凝土防护；也可以编织袋盛装干硬性混凝土，每袋装置质量为袋容积的 2/3，通过潜水作业将袋装混凝土分层填塞冲空部分，并注意比基础边缘宽 0.4 m 以上。

③当基础置于风化岩上且基底外缘已被冲空时，应及时清除表面严重风化部分。在浅水时，填以混凝土，并将周围风化地基用水泥砂浆封闭。在深水时，要采取潜水作业，铺以袋装干硬性混凝土。基础周围被冲空范围较大时，除填补基底被冲空部分外，还要在基础四周采取下列防护措施：a.打梅花桩，桩间块、片石砌平卡紧；b.浆砌块、片石或混凝土预制块；c.用铁丝、毛竹石笼，或以长鲜柳枝、荆条织成捆，内装片石或卵石。

第二，墩台周围河床冲刷严重并危及基础时，除修补被冲空的基础外，必须在洪水期过后，采取必要的防护措施，以防再次被冲坏。

第四，严寒地区，冬季冰层厚度变化，容易发生浅桩冻拔，深桩环状冻裂。可采取下列防护方法：①冰冻开始时，在距墩台周围0.2～0.4 m处凿冰沟（宽0.5～1.0 m），沟内填充干草或麦秆等保温材料；②桩基周围冰层很厚时，可打入套管或板桩，中间填以保温材料；③将周围的土挖至冰冻线，将基础和桩的表面涂以沥青，填以重油拌和的粗砂和砾石，上面盖黏土，或用矿渣置换冰冻线以上的土，最后宜做水泥混凝土封层以防渗水再次冻胀；④小桥可用培草、培土、填平冲刷坑和临时抬高水位等措施。

为防止桥墩台被流冰和漂浮物撞击，可视河流具体情况，在桥墩上游适当地点设置菱形破冰体以保护桥墩。

第四，简支梁桥的墩台基础沉降和位移超过下列允许限值，且通过观察继续发展时，应采取相应措施予以加固。

①墩台均匀总沉降值（不包括施工中的沉陷）为$2.0\sqrt{L}$ cm。

②相邻墩台均匀总沉降差值（不包括施工中的沉陷）为$1.0\sqrt{L}$ cm。

③墩台顶面水平位移值为$0.5\sqrt{L}$ cm。

注：L为相邻墩台间最小跨径长度，以m计；跨径小于25 m的，以25 m计算。桩、柱式柔性墩台的沉降，以及基桩承台上的墩台顶面水平位移值，可视具体情况确定，以确保正常使用为原则。

第五，当地基承载力不足引起墩台基础沉降时，可采取下列措施。

①在刚性实体式基础周围加石砌圬工或混凝土，以扩大基础的承压面，新、旧基础要注意牢固接合。

②桩式基础周围加钻孔灌注桩或打入钢筋混凝土桩，并扩大原承台，将墩台的压力部分传递到新桩基上。

③在墩台基础之下，向墩台中斜向钻孔或打入压浆管，通过孔眼及管孔，在一定压力下压注水泥砂浆、加热的沥青、土的固结剂等提高地基承载力，加固范围和深度应通过计算确定。

第五节 涵洞的维护与加固

涵洞是公路上数量很多、形式多样且分布很广的一种构造物，是保证公路畅通无阻的环节之一，因此必须认真做好涵洞的养护工作。

一、涵洞养护的要求与检查内容

（一）涵洞养护的要求

确保涵洞行车安全、排水顺畅和排放适当，保持涵洞结构及填土完好，维护涵洞表面清洁、不漏水。

（二）涵洞的检查内容

涵洞应定期进行检查。在洪水和冰雪季节前，应对有缺陷和损坏的涵洞进行实地检查，主要检查下列内容。

第一，涵洞的位置是否恰当，孔径是否足够，洞内有无淤塞、冲刷。

第二，涵洞有无开裂或其他破损，填土有无沉陷，涵底、涵墙有无漏水，八字翼墙是否完整。

第三，进水口是否堵塞，沉砂井有无淤积，洞口铺砌有无冲刷、脱落。

第四，涵洞内有无积水、积雪，洞身是否冻裂。

第五，现有涵洞设备是否能满足需要，是否需新建涵洞。

二、涵洞的日常养护

涵洞日常养护的主要任务与要求如下。

第一，及时清除洞口和洞内的淤积杂物和积雪，并将其抛弃到路基边以外的适当地点。

第二，洞口和洞底铺砌发生变形、沉陷、破损和漏水时，均需及时修理，并整理上下游沟槽，使水流的坡度保持顺适。

第三，涵洞出水口的跌水、急流槽与洞口接合处发生裂缝时，应采用干燥麻絮浸透沥青填实，构件也应根据损坏程度及时修理或更换。

第四，木涵上的螺栓、铁件如有松动、锈蚀、失落、损坏时，应当及时拧紧、更换或补充齐全，木构件也应根据损坏的程度及时修理或更换。

第五，倒虹吸管易破裂、漏水，要认真检查，若虹吸管顶面出现湿斑，应及时停止使用，挖开修理，更换软化的路基填土和破裂的管节，接头处必须填塞紧密。

第六，管涵的接头处和四铰涵管铰点的接缝处发生填缝料脱落时，应采用干燥麻絮浸透沥青后填实，不得采用灰浆抹缝的办法修理。

第七，砖、石涵洞的表面发生局部风化、轻微裂缝时，一般可用水泥浆或环氧树脂封闭。灰缝脱落，应及时修补。

第八，涵洞上下游的路基护坡、引水沟、泄水槽、警井和沉淀井发生变形或沉陷时，一般因设计和施工不良造成，必须认真修复。

第九，砖石拱涵的洞顶漏水，应挖开填土，用高标号水泥砂浆修理损失部分，再衬铺胶泥防水。

三、涵洞雨季养护

在一年四季中，涵洞均有可能不同程度地遭受暴雨、洪水、风沙和冰雪等自然灾害，尤以雨季最为严重。因此，不同的季节养护应以雨季为重点。

（一）涵洞雨季养护的原则

涵洞雨季养护必须遵循"预防为主"的原则。因此，每年的汛前检查十分重要，必须认真做好涵洞的水毁预防。在检查中发现水毁隐患时，应采取适当的工程技术措施，及时防治，并应注意提高其抗御能力，以减少水害。尤其是一些偏小的涵洞孔，应验算其在设计洪水条件下是否具有充分的抗洪能力，做出评定并提出处置办法。陡坡涵洞的上下游必须增设防护设施时，应采取适当的山坡排水工程技术措施。涵洞的孔径大多按无压力式计算，对无压力式涵洞，可根据洞内顶点至最高流水面净高，做出抗洪能力的评定。

（二）涵洞水毁的主要原因

防治涵洞水毁要做到有的放矢，涵洞水毁的主要原因大致归纳如下。

第一，抗御洪水能力极差的危险涵洞。

第二，进水口或洞孔淤积严重，甚至堵塞。

第三，洞口、洞底铺砌层破损，易被洪水冲刷破坏，造成基础冲空。

第四，进水口或洞孔被漂浮物堵塞。

第五，遭受大型漂浮物、流冰或波浪冲击。

第六，涵洞位置不当，其主要原因有二：一是设计、施工所致；二是后来沟床的不利演变，致使水流不顺畅，洪水冲击翼墙和周围路堤，进而造成水毁破坏。

第七，洞孔偏小，或发生超过设计频率的洪水，造成过高的涵前壅水，从而产生过大的动水压力和浮力，甚至水过涵顶，致使涵洞推倒或冲移破坏。

第八，傍河路线上的涵洞，因河道的不利演变而造成的水毁破坏。

（三）涵洞雨季养护的注意要点

第一，山区公路，因沟床坡度陡，水流流速大，洞口、洞底铺砌层和跌水槽、急流槽易受洪水或漂流的大块石冲击而遭受破坏。

第二，平原区公路，洞口、洞孔和上下游沟槽被泥沙杂物淤积，造成水毁。

第三，傍河路段的下游洞口易遭受大河洪水冲击破坏。

（四）预防涵洞水毁的主要工作

在洪水来临之前，必须认真做好水毁预防，以保证涵洞具有良好的技术状况和抗洪能力。为此，在洪水来临之前必须做好以下工作。

第一，清除洞口和洞孔淤积杂物。

第二，整修沟床，使水道平整、顺畅，并注意清除涵洞上游有可能漂流的大块石，以免洪水冲击涵洞或堵塞洞孔。

第三，认真完成遗留病害的处置和拟建水毁预防工程。

第四，涵洞位置不当的，一般可改建上游沟槽，并用水泥砂浆砌片或混凝土预制加固沟底和沟壁，使水流顺适，保证涵洞不漏水。

第五，山区涵洞必须增设上游或下游陡坡排水设施时，应力争在洪水来临前修建。

第六，孔径偏小的涵洞，应按汛前检查时验算的结果，根据地形、地质情况进行设计，采取一侧或两侧加孔，或扩大孔径（尽可能地利用一侧涵台）的措施。施工时要开设便道，或采取半幅施工方式，并设临时标志、护栏，保证交通安全和施工安全。

（五）涵洞汛期养护

大雨或洪水期间，除组织昼夜巡视外，还必须有加强养护重点地段。

1. 洪水期间

有些沟谷往往有大量草木等漂浮物或漂流的大块石，在有些高寒地区会有流冰冲击或堵塞涵洞。傍河路线，因为河道的不利演变，洪水波浪和漂浮物也会冲击涵洞。因此，在大雨或洪水期间应主要做好下列工作。

①在涵洞上游及时打捞清除漂浮物。

②洞口发生堵塞现象时，必须立即排除。

③洞口及其周围路堤被洪水破坏时，应立即用草袋、麻袋、编织袋装土石防护，以免水毁扩大。

④当涵洞发生局部和全部水毁，危及行车安全或阻车时，必须立即在其两端竖立危险警告标志或停止通车标志，以保证行车安全。

2. 每次雨后或洪水以后

每次雨后或洪水以后都要立即进行检查、维修，以减免水害，检查、维修内容有以下几项。

①清除沟槽、洞口和洞沟淤积杂物，尤其是要清除涵洞上游沟床可能漂流的大块石。

②进出水口或洞身、洞底的水毁破损处，均需及时修补，以防扩大。

③洞口、洞底已冲刷成深坑或基础冲空时，应及时加固。一般可用拌成半干湿的混凝土装入麻袋或草袋（约2/3），将冲空部位堆置密实，然后灌注混凝土。若冲空部位无水流或积水时，可用片石混凝土（或混凝土）填实。

④傍河路线因河道的不利演变，危及涵洞安全或造成水毁时，应立即用装土、石草袋（麻袋或各种编织袋）或石笼防护，待雨季后再按设计增设防护工程，修复水毁涵洞。

（六）涵洞水毁抢修

涵洞的局部或全部遭受水毁破坏，危及行车安全或阻车时，必须立即组织抢修，并尽量缩短阻车时间。根据"先抢通，后恢复"的原则，一般应采取以下抢修措施。

第一，开设便道或搭设便涵，以维持雨季交通。

第二，无法在雨季抢修恢复水毁破坏的部位时，必须根据具体情况立即采取临时性的防护措施，以免水毁继续扩大，如抛石、装土、石草袋（麻袋或各种编织袋）和石笼防护等。

第三，在降雨量较少的地区，且地质情况较好的小涵洞，也可在雨季抢修恢复，并应采取雨季施工的必要措施，免遭水毁。

（七）涵洞水毁恢复

涵洞遭受局部或全部水毁破坏后，进行恢复时应有充分的科学依据。因此，必须认真调查，分析发生水毁的原因，精心设计、精心施工，修一处、保一处，并提高其抗洪能力，逐步减少涵洞水毁。

四、涵洞的维护措施

（一）疏通清理

当涵洞进出口或洞身中淤积有泥沙或杂物、积雪时，应及时进行清理，疏通孔道，以保持流水畅通。洞底铺砌层、洞口上下游路基护坡引水沟、泄水槽、窨井（检查井）和沉砂井等处如发生淤积变形、塌陷，致使排水受阻，应及时清理，疏通所有排水设施，并对破损部分加以修理。

（二）堵漏和修理

涵底、涵墙及出水口的跌水设施与洞口接合处开裂、管涵的接头处及四俊涵管钗点接缝处出现裂缝或填料脱落而发生露缝、浆砌砖石涵洞洞（底）顶漏水、管涵的管节由于基础沉落发生严重错裂等破损现象时，应根据其具体情况，及时进行堵漏和修理。可以采用下述措施：疏整水道，使洞口铺砌与上下游水槽坡道平齐顺适；保持洞中底面平顺和一定纵坡，使水流不发生漩涡，并用水泥砂浆勾缝、铺底；衬砌胶泥防水层等。

（三）加固

对有些破损，必须采取加固措施。木涵洞上的螺栓铁件如有遗失、损坏、松动、锈蚀，应分别拧紧或补充更新；有的部件损坏严重时应予以更换；砖石、混凝土及钢筋混凝土端墙和翼墙如有离开路堤向外倾斜或鼓肚现象，应视情况采取开挖填土更换，或加固基础等措施；管节因基础被压沉而发生严重错裂，则可采取挖开填土加固基础并重做砂垫层的措施；砖石拱涵的加固，一般可采取拱圈上加拱的方法；对涵洞出水口处冲刷严重者，可采取浆砌块石铺底，并加水泥砂浆勾缝，铺砌末端设置混凝土或浆砌块石抑水墙，或在出口加做缓流的消力槛、消力池等设施或做三级挑坎（栏）处理。

对涵洞开挖修理加固时，应采取边施工、边维持通车方式，并应设立标志、护栏以确保安全。

第六节　调治构造物的维护与加固

调治构造物包括导流堤、梨形堤、丁坝、顺坝和格坝等。调治构造物的作用是引导水流均匀、顺畅地通过桥孔，防止和减少桥位附近河床和河岸的不利变迁，保证桥梁墩台基础、河堤以及引道的稳定和安全。

一、调治构造物的养护

对需要增建或改建调治构造物的桥梁，应查明每年河床与调治构造物的变化，并做记录，其内容如下。

（一）桥位处河床状态

桥位处河床状态包括河槽对桥梁的相对位置、宽度、弯曲状况，河滩宽度、土质，有无沙洲、支流、水塘和冲刷坑以及植物覆盖和航行情况。

（二）各种水位标高

各种水位标高包括历史洪水位、常水位、枯水位、流冰高水位、流冰低水位以及观测的日期；桥墩上有无常设的水位尺，是否鲜明完好，其零点标高与国家水准点的标高是否相同；桥台上游侧面有无当年的最高水位标记。

（三）洪水通过形态

洪水通过形态包括流速、主流方向及流量，有无涡流、斜流、流速不均匀、沉积不规则，水流是否偏离正常通道以及有无漂浮物等。

（四）结冰及流冰状况

结冰及流冰状况包括结冰时间、封冰范围、解冰时冰层厚度及冰色变化，冰层初期移动时间、流冰开始和持续时间以及流冰密度、冰块尺寸。

（五）调治构造物工作状况

调治构造物工作状况包括是否能正常发挥调治功能，着重检查桥下有无冲刷、淤积继续发生。

另外，经常巡视并及时清除调治构造物上的漂浮物、杂草和荆棘等；各调治构造物边坡受到洪水冲刷与波浪或流冰冲击、坡脚发生局部破坏时，应及时抛压片石防护；因河道改变而增做护岸工程容易受洪水冲刷，要注意坡面有无变化、基础是否牢固，发现问题及时处理。

二、调治构造物的维修与加固

第一，根据需要，将临时性的竹木、铁丝、石笼的调治构造物，有计划地改成浆砌块片石或混凝土永久性结构。

第二，如调治构造物的边坡不足以抗御流水冲刷或流冰冲击时，应进行加固。加固方法、形式与引道护坡相同，淹没式的需加固至坝顶；非淹没式的加固高度，应高于设计洪水位至少 50 m。

第三，通过一定时期的观察，发现调治构造物的位置不当，或个数、长度不足，不能发挥正常作用时，应在洪水退后进行改建。

第四，砌石调治构造物由于遭受漂浮物的撞击，基础冲空，发生损坏或砌缝开裂时，应立即进行修理。

第五，当河道变迁、流向不顺或因桥梁上下游河道弯曲形成斜流或涡流危及桥梁墩台、桥头引道时，应根据不同情况增建调治构造物，具体情况如下：

①导流堤。变迁性河流河滩不太宽时，可修建不漫水的封闭式导流堤，从桥孔一直延伸到基岸，封闭变迁区。与桥梁衔接部分应做成曲线，而与边岸衔接的上游段可做成直线。

②梨形堤。当河滩很宽、变迁很大时，为节省造价，可修筑短的梨形堤，并加固引道路堤。

③丁坝。河床演变比较剧烈时，可在桥头引道的一侧或河岸边设置丁坝将水流挑离桥头引道和河岸，改变水流方向，使泥沙在丁坝后淤积。成群布置丁坝，其位置、方向、坝长等应符合导治线，其几何尺寸及与水流交角按有关设计确定。

④顺坝、格坝与丁坝的联合布置。由于上游第一个丁坝易遭冲刷损坏，可改为顺坝，组成联合布置。应注意短丁坝群头部的连线必须吻合导治线的一条平滑曲线，曲线两端需与河岸平顺连接，使水流不致突然改变方向。

第五，导流堤与丁坝的联合布置。当引道路堤伸入河滩较长、桥梁与河道正交时，为防止滩流对路堤的冲刷，可在河滩引道上设置导流堤加丁坝群的联合布置。注意丁坝头部的连线应为一直线，使各丁坝充分发挥其挑流能力。

第七节　桥涵构造物的预防性养护

由于桥梁所处的环境位置，承受自然灾害是不可避免的。自然灾害的出现是随机的，一般来说，破坏性越严重的灾害出现的频率越小。基于经济技术条件，桥梁设计时是依据道路等级、结构物的规模及重要性，针对一定频率的灾害来设防。超过设防限度，就会造成损害，因此要有应对超过设计安全度以外灾害的应急预案。灾害事件一旦发生，轻则损伤桥梁结构，影响其安全性和耐久性；重则造成桥梁毁坏、交通中断，使生命、财产造成重大损失。因此，在桥梁养护管理中对防灾、减灾应做到高度重视，常备不懈。实践证明，加强防护、消除隐患及准备充分的灾害应对措施可以大大减少灾害的危害程度。对桥梁防灾减灾方面应按"预防为主，防治结合，保证安全"的方针，积极防治，做到治早、治小、治轻直至根除隐患，应通过社会效益、技术经济的综合比较来确定治理措施。

重要的大、中桥梁及易遭受灾害的桥梁，宜事先储备必要的材料和设备，制订应急预案。一旦发生灾害，及时组织抢修，抢修时应以尽快恢复交通为第一位，确保安全通行。确定抢修方案时，要考虑其在后期恢复工程中能够被充分利用。

一、水毁防治

抗洪能力评定是一项重要的基础工作，是实行科学管理的要求。一般应每 3 ～ 6 年进行一次评定，公路管理机构视辖区的具体情况做出规定。山区公路桥梁，因洪水造成破坏的概率较大，故建议每年评定一次。

根据桥长及孔径大小、桥孔位置、桥下净空、基础埋深、墩台冰害等情况，将公路桥梁的抗洪能力划分为强、可、弱、差四个等级。现场检查与测量后，按公路桥梁原有的技术等级进行检算评定。其评定标准件如表 9-5 所示。

表9-5　桥梁抗洪能力评定标准

等级	评定标准
强	桥下实际过水面积满足设计要求，桥下净空符合规定； 桥（孔）位置合适，调治构造物设置合理、齐全，河床稳定； 基础埋深足够，基底埋深安全值满足要求，浅基础已做防护，防护周边的冲刷深度小于设计冲刷深度； 墩台无明显冲蚀、剥落
可	桥下实际过水面积基本满足设计要求，河道压缩小于10%，上部结构底面标高与设计水位相同； 桥（孔）位置略有偏置，设置调治构造物，调治构造物有局部缺损，河床基本稳定； 基础埋深基本满足要求，基底埋深安全值满足规定的60%，浅基础防护基本完好； 墩台有冲蚀、剥落，面积小于10%
弱	桥下实际过水面积大于设计的80%，不满足设计要求或河道压缩小于20%，上部结构底面标高基本与设计水位相同； 桥（孔）有偏置，调治构造物不齐全或有较大损坏， 基础埋深安全值较低.在规定的30%～60%以内，浅基础防护有破坏； 墩台冲蚀、剥落，面积超过10%，有露筋及钢筋锈蚀
差	桥下实际过水面积小于设计的80%，或河道压缩超过20%，上部结构底面标高低于设计水位； 桥（孔）偏置，应设而未设调治构造物，或调治构造物严重损坏； 基石埋深不够.基底埋深安全值在规定的30%以下，浅基础未做防护或防护被冲空面积在20%以上； 墩台冲蚀、剥落严重且面积超过20%，桩顶外露或有颈缩、墩台砌体松动、脱落或变形、脱落及钢筋锈蚀严重

汛期的水文观测，尤其是行洪过程的水文观测，对于掌握洪水动态、判断对桥梁的影响十分重要。一般观测，只记录当年最高洪水位；对处于不良状态的河床，或因养护管理的特殊需要，可增加流速、流量、流向等观测项目，还可观测河床断面冲刷情况。水位观测一般采用水尺测读，水尺可设置在桥台、桥墩或调治构造物上。未设置水尺的，可用水准仪巡回测量洪水线高程，流速和流向观测可采用浮标法。

防洪能力的评定及水文观测都是为了指导桥梁的养护、维护与加固。评定为弱或差等的，已经不能满足正常使用的要求，应进行维修加固。

水毁预防包括汛期前的技术检查与采取预防工程措施，如清淤、加固维修、增设防漂浮物碰撞的设施及调治构造物等，以及做好抢修的各种准备。

近年来，盲目挖砂取石，破坏桥梁上、下游河道造成桥梁水毁的恶性人为灾害较多，公路桥梁直接毁于人为破坏河道的更是时有发生。因此，应加强检查桥位上、下游有无挖砂取石和人为破坏河道危及桥梁安全的行为。

增设和调整各种调治构造物，也应该引起重视。引起河势变化的因素较多，一般来说，修建桥梁、设置调治构造物都会引起河道水文条件的变化，有的变化可能与原设计的目的不符。因此，调治构造物的设置往往不能一劳永逸。在桥梁的使用过程中，应结合抗洪能力评定工作勤加检查，并采取相应的工程措施。

针对以上情况，水毁预防措施有以下几点。

第一，每年汛期前，应对公路桥梁进行一次预防水毁的技术检查。其主要内容如下：①桥梁墩台、调治构造物、引道、护坡、挡墙结构是否完好，基础是否冲空或损坏；②桥下有无杂草、树枝、石块等杂物淤塞河道，桥位上下游有无堆积物、漂浮物；③桥梁上游河道是否稳定，水流有无变化，桥梁下游是否发生冲刷；④有无挖砂取石对桥梁上下游河道造成破坏的情况；⑤调查桥梁上游附近有无水库及其设计标准，是否存在病害隐患。

第二，为防止或减轻洪水对桥梁的危害，在雨季和洪水来临之前进行下列水毁预防工作：①做好河道清淤工作；②修理、加固、改善或增设各类调治构造物及基础防护构造物；③采取适当措施，防止漂浮物大量进入桥孔；④做好抢险物资和设备的准备。

第三，在漂浮物较多的河流，为避免漂浮物撞击桥墩，可在桥墩前一定距离处设置防撞设施。其形式可根据水流缓急、水位高低、漂浮物多少、流量大小等选择，一般可采用单桩、群桩或三角形护墩等。

第四，公路管理机构的雨天、汛期巡查和值班制度必须坚持，汛期应组织人员对所辖路线上的桥梁进行昼夜巡查，防洪指挥部门应实行全天24小时值班制度。小的水毁及时进行处理排除；发生严重毁坏，危及行车安全时，应立即在桥梁两侧设立警告标志或禁止通行标志，或由专人负责指挥车辆，防止车辆在断桥处发生跌陷失事等二次事故，并及时组织抢修，及时向上级报告。

二、洪水期的抢险与维修

抢险的主要工作有：防止因漂浮物在桥墩处聚集阻水，加大对桥梁的冲击力；基础冲刷的紧急防护，用抛填块石、沉砂袋、柴排等防止冲刷继续扩大；引流分洪等。

洪水期间的抢险，应针对不同情况采取下列措施。

第一，监视漂浮物在桥下的通过情况，必要时用竹竿、钩杆等引导其顺利通过桥孔。对堵塞在桥下的漂浮物，应随时移开或捞起。

第二，洪水时，如桥梁墩台、引道、护坡、锥坡发生冲刷，危及构造物安全时，应采取抛石、沉砂袋或柴排等紧急措施进行抢护。但抛填不能过多,以免减少泄水面积而增大冲刷。抛填块石时,可设置临时木溜槽,以控制抛填位置。

第三,遇特大洪水,若采用抢险措施仍不能保障安全的重要桥梁,在紧急情况下,经上级主管部门批准,可用炸药炸开桥头引道宣泄洪水,以保护主桥安全度汛。

由于洪灾的情况不同,抢修工作应相机处置,果断指挥。当发生桥梁毁坏、交通中断等严重灾情时,应安排车辆绕行,并组织抢修便桥、便道,尽快恢复交通,可报请当地人民政府支持抢修工作。

在抢修便道、便桥时,应遵循下列原则。

第一,便道、便桥应选择在被毁桥梁附近较窄的河段上,两岸地形较高、工程量较小处,且不会影响恢复原桥或新建桥梁的施工。

第二,便道、便桥应就地取材、施工方便,有利于快速建成。

第三,在宽滩性河流上修筑便道、便桥时,可采用漫水式,必要时应对便道上、下游边坡做防冲处理。

第四,便桥可采用较小跨径及较短桥长,能满足宣泄水流的最低要求即可,可采用钢梁桥或木桥,宜用简单的结构形式。无论何种便桥,必须满足承载力和稳定的要求。

第五,漫水便道、便桥应设置鲜明的警示水位标志,限速、限载标志、行车道宽度标志。

第六,便道、便桥宽度可根据通行要求确定,一般不小于 4.5 m。

第七,便道、便桥附近应备有应急的抢修物资,以随时修复损毁的便道、便桥,保证交通顺畅。出现需要中止交通的情况,应按规定逐级上报,同时向有关部门通报情况,通过新闻媒体或互联网,向社会发布信息。绕行便桥、便道的标志应在需要绕行的路段路口前方设立,避免给道路使用者造成返行的麻烦。

三、冰害防治

防治冰害的方法主要有两种:一种是针对水源不大的情况的防治,即通过工程措施截流或防冻疏流,一般用于中、小桥;另一种是防治解冻时冰凌对桥墩的撞击,实行爆破的方法,一般用于大江、大河的大型桥梁。

针对冰害的具体情况,预防措施如下。

第一,应根据以往的治理情况,结合现场调查,对桥梁冰害进行分析研究,以制订预防和抢修措施。

第二,对河流水源不大、入冬后河面结冰,且冰面上升造成桥孔被堵或在路上形成冰坝的情况,可选择下列方法进行防护。

①桥梁上游如有大片低洼地,可用土坝截流。

②河床纵坡不大的河流,可于入冬初在桥位下游修筑土坝,使桥梁上、下游约 50 m

范围内形成水池。水面结冰坚实后，在水池上游开挖人字形冰沟，同时在下游河床最深处挖开土坝，放尽池内存水，保持上下游进、出水口不被堵塞，使水从冰层下流走。

③在桥位上下游各 30 ~ 50 m 的水道中部顺流开挖冰沟，用树枝、柴草覆盖，再加铺土或雪保温，并经常检查、维修，使冰沟不被冻塞，解冻开始时将其拆除。

第三，防止流冰对桥墩、台、桩的危害，可采取下列防护方法。

①解冻前，对桥梁上游 5 km 河道中的冰层及其厚度进行调查、勘探。为防止流冰威胁桥梁安全，应备足抢护材料、工具和照明设备。在流冰期，由专职小组进行检查、观测和抢护，并提前在桥边设置悬梯，在墩台和破冰体之间搭设跳板以利抢护工作进行。

②解冻临近时，在桥位下游用人工或爆破方法开挖冰池。开挖长度为河面宽的 1 ~ 2 倍，宽度为河面宽的 1/3 ~ 1/4，并不小于最大桥跨。当河面宽度小于 30 m 时，开挖长度宜增加到河面宽的 5 倍，冰池下游应开凿 0.5 m 宽的横向冰沟。当冰块很厚且有强流冰发生时，可在桥台、墩、桩、破冰体周围及桥位下游 20 ~ 25 m 范围内，开挖纵横冰沟。应经常检查冰池、冰沟，若有冻结应反复捣开。危急时刻，可在下游用撬棍、长杆、钩杆等工具，将凿开的冰块逐一送入冰层下流走。

③流冰临近时，应清除上游冰层。冰层厚度在 30 cm 以下的，可用人工撬拨；大于 30 cm 的，宜用炸药炸碎；对较大的流体冰，应在上游用炸药炸碎。

四、冻害防治

对含水的岩土，当温度降至负温时，所含水将从液态转变为固态的冰，此时因体积膨胀而产生冻胀力，水还产生胶结力（冻结力）等。伴随着土中水的冻结和融化，会发生一系列冻土现象（冻胀丘、冰锥、冰湖、融冰滑塌、冰胀与融沉等），以及冻结过程水分迁移、冰的析出。这些冻土现象，构成了对工程建筑物稳定性和安全性的威胁，一般称之为冻害。

对多年冻土地区的桥梁结构，冻土融化除使地基土承载力、抗剪强度等发生急剧下降外，水分的挤渗排出还会产生融化沉降变形（简称融沉），尤其是不均匀的融沉会造成结构的破坏。防治融沉主要采用保护覆盖法，即尽量不破坏基础周围的地表覆盖层，尤其对草皮和泥炭层更应注意，以减少热量散失。对已发生轻微融沉的桥梁，应在融化前采用隔热保冻措施，用隔热性好的材料或土壤换填覆盖，保证地基土处于冻结状态。

对季节性冻土地区的桥梁结构，由于土的冻胀作用可使地基产生不均匀冻胀变形、基桩冻拔；对支挡结构物（桥台前、侧墙，挡土墙等）会在墙背产生远大于土压力的水平冻胀力，使桥台产生破坏（如八字墙外倾、前墙与侧墙开裂），使轻型桥台台身断裂等。

冻胀防治的主要措施如下：

第一，基侧换土。将基础侧面的冻胀土挖除，换填纯净的粗颗粒不冻胀土，换土厚度不小于 2.0 m 或 2 倍桩径。若换填土下是不透水黏土层时，由于冻结时未冻水无通路挤渗排出而降低防冻胀效果，这时可加深换填深度或采用盲沟加深排水。

第二，改善基础侧面光滑程度。将原粗糙的基础侧面，改建成表面光滑的侧面，并用工业凡士林、沥青渣油或渣油表面活性剂（活性剂可用铬盐和憎水性脂肪胺）等涂抹基础侧面，也可在侧面铺油毛毡，以减少冻结力。

第三，分离式套管法。用于桩基础的防冻，套管可采用钢或钢筋混凝土制作，为防止套管因土冻胀而被不断拔出，可在套管底部焊板或加翼缘，套管与桩之间填充砂石与渣油（或腊）的混合料。

五、泥石流防治

泥石流是山区公路中危害桥涵构造物的主要灾害之一。泥石流的成因较复杂，涉及气象、地形、地质等方面。按照物质组成和运动特性，泥石流可分为下列三种：

（一）黏性泥石流

固体物质含量达 40% ~ 60%，最高可达 80%，含有大量黏土和粉土并夹有石块，水和固态物质凝聚为黏稠的整体，以相同的速度做整体运动，大石块或黏土浆包裹的泥球漂浮于表面而不下沉。流经弯道时有超高和裁弯取直的作用，破坏力极大。

（二）稀性泥石流

固体物质含量在 10% ~ 40%，黏土和粉土物质含量少，水和固体物质不能形成整体，水浆构成的泥浆速度远大于石块速度，石块在床面以滚动的方式运动，并有一定的分选性。

（三）泥流

固体物质为粉砂，平均粒径小于 1 mm，含量为 60% 以上，其中粒径小于 1 mm 的粉砂占 90% 以上。

对泥石流的治理，可采用工程措施、生物防护等以消除其成因，改变形成泥石流的环境条件。此项工作涉及部门较多，应由人民政府协调各有关方面综合进行。公路管理机构主要考虑线路和构造物的安全，应从泥石流类型、发生频率、规模等因素判定危害程度，拟订防治方案，一般多采用绕避或疏导。当泥石流规模小、危害程度轻时，宜用疏导的方案，包括桥孔清淤、增设调治构造物等。由于泥石流的冲击破坏力大，设置调治构造物宜导不宜挑，否则可能引起调治构造物的破坏，或对下游造成新的危害。对于规模较大、破坏力强的泥石流进行防护，耗费很大，经比较可采用改道绕避的方法，使桥梁在泥石流冲积扇的上游跨越；有条件的地方，也可在泥石流形成区域采取措施安全通行。

第十章　公路突发灾害预防治理

第一节　水毁的防治

公路在建成后正常运营使用过程中，必须采取行之有效的措施，防止洪水和流冰侵袭公路，造成公路构造物的破坏；防止路面积雪和积沙影响行车安全或阻碍交通。

防洪、防冰、防雪、防沙和防雾要坚持"预防为主，防治结合"的原则。根据当地的水文气候条件、季节特点、公路状况，结合当地具体情况，分析掌握路段、桥涵的抗灾能力，编制必要的预防措施和应急抢修技术方案。

重要工程和水毁、雪阻、沙阻多发路段，宜事先储备必要的材料和机械设备，一旦发生毁阻，应及时组织抢修，以保证公路正常通行。在抢修时，应尽量考虑抢修工程能在恢复工程时被充分利用。

公路水毁防治坚持"预防为主，防治结合"的原则，雨前抓预防、雨后抓防毁、雨后抓恢复，做到及时预防、积极抢修、彻底根治、逐步提高，从而增强公路本身的抗洪能力，以减轻暴雨、洪水对公路的破坏。在日常养护工作中，以疏导为主，及时消除堵塞物，不断完善排水系统，发现问题，立即消除，做到"堵小洞，防大害"。根据各地的气候特点和地理条件，结合不同的道路状况，制定具体的防治措施，吸取以往的经验教训，从检查水毁隐患入手。在思想上重视水毁，在行动上加强防毁。

一、水毁的预防

水毁是指暴雨、洪水对公路造成的各种损毁。水毁预防是在雨季和洪水来临之前为防止或减轻暴雨、洪水对公路的危害而进行的工作，其范围包括以下几个方面：

第一，防止漂浮物大量急剧地下冲；

第二，清疏各种排水系统；

第三，修理、加固和改善各类构造物；

第四，检修防洪设备，备足抢护的材料、工具及救生、照明和通信等设备。

对公路水毁要做到全面预防，重点治理。为此，每年汛期应进行必要的水文观测，掌握洪水的动态，并与当地气象、水文部门取得联系，及时收集水、雨情况预报资料，或向沿河居民进行调查，预先了解洪水强度、到达时间和变化情况，以判断对公路的危害性，及早采取措施；在汛前应进行一次预防水毁的技术检查，内容包括以下几个方面：

第一，检查桥梁墩台、调治构造物、涵洞、引道、护坡和挡土墙基础有无冲空或破坏；

第二，桥下有无杂物堆积淤塞河道，涵洞、透水路堤有无淤塞，以及河流上游堆积物、漂浮物的情况；

第三，河床冲刷情况和傍河路基急流冲刷处有无淘空或下沉；

第四，浸水路堤和陡边坡路段的路基有无松裂；

第五，边沟、盲沟、跌水等排水系统有无淤塞，路面、路肩横坡是否适当，路肩上的临时堆积物是否阻碍排水；

第六，养路房屋的基础有无淘空，墙体有无破裂倾斜、剥落，屋顶有无流水。

查出的隐患，应在雨季、汛期之前治理完毕。

在洪水期，顺流急下的巨大漂浮物对下游的桥梁构成极大的威胁，因此首先要对桥梁上游沿河的根部被淘空的树木、竹林及洪水位以下的竹、木、柴、草和未系结牢固的竹、木排筏进行检查，做必要的处理。

漂流物较多的河流，为避免漂浮物撞击墩台，可在墩台前一定的距离处设置护墩体；其形式可根据水流的缓急、水位的高低、漂流物的多少、流量的大小等情况选择。一般有单桩、单排、束桩、双排、三角形等，材料有木、钢、石块、水泥混凝土等。

在漂流物未到达桥梁之前，应尽快打捞，一般可在桥梁上游河流转弯处将漂流物拉向河边，并用缆绳锚定。

在洪水期间，发现有整排木排或特大流冰冰块时，可在上游采取爆破打散。

对空腹拱桥，特别是双曲拱桥的拱上立柱，经不起漂流物冲击，更应加强防患，确保桥梁安全。

各种构造物的基础如有淘空，应及时处置。当河床冲刷严重危及墩台基础时，除必要时在上游设置调治构造物外，还可根据河床水位的高低，在枯水期铺砌单层、双层块（片）石护底，或采用沉柴排、沉石笼（可采用耐特龙塑料网石笼）、抛石块护基处理。

防止透水路堤淤塞是预防水毁的关键。如水流浑浊，水中含有较多黏土颗粒时，应在上游设置过滤堰。

水流中夹有较多树叶、杂草或地势平坦，沟底土质松软时，可用小木桩环绕进水口边打入土中，柱顶要露出最高水面20 cm以上。木桩上用竹片或柳条编成弧形防护篱，以阻拦夹带物，并注意在洪水期间经常清除杂物。

水流中夹带砂质颗粒时，可在上游设置沉砂井来积砂，每次洪水后清除积砂一次。渗水路堤如不能满足泄水需要时，应根据流量，改建为涵洞。

二、水毁的抢修

在雨季和汛期，公路管理机构应组织人员对所辖公路进行昼夜巡视检查，对易毁的路段和构造物应设专门的抢护队伍守护，以便随时发现险情及时采取措施。当洪水对公路发生破坏时，应进行紧急抢护，并做到以下几个方面要求：

第一，保证重点，照顾全面；

第二，先干线，后支线；

第三，先修通，后恢复，抢修与恢复相结合；

第四，先路基、桥涵，后路面工程；

第五，干线公路应随毁随修，力争水退路通，待雨季过后再进行恢复；

第六，乡级公路，应由沿线乡镇积极抢修，尽快恢复通车，公路管理部门给予适当经费补助和必要的技术指导。

（一）路基水毁抢修措施

对于因养护不够而发生的路基水毁，可以分析水毁原因，按照有关养护修理的要求进行修复。如路基发生坍陷，应迅速使用已经备好的土料进行修补，如路基行车部分已泥泞难行，应将稀泥挖出，撒铺砂粒料维持通车。

1. 对靠近河流、湖塘及洼地的路基

因洪水猛涨并不断冲刷路基，使路基发生塌陷时，可以根据具体情况，适当采用下面几种方法进行抢修：

第一，在受水冲刷的部分抛石块、砂袋、土袋等；

第二，洪水冲刷，并有波浪冲向路基时，可在受水浪冲击的部分，用绳索挂满芦苇编成的芦排或带树头的柳树，以防水浪冲打；

第三，如果路基边坡已大部分塌陷，可以在毁坏部分，顺路方向每米打木桩一根，桩里面铺设秸料或树枝，并填土挡水，或用草袋装上砂石、黏土等材料填筑；

第四，当路堤有被洪水淹没的危险时，可在临河一面的路肩上，用草袋或黏土筑成土坡临时挡水。

2. 对于因漫水造成的路基水毁

可根据漫水的深度、路基宽窄、材料取运难易，采用下面几种方法进行抢修：

（1）填土赶水法

路基漫水长度不大，漫水深度在 0.3 m 以下时，可以直接从两头填土把水赶出，填土厚度要比现有水面再高出 0.3 ~ 0.5 m。填土后先将表层夯实维持通车，或填砂砾、碎砖、炉渣等矿料，提高路基以维持通车。

（2）打堤排水法

如路基漫水较长，漫水深度在 0.5 m 以下时，可在漫水路段的两侧路肩上，用草袋装土填起两道土堤，先把路基上面的水围起来，然后将土堤里面的水排除，露出原路面后有的可以直接维持通车，如土壤湿软时可以撒铺一层砂或碎砖、炉渣后再维持通车。

（3）打桩筑堤排水法

如果路基浸水深度在 1m 左右时，可采取打桩筑堤，每道堤必须先打两行木桩，间距和行距都是 1m 左右，木桩直径一般为 10 ~ 15 cm，打好木桩后，在桩里面铺秸料，然后在中间填土踏实，达到堤不漏水以后，再把围起来的水从路上排出，并在原路上铺一层砂料、碎砖等维持通车。

（二）桥涵等构造物水毁抢修

1. 汛期对抗洪能力不足的桥梁时应有专人负责查看，以便及时发现险情进行抢护，分不同情况可采取下列措施：

第一，监视漂浮物在桥下通过的情况，必要时用竹竿、钩杆等引导其顺利通过桥孔，防止其聚集在桥墩附近。堵塞在桥下的漂浮物，必须随时移开或捞起。

第二，洪水发生时，如桥涵墩台、引道、护坡、锥坡或河床发生冲刷，危及整个构造物时，应采取抛块石、沉放沙袋或柴排等紧急措施进行抢护。但抛填不能过多，以免减少泄水面积而增大冲刷。抛填块石时，可沿临时设置的木槽滑下，以控制抛填位置。

第三，遇有特大洪水，采用抢护措施仍不能保全的重要桥梁，在紧急情况下，经上级主管部门批准，可用炸药炸开桥头引道，以增加泄水面积，保护主桥安全度汛。

2. 桥涵锥坡、路堤和导流坝等边坡被水浪冲击和水流冲刷时应按不同情况，因地制宜地采用下列防浪措施进行抢护。

第一，土袋、石袋防浪。用草袋装入砂石料、黏土等（每袋只装其容量的 2/3），铺置于迎水坡上，袋口向里互相叠压。

第二，芦排防浪。用芦苇编成芦排，铺置于迎水坡上，用竹条或绳索压住，并用小桩固定，用石袋压稳。

第三，草席防浪。用普通草席铺于边坡上，下端坠系砂石袋，上端用绳索固定在堤顶的木桩上。

第四，铅丝石笼防浪。用 8 号或 10 号铅丝编成铅丝笼，内装石块，置于迎水边坡上。

冲毁的路基、桥涵，必须立即抢修便道便桥，便道便桥是维持通车的临时措施，能够保证在使用期间的行车安全即可。便桥可用打桩或石笼做桥墩，并不宜过高，应尽量省工省钱，以免增加施工困难和拖延时间。

三、水毁的成因及治理对策

（一）沿河路基水毁的成因及治理

1. 沿河路基水毁成因

沿河（溪）公路受洪水顶冲和淘刷，路基发生坍塌或缺断，影响行车安全，乃至中断交通，称为沿河路基水毁。它常发生在弯曲河岸和半填半挖路段，主要成因有下列几种：

第一，受洪水顶冲、淘刷的路段，路基缺少必要的防护构造物；

第二，路基防护构造物基础处理不当或埋置深度不足而破坏，引起路基水毁；

第三，半填半挖路基地面排水不良，路面、边沟严重渗水，路基下边坡坡面渗流普遍出露，局部管涌引起路基坍垮；

第四，风浪袭击路基边坡，边坡过量水蚀而坍垮。

2. 防治沿河路基水毁的措施

防治沿河路基水毁，可以采用设置不漫水丁坝、漫水丁坝和浸水挡土墙等措施。

（二）桥梁水毁的成因及治理

1. 桥梁水毁的成因

桥梁受洪水冲击，墩台基础冲空危及安全或产生桥头引道缺、断，乃至桥梁倒坍，称为桥梁水毁。其主要原因有下列两种：

第一，桥梁压缩河床，水流不顺，桥孔偏置时，缺少必要的水流调治构造物；

第二，基础埋置深度浅又无防护措施。

2. 防治桥梁水毁的措施

防治桥梁水毁的措施，可根据情况采取增建各种水流调治构造物和墩台基础防护构造物，具体如下：

（1）增建水流调治构造物防治桥梁水毁

①稳定、次稳定河段上桥梁水毁的防治

稳定、次稳定河段上桥梁水毁防治措施，可根据调整桥下滩流、河床冲淤分布的实际需要及水流流向等情况分别加以选择。

正交桥位，两侧有滩且对称分布时，两侧桥头布置对称的曲线形导流堤。

正交桥位，两侧有滩但不对称分布时，两侧导流堤一般布置成口朝上游的喇叭形。大滩侧为曲线形导流堤，小滩侧为两端带曲线的直线形导流堤。

桥位在河流弯道上，凹岸布置直线形导流堤，凸岸布置曲线形导流堤。

桥位与河槽正交，一侧引道向上游与滩地斜交，另一侧引道与滩地正交时，斜交侧桥头布置梨形堤，引道上游侧设置短丁坝群。当水深小于 1m，流速小于 lm/s 时，可以边坡加固代替短丁坝群；正交侧桥头设置直线形导流堤。

桥位与河槽正交，一侧引道伸向下游与滩地斜交形成"水袋"，另一侧引道与滩地正交时，斜交侧桥头设置曲线形导流堤，引道上游进行边坡加固，并在适当位置设置小型排水构造物，以排除"水袋"积水；正交侧桥头设置直线形导流堤。若斜交侧滩地不宽，可设封闭导流堤消除"水袋"。

斜交桥位，两侧有滩地对称分布时，根据河槽流向，锐角侧设梨形堤，另一侧设两端带曲线的直线形导流堤。

②不稳定河段上桥梁水毁的防治

不稳定河段上桥梁水毁的防治，可根据河岸条件、河床地貌及桥孔位置等情况分别采取下列措施：

桥梁位于出山口附近的喇叭形河段上，封闭地形良好，宜对称布置封闭式导流堤。

引道阻断支岔，上游可能形成"水袋"。为控制洪水摆动，防止支岔水流冲毁桥头引道，视单侧或双侧有岔及地形情况，可对称或不对称设置封闭式导流堤。

一河多桥时，为防止水流直冲两桥间引道路基，可结合水流和地形条件，在各桥间设置分水堤。

桥梁位于冲积漫流河段的扩散淤积区，一河多桥而流水沟槽又不明显时，宜设置漫水隔坝，并加强桥间路堤防护。

③增建各种调治构造物具体布置与设计

参照现行《公路桥位勘测规程》有关章节的规定。

（2）增设冲刷防护构造物防治桥梁墩台水毁

桥梁墩台明挖（浅埋）基础，应根据跨径大小、桥位河段稳定类型，分别增建基础防护构造物。当河床较稳定，冲刷范围小时，宜采用立面防护措施；当河床稳定，冲刷范围较大时，宜采用平面防护措施。

四、公路、桥涵抗洪能力的评定

为了预测水毁的程度和分析水毁成因及制定治理对策，公路管理机构应组织力量，每 5 年对所辖公路、桥涵进行一次抗洪能力评定。如遇设计洪水及超设计洪水年，宜结合水毁调查当年进行一次抗洪能力评定。公路可根据水文、地质、路基、路面等条件基本类同的原则，划分成若干路段，按表 10-1 进行评定。桥涵以工程为单元，按表 10-2 进行评定。

表10-1　公路路段抗洪能力的评定标准

等级	评定标准	等级	评定标准
强	路基坚实、稳定，高度达到设计计算高程，路面为半刚性基层、高级路面； 边坡稳定、平顺无冲沟，坡度符合规定的高限值（缓），边坡有良好的防护加固； 边沟、截水沟、排水沟完善，纵坡适度，无淤塞，水流畅通，进出口良好； 支挡结构物布设合理、齐全，完整无损坏，泄水孔无堵塞； 防冲结构物布设合理、齐全，完整无损坏，基础冲刷符合设计要求	弱	路基高程低于设计计算高程0.5 m，高于次一技术等级的设计洪水高程，无明显沉降，路面为柔性基层、次高级路面； 边坡有冲沟或少量坍塌，坡度接近规定的低限值； 边沟、截水沟、排水沟有短缺，或淤塞量较大，或进出口有缺损，影响正常排水； 支挡结构物短缺，或损坏严重，但无倾斜、沉陷等变形； 防冲结构物短缺，或基础冲空面积达10%～20%，或结构物局部断裂、沉陷，但无倾斜等变形
可	路基坚实、稳定，高度低于设计计算高程不超过0.5m，路面为半刚性基层、次高级路面； 边坡稳定、平顺无冲沟，坡度不低于规定的低限值（陡），边坡有必要的防护加固； 边沟、截水沟、排水沟完善，纵坡适度，有淤塞但易于清除，进出口良好； 支挡结构物布设合理，有缺损易于修理，泄水孔基本畅通； 防冲结构物重点布设合理，基础冲空面积不超过10%，结构物无断裂、沉陷、倾斜等变形	差	路基有明显沉陷，高度低于次一技术等级的设计洪水高程； 路面为柔性基层、砂石路面； 边坡沟洼连片，局部坍塌，坡度陡于规定的低限值； 边沟、截水沟、排水沟应设而没有设； 支挡结构物应设而没有设，或结构物断裂、倾斜、局部坍塌； 防冲结构物应设而没有设，或基础冲空面达20%以上，或结构物折裂、倾斜、局部坍塌

表10-2　桥涵抗洪能力评定标准

等级	评定标准	等级	评定标准
强	孔径大小：桥下实际过水面积满足设计排水面积，桥下净空高度、最小净跨符合规定； 孔、涵位置合适，水流调治构造物设置合理、齐全； 墩、台基础埋深足够，深基础的冲刷深度线在设计冲刷线以上，浅基础已做防护，防护周边的基础深度线在设计冲刷线以上； 墩、台无明显冲蚀、剥落	弱	孔径大小：桥下实际过水面积小于设计排水面20%，上部结构底高程与设计水位相同，或净跨小于规定的10%~20%； 孔、涵位置偏置，水流调治构造物短缺，或调治构造物局部损坏，河床发生严重的不利变形； 深基础冲刷深度线在规定的基底最小埋深安全值的30%~60%内；浅基础防护周边冲刷深度线在规定的基底最小埋深安全值的30%~60%内，或防护体损坏明显； 墩、台冲蚀剥落露筋，面积超过10%，钢筋严重锈蚀
可	孔径大小，桥下实际过水面积满足设计排水面积，上部结构底高程与设计计算水位相同，或净跨偏小但不超过规定值10%； 孔、涵位置略有偏置，设立了调治构造物，其基础冲刷深度线在基底最小埋深安全值的30%以内，或调治构造物有局部缺损，河床无大的不利变形； 深基础冲刷深度线在规定的基底最小埋深安全值30%以内，浅基础防护周边冲刷深度线在规定的基底最小埋深安全值30%以内，防护有局部缺损； 墩、台有冲蚀剥落，面积小于10%，深度小于2 cm	差	孔径大小：桥下实际过水面积小于设计排水面10%以上，上部结构底高程低于设计水位，或净跨小于规定值的20%以上； 孔、涵位置偏置，无必要的水流调治构造物； 深基础的冲刷深度线在规定的基底最小埋深安全值的60%以上；浅基础未做防护，冲空面积在20%以上； 墩、台冲蚀剥落严重，桩有缩颈，砌体松动脱落或变形

第二节　冰害的防治

公路冰害应根据以往治理情况，做好现场调查，分析研究，制定预防或抢修措施，降低工程造价，提高治理效果，并对沿线冰害的预防和治理措施进行全面记录。在寒冷地区，河水冻结可对桥梁浅桩产生冻拔，使小桥涵形成冰塞引起构造物冻裂，解冻时大量流冰对桥梁墩台产生巨大冲击，以至形成冰坝威胁桥梁安全；在地下水或地面水漫溢到地面或冰面时，逐层冻结而形成涎流冰。涎流冰覆盖道路，会造成行车道凸凹不平或形成冰块、冰槽等，严重影响行车的安全；若堵塞桥孔则会挤压上部结构导致损坏。

为防治桥基冻拔，可适当加大桩深。对于冻塞现象，除经常清除涵内冰冻外，必要时可适当加大孔径和涵底纵坡或在上游采用聚冰池或冰坝等构造物。

为避免气温突变解冻的流冰对桥梁墩台、桩的冲击，一般可在桥位上游设置破冰体，并在临时解冻前，在桥位下游对封冻冰面用人工或爆破方法开挖冰池及时疏导。冰池长度为河宽的 1 ～ 2 倍，宽度为河宽的 1/3 ～ 1/4 并不小于最大桥跨。

如水面宽度小于 30 m 时，冰池长度宜增加到水面宽度的 5 倍，并在接近冰池下游开挖 0.5 m 宽的横向冰沟。在危急情况下，应在下游将冰块凿开逐一送入冰层下冲走，在上游将流冰人工撬开或用炸药炸开予以清除。

公路上的涎流冰面积一般有数百平方米到数千平方米，有的可达数万平方米，其厚度一般为数厘米到数米。涎流冰主要分布在我国东北大、小兴安岭和长白山地区及西藏、川西和西北地区海拔 2 500 ～ 3 000 m 以上的山地和高原上。

涎流冰可分为河谷涎流冰和山坡涎流冰，前者主要危害桥涵，后者主要危害公路路面。

一、河谷涎流冰的方法防护

第一，桥梁上游如有大片地形低洼的荒地，可用土坝截流。

第二，河床纵坡不大的河流，可于入冬初，在桥下游筑土坝，使桥梁下游各约 50m 范围形成水池，水面结冰坚实后，在水池部位上游开挖人字形冰沟，以利集中水源。同时挖开下游河床最深处的土坝，放尽池内存水，保持上下游进出口不被堵塞，使水从冰层下流动。

第三，于桥位上下游各 30 ～ 50 m 的水道中部顺流开挖冰沟，用树枝柴草覆盖，再加铺土或雪保温，并经常检修，保持冰沟不被冻塞，于解冻时拆除。

二、山坡涎流冰的主要防治措施

（一）聚冰沟与聚冰坑

聚冰沟多用于拦截冲积扇沟口处的泉水涎流冰和地势较缓的山坡涎流冰；聚冰坑多用于水量较小、边坡不高的堑坡涎流冰，用于积聚涎流冰使之不上路。

（二）挡冰墙

挡冰墙适用于涌水量不大的山坡涎流冰和挖方边坡涎流冰，用于阻挡和积聚涎流冰，防止其上路。

（三）挡冰堤

挡冰堤一般用浆砌片石、块石筑成，高度需根据冰量而定，一般为 60 ～ 120 cm，顶宽为 40 ～ 60 cm。基础埋置深度按土质、积冰量及当地冰冻深度等情况确定。当积水量较大时，可与聚冰坑配合使用。

挡冰堤适用于地势平坦、涌水量不大、有山坡涎流冰和径流量不大的小型沟谷涎流冰。修筑在路基外，山坡地下水露头的下侧或沟谷内桥涵的上游，用于阻挡涎流冰，减小其漫延的范围。

山坡上的涎流冰，可采用柴草、草皮或石砌的长堤予以拦截。在沟谷内一般采用干砌石堤，以利秋夏排水。挡冰堤的长、宽、高和道数按当地的地形及涎流冰数量确定，基础埋置深度按当地土质和冰冻深度而定。

（四）设置地下排水设施

适用于一般寒冷和严寒地区，常用的有集水渗井、渗池、排水暗管和盲沟等。必要时可在出口处设置保温措施或出口集水井。

（五）涎流冰清除

对流至路面的涎流冰要及时清除，撒布砂、炉渣、矿渣、石屑、碎石等防滑材料或氯化钙、氯化钠等盐类防冻剂，以防行车产生滑溜，并设置明显标志。当冰层在盐类物质和行车作用下变软时，应立即将冰层铲除，以防降温时重新冻结，并应重撒防滑材料。

第三节　雪害的防治

公路雪害有积雪和雪崩两种形式。积雪对公路的危害主要是影响行车安全，严重的则会阻断交通。较严重的积雪，在我国多发于东北地区、青藏高原及新疆等地。山上大量的积雪突然沿山坡或山沟崩落下来，就会发生雪崩，在我国新疆及西藏山区多有发生。大量的雪崩不仅会掩埋路基、阻断交通，还会击毁路上的行车及建筑物。

对雪害的防治，应通过全面的调查研究，摸清雪害的成因与基本规律，了解现有防雪设施工作效果，保持防雪设施的完好，增添必要的防雪设施，减少雪害对公路及交通的危害程度。

一、公路风吹雪害的形成

公路积雪与地形、地物及路基横断面形式，路基和风向夹角有关，见表10-3所列。

表10-3　积雪与地形、地物、路基横断面的关系

积雪因素	地形、地物及路基横断面形式	积雪情况
地形	平原	不易积雪
地形	山地丘陵	路基位于山脊背风侧易积雪； 路基下风侧有突出障碍物易积雪； 路基位于坡面整齐的迎风地中的上部路线易积雪； 位于背风或迎风坡的坡脚、地形有明显凹坡的路线易积雪； 路基上、下风侧有导致积雪的凸出山嘴或土坎时易积雪； 圆心位于山内侧的弯道上，当风向与路线大致平行时，弯道后半部积雪严重，当路线绕过小山嘴或低而平缓的山坡时，积雪更为严重； 圆心位于山外侧的弯道上，特别是当公路绕进较深的山凹时，会产生严重的积雪
地形	沟谷地区	除风向与沟谷方向一致者外，一般不会产生积雪
地形	森林	不发生风吹雪现象
地形	建筑物稠密区	不发生风吹雪现象
地形	灌木丛、草墩、小土丘	易形成路基积雪
地形	草地	不产生积雪现象
路基横断面形式	路堤	当路线与风向斜交或正交时，路基积雪与路堤高度及边坡坡度有关： 边坡缓于1：4时，不易积雪； 路堤高度大于1m时，不易积雪
路基横断面形式	路堑	当风向与路线正交或斜交时，一般都会形成积雪； 路堑深度大于6m时，可减轻积雪现象； 深度较小的浅路堑，如采用敞开式横断面，可以防止积雪
路基与风向夹角	小于30°	不易积雪
路基与风向夹角	垂直或接近垂直	易积雪

二、风雪流的防护

（一）风雪流的防护措施

第一，设置阻雪设施，使风雪流通过路基时无大量雪的沉积。

第二，设置下导风板，以加大路基附近的贴地面风速，使风雪流通过路基时不沉积并吹走路基上疏松的积雪。

第三，路线通过迎风或背风山坡的坡角处和距离坡度转折点 5 ~ 10m 处最易积雪。开阔地区低于该地平均积雪深度或草丛深度以上 0.6 m 的路堤和深度小于 6 m 的路堑也易积雪。在有条件的地方，可采取局部改线或提高路基高程的办法解决，否则，应根据实际情况增设相应的防雪措施。

第四，受风雪流影响的公路，路基边坡和路肩交接处应建成和保持流线形，清除公路两侧影响风雪流顺畅通过的建筑物、草木和堆积物，公路养护材料应堆积在路外的备料台上，堆放高度不得高于路基的设计高程。

受风雪流影响的路段，在路旁一定范围内不得植树。高速公路和一级公路的分隔带不得栽植和设置有碍风雪流通过的树木及构造物。防雪林带也应按规定的位置种植。

第五，在风雪流影响能见度的路段，为保障行车安全，应在公路一侧设置标注或导向桩。设置间距在直线段一般为 30 ~ 50m，弯道上可适当加密，在窄路、窄桥处应在两侧同时设置标注。

第六，在冬季风吹雪次数频繁的平原和微丘荒野地区，可沿公路另建一条平行的辅道。开始降雪时，立即封闭主线，开放辅线，主线上的雪被清除后，开放主线交通，同时清除辅线上的积雪，以备下次降雪时使用。平时对辅道予以必要的维修和养护，保持其良好的状况。

第七，防雪林带是防治风雪流的重要措施。其他防雪工程是配合防雪林带的辅助措施，防雪林带的树种可以选用：

①乔木，如白榆、白杨、沙枣和白蜡等；

②灌木，如沙拐枣、花棒、梭梭和柠条等；

③草，如芨芨草、苜蓿和扫帚苗等。

防雪林带应指定专人养护管理，保证林木的成活和正常生长。

（二）防风雪流设施的设置及养护要点

防风雪流设施包括下导风板、屋槽式导风板、防雪墙、阻雪堤和防雪栅栏等，其设置和养护要点如下：

1. 下导风板

设在公路的上风侧路基边缘，先埋设立柱，在立柱上部钉以木板或涂以沥青的铁丝网，使风雪流被阻挡，集中加速在下部缺口处通过，并吹走路上疏松的积雪。设置时应符合下列要求：

①控制板面的透风度。风速较大时，不大于 35%；风速较小时，不大于 25%。

②下口高度，背风时为 1.0 ~ 2.2m；迎风时为 1.0 ~ 1.8 m。总高度不宜小于 3 m。

③两种风向交替作用的地方，可在路基两侧都设下导风板，组成双向导风板系统。

④雪季终止后，应对设施进行检修。活动式下导风板应在拆除后妥善保管，以备下次雪季用。

2. 屋槽式导风板

适宜于山区背风山坡路段设置。雪季应进行维修，以保持结构完好。板面坡度与山坡自然坡度一致，并具有原设计的足够长度。

3. 防雪墙

设在公路上风侧的阻雪设施，可用木、石、土、树枝或雪块等筑成，设置时应符合下列要求。

①保持其高度不小于 1.6m，与路基边缘的距离为其高度的 10 倍左右。

②迎风面尽量保持直立的形状，走向与风向垂直。雪量较大时，可平行设置多道防雪墙。

如不符合上述要求，应在雪季前调整、补修。

4. 防雪堤

设在雪阻路段迎风口一侧，距离路基 15 ~ 20m，高度不低于 1.6m，边坡为 1：1，长度与雪阻路段同长。

5. 防雪栅

作用同防雪墙。一般用木材制成，有较大的透风度，设置时应符合下列要求。

①保持高度为 2 ~ 3.5m，栅栏与地面保持 50 cm 的间距。

②迎风地形山坡坡度大于 25° 时，不宜设置防雪栅。

③保证其阻雪后雪堤的末端与路基的距离不小于 5 m。

④防雪栅的透风度：风速较小、移雪量较多、场地宽广的地段，宜用 50% ~ 60%；风速较大、移雪量较少，场地狭窄地段，宜用 20% ~ 30%。

⑤活动式防雪栅被埋 2/3 ~ 3/4 时，应及时拔出重新在迎风侧的雪堆顶部安放。

三、雪崩的防治

（一）雪崩的防治原则

第一，路线（特别是盘山公路）多次通过同一雪崩地带时，应尽量将公路移出。

第二，对危害公路的雪崩生成区，应于雪季前后，对防雪崩工程措施，如水平台阶、稳雪栅栏等进行维修，保护森林、植被，以充分发挥稳定积雪体的作用。

第三，对雪崩运动区，要保持工程措施（如土丘、楔、铅丝网和排桩等）的完好，以减缓和拦阻雪崩体的运动。

第四，对雪崩的运动区与堆积区，应保持使雪崩体从空中越过公路的工程措施（如防雪走廊）或将雪崩体引向预定的堆雪场地的导雪堤等的完好。

第五，在大的雪崩发生前，制造一些小规模的"人工雪崩"，化整为零，以减轻雪崩对公路的危害。

第六，各种防治雪崩的工程措施，都应注意保持原有植被和山体的稳定，避免造成人为的滑坡、泥石流与碎落坍方。

（二）防雪崩工程措施的设置及养护要点

1. 水平台阶

水平台阶是在公路侧面山坡上稳定积雪并阻拦短距离滑雪的工程设施，养护应符合下列要求：

①水平台阶养护时，要经常整修台阶平面和坡面，并种植草植树，保持其良好的稳雪能力；

②台阶平面宽度应保持在 2 m 左右。

2. 稳雪栅栏

为防止山坡上积雪的蠕动沿等高线设置的防雪措施。

①露出地面部分的高度 H 应保持大于该处的积雪深度；

②栅板宽与栅板间距均宜保持在 10 m 左右；

③立柱的间距 2 m 左右；

④栅板宽与坡面角度宜保持 105°，斜支柱与坡面角度宜保持 35°～40°之间，支撑点应位于立柱高的 2/3 处；

⑤最高的一排栅栏应尽可能地接近雪崩的裂点及雪檐下方。

3. 导雪堤

为改变雪崩运动方向，使雪崩堆积到指定地点的防雪设施。导雪堤有土堤、浆砌石堤、铅丝笼石堤等结构形式，可根据当地沟槽坡度及施工条件选择使用。设置应符合下列要求：

①与雪崩运动方向的夹角宜小于 30°；

②堤体应及时进行维修，保持其原设计的抗冲击与摩阻力；

③导雪堤末端应保持有足够的堆雪场地，雪季前应进行检查并进行必要的清理。

（4）防雪走廊

防雪走廊是在公路上修筑的构造物。其形式与明洞相似，能使雪崩雪从其顶上越过，也可防止风吹雪堆积，养护应符合下列要求。

①必须保持工程各部结构完好。

②防雪走廊与公路及内侧的山坡应紧密联结。如有空隙，可用土石分层回填并夯实。

③保持防雪走廊上部沟槽中设置的各种防治发生雪崩的辅助设施及山坡植被的完好。

④走廊的顶盖倾角应尽量与山坡坡度一致，两者之间的夹角一般不宜超过15°。

5. 导雪槽

导雪槽是在公路上修筑的构造物，内侧与山坡紧密联结，外侧以柱支撑，可使雪崩雪从其顶上越过的工程设施。适用于防治靠近公路一侧上方的小雪崩。其根据实际情况可做成临时性或永久性，设置和养护应符合下列要求：

①必须保持工程各部结构牢固完好；

②槽下净空应满足有关规定；

③导雪堤宜做成从内向外略倾斜。

6. 阻雪土丘

阻雪土丘是在雪崩运动区的沟槽内，用土堆筑而成，养护应符合下列要求。

①保持宽为 10 ~ 12 m，长为 15 ~ 20m，高于该沟最大雪崩峰面高度。有损坏或几何尺寸不足，应及时修补。

②修补时不得在土丘下部或两侧取土。

7. 楔

楔是在雪崩运动区下部和堆积区上部设置的楔状构造物群。其主要作用是分割、阻挡、滞留雪崩体。其高度应大于雪崩体峰面高度，可用木、石、水泥混凝土、金属等制成，养护应符合下列要求：

①保持构造物完好；

②保证其高度大于雪崩峰面高度，不足时应及时加固。

8. 铅丝网

铅丝网是设在沟槽雪崩运动区的狭窄通道内，阻拦崩雪继续向下运动的设施，设置和养护应符合下列要求：

①铅丝网宽度与沟槽同宽，但不宜超过10cm，高度应大于雪崩峰面高度，支柱埋置深度不应小于 1 m；

②网眼铅丝不得小于 8 号，网孔不得小于6cm，支柱宜用型钢；

③雪季后应及时检修。

9. 排桩

排桩作用同铅丝网，设置在较大的沟槽雪崩支沟口处或规模不大的雪崩沟槽内，养护应符合下列要求：

①保持所有柱体完好；

②高度应大于雪崩峰面高度。

（三）减缓或阻止雪崩体崩落措施

在雪崩体崩落前，可采取以下措施减缓或阻止其发生崩落：

第一，在雪崩生成区的积雪体上撒钠盐，以促使雪崩融化后形成整体，增加雪体强度，减轻雪崩的危害；

第二，用炮轰或人工爆破以损坏雪檐、雪屋的稳定性，也可在雪崩体坡面从两端用拉紧的绳索将下部的积雪刮去，使其上部失去支撑，制造小规模的"人工雪崩"，以减轻雪崩的危害程度；

第三，阻止风雪流向雪崩生成区聚雪。

四、积雪路段雪害的防治

根据有关调查研究及现场观测资料的介绍，对公路积雪路段宜采取如下措施。

（一）放缓边坡

路堤边坡的坡度小于 1 ：4 时，路提及其边坡上一般不会产生积雪现象。因此，如果当地条件允许，可将低于 1 m 的路堤边坡改建成 1 ：4。

（二）提高路基

在平原地区，当路线走向与主导风向垂直或接近垂直的路段，风雪流绕越 1m 高的路堤时则速度增加，雪粒不会落在路堤上。因此，对低于该地平均积雪深度或草丛深度为 0.6 m 的路堤，应提高至 1m 以上。

（三）加深路堑或改线

路堑与风向垂直时，在浅于 2 m 的路堑中将形成减速区，因而产生积雪现象。路堑越浅，积雪越快；但风雪流在深路堑中则产生回转气流使风速增加。所以，大于 6 m 的路堑几乎不会出现积雪现象。对于 2～6m 深的路堑，虽然也能形成一定的回转气流，但速度增加不大，因而也会形成比较缓慢的积雪现象。因此，对浅于 2m 的路堑，应根据当地情况采取加深路堑或改线的办法，以消除或减轻积雪的产生。

五、除雪

（一）除雪方式

1. 人工除雪

如采用木制板、畜力拉刮板等方法进行除雪。

2. 机械除雪

如采用平地机、推土机、除雪机、汽车或拖拉机带扫雪机械等方法进行除雪。

（二）除雪方法

第一，每次除雪后都要及时清理有风雪流的路段，将雪抛弃到下风的路堤以外。

第二，在冬春降雪或下雨后，如路面上有结冰现象时，应在桥面、陡坡、急弯、桥头引道、居民区和交叉道口处，首先撒铺一层砂、砂砾、石屑等防滑材料，以保证行车安全。

第三，如积雪很厚阻车时，为尽快恢复交通，应在路线中心清出一条车道，然后再继续清除路面两侧积雪。

（三）除雪人员及其他人员安全

第一，在立交桥、上跨桥上作业人员，要注意防止落下冰雪伤害下面行人，清理桥面积雪时如果下面有车辆和行人通过，要采取预防措施，不使冰柱或积雪落下。

第二，桥面结冰，往往会比道路其他部分早一些，如果使用警告标志，一定要使标志清晰。

第三，积雪融化后再度结冰，较原来降雪的危险性更大，因此应尽可能地排除桥面积水，不使结冰。

第四，因冰雪造成的车辆事故可能会逐渐累积。因此，当一辆车阻碍道路交通时，应尽可能地在远离事故地点，开始向驶近车辆的驾驶员发出警告。

第五，在路上除雪作业的养路工人及车辆，要注意自身安全，对前后车辆的驾驶员要发出适当警告，可设置闪光信号、布置信号旗手等来警示驾驶员，严防交通事故发生。

第六，除雪时要有出发和返回时间、人员、机械工做记录。如发现作业人员、机械没有按时返回，应及时派人寻找。

第四节 沙害的防治

在多风沙地区，沙害是公路的常见病害。其危害主要表现为风蚀和沙埋，其中尤以沙埋为主。治理风沙应贯彻以防为主，防治结合；因地制宜，因害设防；先治标，后治本，本标兼治的原则。

以工程措施防治沙害，能及时解决紧迫的路线通阻问题，是治标的措施。以植物措施防治沙害是治本的措施，但见效时间较长，一般应与治标措施结合进行。确定防治风沙的具体方案，应根据事先调查的流沙移动方式、方向、年移动距离、输沙量、沙丘形态、高度及风向、风速等，并在摸清其变化规律、综合分析的基础上，制订出防治风沙的最佳方案，以确保公路畅通。

一、风沙对公路的危害

（一）路基风蚀

因表土被风剥蚀，会使路基变窄变低。主要产生在凸起的迎风面部位，如路肩、边坡上部等。其对策可将路基表面进行封固，以抵抗风蚀。

（二）移动沙丘上路

沙丘在风力的反复作用下，以近似滚动的形式前进上路，形成堆状积沙，对移动的沙丘可采用"阻"的对策加以控制。

（三）路基流沙堆积

风沙流遇路堤、路堑、取土坑、废土坑、沙障及其他地形突然变化处，贴地表的沙流分离，产生涡流，局部风速降低，使沙粒沉积，在公路上形成舌状或片状积沙。这种情况，必须在清除一切障碍后，采用"输"或"导"的对策，适当使风速加大，以增加风沙流的输沙能力，使积沙顺利吹走。

二、防治沙害的措施

采用"固""输""导"等措施防治沙害，应根据当地情况，各有侧重，配合使用。

（一）固沙

1. 路基表面的固沙措施

为防止沙质路基遭风蚀，一般用柴草、土石或无机结合料（水泥土、石灰土及水玻璃加固土等）、有机结合料（石油沥青土、煤沥青土等）进行固沙防护，在砂砾卵石丰富的地段，可平铺砾卵石或裁砌卵石后填砂砾来防护。

2. 路旁沙丘的固沙措施

一是采用各种材料（柴草、土类和砂砾石等）作为覆盖物，将沙质表土与风的作用隔离；二是用柴草、黏土、树枝等材料设置成沙障，以减少地表风速，削弱风沙流活动能力，并阻挡部分外来流沙，可因地制宜，选用草方格沙障、黏土沙障、草把子沙障和树枝条高立式沙障等。

3. 植物固沙

植物固沙是防治沙害的根本措施，是在路基边坡及两侧沙地内种草育林，逐步控制以至于消灭沙害。植物固沙应贯彻草、灌、乔相结合的原则，将沙固定并将风沙所夹带的流沙拦截下来，以达到最大的防风固沙效果。

①年降雨量在 100mm 以上的地区，可以先播种草籽，当草生长后种植灌木，再植乔木，为保证草木成长良好，宜适当进行人工灌溉。

②年降雨量低于 100mm 地区，如地表水或地下水的水源充足，按优选的方法开渠引水，将沙地分割包围。选择适宜树种，沿渠营造乔、灌防风混合林。被分割包围的沙地可灌水播草，使之在几年内草茂林密。

③适合沙漠造林的树种主要有：

半灌木，如籽蒿、油蒿等；

灌木，如梭梭、花棒（小叶锦鸡儿）、柠条、沙拐枣、胡枝子、紫穗槐、黄柳、红柳等；

乔木，如樟子松、油松、小叶杨、小青杨、新疆杨、胡杨、沙枣和旱柳等。

④受风沙危害的路段进行生物固定的作用范围，其上风侧不小于 500 m，下风侧不小于 200m。在上述范围的四周应设立界桩，严禁采伐、放牧等一切有碍树木植被生长的活动。

⑤对风沙地区的原有植被，即使是稀疏矮小，也要严加保护，并进行必要的灌溉培育，播草种树，扩大植被面积。

（二）阻沙

阻沙是在适当位置设置若干沙障，以降低近地面的风速，减弱风沙流的作用，使沙粒沉积在一定的区域内，以防止或减轻其对公路的危害。经常采用的阻沙工程措施主要有以下几种。

1. 直立式防沙栅栏

用灌木枝条或玉米秆、高粱秆、芦苇等埋入沙内 30 ~ 50 cm，外露 1m 以上；或者每隔 2 m 钉木桩或混凝土桩，将植物杆条编成 1.5m×2m 的篱笆，固定在桩上。紧密不透风的篱笆减低风速的有效距离为其高度的 15 ~ 20 倍。其迎风侧积沙宽度为篱高的 2 ~ 3 倍，背风侧积沙宽度为篱高的 5 倍左右。当篱笆的孔隙率为 50% 时，迎风侧积沙甚少，背风侧积沙宽度为篱高的 12 ~ 14 倍。因此，从防风阻沙的作用来看，直立式防沙栅栏以紧密结构为宜。

2. 挡沙墙（堤）

可利用就地沙土或砂砾修筑，一般高度为 2 ~ 2.5m，用沙修筑的需用土或砂砾封固，堤两侧的边坡坡度为 1 :（1.5 ~ 2），其阻沙量 V 与墙高 h 及风向与路线的交

角 α 的关系大致为

$$V = 4.5h^2 \sin \alpha$$

阻沙设施也可采用栅栏和墙（堤）结合的形式，阻沙设施设置的道数及近路的一道与路基边缘的距离，应根据沙源数量、年风沙流量、风向与路线的交角等因素进行综合考虑。阻沙设施距路基边缘的最小距离一般不小于 150 m，并设置在上风侧，多道设施的间距应不小于设施高度的 15 ~ 20 倍。

（三）输沙和导沙

输沙和导沙是借助人工构造物人为地改变地形，以加大地面风速，使路基两旁防护变成非堆积搬运地带，达到防沙的目的，主要措施如下。

1. 修筑路旁平整带

将路基两旁 20 ~ 50 m 范围内的一切突出物整平，并以固沙材料封固，有取土坑的，可以将坑做成弧形浅槽。

2. 下导风板

类似防雪栅栏，其板面宽度与下口间的高度以 1 ：0.7 为宜。适用于风向单一，沙丘分布稀疏，移动快的低矮的沙丘、沙垄等造成的局部严重沙害。其设置长度应超过沙害路段的长度，以免两端出现舌状积沙。

3. 在路的迎风侧设置浅槽

借助于浅槽特有的气流升力以加大风速，浅槽采用固沙封底。一般适用于沙源不太丰富且起伏不大的流动沙地，若沙源丰富，还可以在输沙槽外缘加设风力堤。

4. 将路堤做成输沙断面

路堤高度低于 30 cm，边坡坡度为 1 ：3；路堤高度大于 500m，风向与路线呈锐角，边坡度为 1 ：6，成钝角，边坡度为 1 ：8，路肩边缘应做成流线型。

5. 路线与沙垄延长线锐角相交时

可在上风侧 30 ~ 40m 处设置大体与路线平行。尾部稍向外摆的沙障或导沙堤，将风沙流角度做微小的拨动，以将风沙流导出路外。

6. 为减少积沙对公路的危害，也可在公路设计上采取一些措施

如在经沙区最短的地方通过，在沙丘起伏不大的地段通过，路线走向宜与当地的主风向大致平行，尽量少用曲线，特别不宜用小半径曲线，必须设置时，只宜用在路堤地段，并将凸弧朝向主风向，采用适当高度的路堤等。

由于沙害情况比较复杂，各种工程设施如设置不当，容易造成更严重的沙害。因此，在设置新的防沙工程设施时，应先进行小规模的试验，并及时总结经验，逐步推广。

三、除沙

公路沙害防治，尽管采取了一些工程措施和生物措施，但是公路上的积沙现象仍会经常出现。因此，公路路面上和边沟里的积沙，应及时全部清除，并弃于路基下风侧 20 m 以外的地形开阔处摊撒平顺。

参考文献

[1] 高峰.公路施工组织实务 [M].北京：北京理工大学出版社，2018.

[2] 严战友，崔冬艳，夏勇.山区高速公路施工安全与管理 [M].成都：西南交通大学出版社，2018.

[3] 王秀敏，葛宁.公路工程施工组织与管理 [M].天津：天津大学出版社，2018.

[4] 李志农，陈杰，王翠.风积沙路基公路设计施工与防沙 [M].上海：上海科学技术出版社，2018.

[5] 陈希，胡毅，肖能立.公路施工组织 [M].天津：天津科学技术出版社，2018.

[6] 姜利，赖少武.公路施工组织与概预算 [M].北京：科学出版社，2018.

[7] 董明.公路施工安全与环境保护技术 [M].北京：人民交通出版社，2018.

[8] 杨勇，王琨.公路施工安全管理与风险辨控技术 [M].徐州：中国矿业大学出版社，2018.

[9] 王永和.公路设计与施工 [M].天津：天津科学技术出版社，2018.

[10] 李岩涛.公路桥梁与施工管理 [M].沈阳：沈阳出版社，2018.

[11] 公晋芳.公路工程施工技术 [M].长春：吉林教育出版社，2018.

[12] 修林岩，徐小娜，孙文杰.公路工程与桥梁施工 [M].天津：天津科学技术出版社，2018.

[13] 何小波，贾文君，王静.公路工程建设与隧道施工 [M].天津：天津科学技术出版社，2018.

[14] 王天彪，安国庆，王龙.公路桥梁工程施工与管理 [M].哈尔滨：东北林业大学出版社，2018.

[15] 李晓龙.公路工程施工安全管理 [M].西安：西北工业大学出版社，2018.

[16] 杨金翠，陈春宇，王佳.公路工程与桥梁隧道施工 [M].海口：南方出版社，2018.

[17] 李明杰，汤生虎，王闰臣.公路桥梁建设施工技术与质量检验 [M].北京：中国建材工业出版社，2018.

[18] 高文，姜秀明.智慧公路设计与施工技术研究 [M].北京：中国商务出版社，

2018.

[19] 李德新，余明坤，郑靓. 公路桥梁工程材料检测与施工 [M]. 北京：中国建材工业出版社，2018.

[20] 艾芃杉，邢敬林，刘秀. 公路工程施工技术与安全管理 [M]. 延吉：延边大学出版社，2018.

[21] 何德文，王庆良，张秋月. 公路路基路面施工质量控制研究 [M]. 长春：东北师范大学出版社，2018.

[22] 孔德华. 公路设施施工与安全防护管理 [M]. 长春：吉林教育出版社，2018.

[23] 徐会忠，田章华，王云江. 城市桥梁养护与维修 [M]. 北京：中国建材工业出版社，2019.

[24] 裴畅茂. 公路桥梁养护与维修 [M]. 北京：人民交通出版社，2019.

[25] 马运朝. 道路桥梁养护决策与管理体系研究 [M]. 哈尔滨：黑龙江人民出版社，2019.

[26] 刘传宝. 公路桥梁与维修养护 [M]. 延吉：延边大学出版社，2019.

[27] 张少华. 公路桥梁工程与项目管理 [M]. 北京：北京理工大学出版社，2019.

[28] 李果，杨坚强. 公路养护技术与管理 [M]. 天津：天津科学技术出版社，2019.

[29] 潘中望，牛利珍. 市政道路工程施工与养护 [M]. 上海：上海交通大学出版社，2019.

[30] 吴留星. 公路桥梁与维修养护 [M]. 北京：中国纺织出版社，2020.

[31] 郭健. 桥梁结构风险评估与养护管理 [M]. 北京：科学出版社，2020.

[32] 袁芳. 公路养护技术与管理 [M]. 北京：人民交通出版社，2020.

[33] 刘慧，高永红. 农村公路养护与管理 [M]. 天津：天津科学技术出版社，2020.

[34] 陈敏，任红伟. 桥梁加固施工及质量控制 [M]. 北京：人民交通出版社，2020.